部落史の先駆者
高橋貞樹
青春の光芒

沖浦和光

筑摩書房

装幀・中山銀士
装画・パーヴェル・フィローノフ「暴れ者たち」（一九二五〜一九二六年作）より。

目次

部落史の先駆者・高橋貞樹

青春の光芒

本書はPR誌『ちくま』に「青春の光芒　異才・高橋貞樹の生涯」のタイトルで連載されました。単行本化に当たり再構成を施しました。

序章　水軍の末裔

人生模様を織り成す

ひとりの人間の生涯は、「たて糸」と「よこ糸」を組み合わせて、機《はた》にかけて織った布に似ている。経緯《たてよこ》の織り具合によって、人生模様は如何様《いかよう》にも浮かび上がってくる。

ただし布を織る場合には、なんらかの下絵がある。実際に素描として描かれているにせよ、まだイメージにすぎないにせよ、頭の中にある構想に沿って織られていく。

ところが人間の生涯を織るときには、あらかじめ想定されたデザインは何もない。そこが大きく違っている。DNAにも、その人の運命は何もインプットされていない。どのような生涯を歩むかは、そのほとんどは時の流れの中での偶然的な「出会い」による。

いくつもの山河を越えていかねばならない人の世では、平坦な道もあれば、苦しい坂道もある。渡河地点までたどり着いても、激しい濁流で河を渡れない場合もある。日の当たるオモテ街道に出られず、人目を忍んでウラ街道を歩まねばならぬ時もある。

そのような人生の旅路で、一番大事なのは、いつ、どこで、何に、そして誰に出会ったかであろう。それによって歩く道も行き先も違ってくる。大きい「出会い」は、いわば人生の転轍手《てんてつしゅ》みたいなものだ。

私のささやかな人生にしても、小学生時代から、きな臭い硝煙のにおいがすでに漂っていた。中学三年生で太平洋戦争の渦中に放り込まれた。十二月八日、早朝のラジオで日本軍のハワイ奇襲攻撃の第一報をきいた。それから約四年間、高射砲陣地の設営や工場動員に狩りだされ、十八歳で敗戦という大転機に遭遇した。

それから「激動の戦後」の時代に入り、何回か大きな曲がり角があった。そのたびに、自分の物の考え方や人間観に大きな影響を及ぼした出会いがあった。

乱暴な比喩であることを承知で言えば、人生の「たて糸」とは、先祖から受け継いだ生得的な「DNA因子」である。「よこ糸」とは、生まれ育った自然風土と歴史文化によって培《つちか》われた「環境因子」である。

それでは経緯を織る「機」とは何か。一口で言えば、その人が生を享けた社会の現場になるだろう。たまたま遭遇した歴史的時間と言ってもいいだろう。そのような時空の現場が「機」である。したがって、人それぞれに「機」はみな違うということになる。

この機にかけられた「たて糸」と「よこ糸」の複雑な絡み合いのもとで、その人の個性が形成され、たった一回きりの人生が織り成されていく。ただしDNA因子と環境因子の交合の度合や比重を、数値的に測定することは難しい。まさに定めなき浮世であり、人さまざまの人生である。このような個々人の差異性が原基となって、実に多様性に富んだ「人の世」が形成される。

それでは私の「たて糸」とは何か。「沖」と「浦」からすぐ分かるが、わが家系は瀬戸内の海の民であり、戦国時代から先祖代々「船乗り」だった。故郷に残る伝承によれば、〈村上水軍〉の末裔であると言われている。村上水軍は勇猛果敢な海賊として、当時の一向一揆勢力の最後の戦闘集団として、信長から秀吉へと続く織豊政権に正面から刃向かった。

つまり私の「家柄」は、古代のヤマト王朝以来の農本主義的な統治観念からすれば、明らかにマイノリティ集団であった海民系である。したがってわが「人柄」も、定住農耕民とはかなり異なる海民気質《かたぎ》である。

人生の原基を形成した磁場

さて、次は「環境因子」であるが、この世には〈人生の磁場〉とでも呼ぶべき場所がある。いつとはなしに、そこに回帰していく「心の古里」だ。その人にとっては象徴的意味をもった空間である。

やはり自分の生まれ育った「場《トポス》」と重なっている場合が多いのだが、自分の心性の原型が芽生えた地である。その「場所」での幼少年期の原体験は、終生消えることなく体に刷り込まれている。一回きりの人生の中で、途切れることなく響いてくる通奏低音みたいなものだ。

八十余年も生きてくると、人生の磁場も多い。劇的な動乱が相次いだ波瀾万丈の時代を生きた私たちの世代には、劇的な場はいくつもあった。激動の青春期を共に過ごした仲間は次々と冥府に旅立ち、身辺がだんだん淋しくなってきた。

その中から、私の生存の根っこにというか、自分のアイデンティティの形成と深く関わった磁場をとり出せば、次の三つであろう。

第一は、幼少年期に形成された磁場である。わが家系は代々瀬戸内の漁師だったが、祖父の時代に貨物船に乗るようになって大阪に移りそこで私が生まれた。まだ近世の面影が残っている旧摂津国（現大阪府北部と兵庫県の一部）の農村で育って、そこの街道筋で昭和初期の風物と民俗を見聞した。「ワルガキ」仲間で毎日遊び暮らしたが、今でも一番印象に残っているのは、トボトボと街道を歩く遊芸民と遊《ゆ》行者《ぎょうしゃ》、重い荷物を背負ってやってくる行商人、そして漂泊の渡り職人と乞食巡礼だった。

第二は、小学校の低学年時代に、西日本最大の貧民街《スラム》として知られている大阪南部の釜ヶ崎の周辺で生活したことである。いわゆる昭和大恐慌で父が失業して、下町の長屋くらしになったのだ。このあたりが私の少年期の遊びの場であり、この俗世の裏街道を初めて見知った土地だった。各地を流れ歩く香具師《やし》や旅芸人の一座が毎日のようにやってきて、うらぶれた木賃宿に泊まっていた。

そして第三は、わが人生で最も多感な青春前期、敗戦直後の時代だった。一九四七年春に大学に入ったので上京して、隅田川の東岸地域、すなわち永井荷風の『濹東綺譚《ぼくとうきたん》』に出てくる地域に住んだ。戦時中の旧制高校生時代に荷風の作品はよく読んでいたし、人情のあつい下町が好きだったので、そのあたりで下宿を探した。京成押上線の立石で、たまの休日によく遊びに行ったのは浅草界隈だった。

そういう場で多感な青少年期を過ごし、それがわが心性の形成に大きい影響を及ぼした。大きいというよりも、決定的と言った方がよいだろう。しかしそのことは、わが人生にとって幸運であったと、今でも私は思っている。

私はこれまで諸国をさすらいながら生きてきた一所不住の人びとを主題にして、いくつかの論述を書いた。乞食体の僧形で諸国を遍歴した「遊行者」、大道芸・門付芸で生きた「遊芸民」、海の漂泊民「家船《えぶね》」、山の漂泊民「サンカ」――、彼らは安住の地がなく、死んでも墓をつくることもなく、流浪の生涯を過ごした渡り人であった。日の当たらぬ歴史の舞台裏で生きた人たちであった。このようなテーマに関心を持つようになったのは、やはり先にみた三つの〈人生の磁場〉が深く作用している。

今でもそうだが、高尚を自称する「貴族趣味」や「ブルジョア気取り」には、本能的に違和感を感じる。その逆に、この世に容れられず、アウトローの烙印を押されて歴史の闇の中に消えていった人物像に惹かれる。「正統」よりも「異端」に愛惜《あいせき》を感じるのだ。

そして、「周縁の世界」あるいは「底辺の悪所」と呼ばれていたものには、どういうわけか吸引されていく。これらの地域は、世間では良俗に反し、無秩序で猥雑な「混沌《カオス》の場」だとされている。だが、そのオドロオドロしい磁場から発する何ものかに、わが〈内なる磁力〉が自然に共振するのだ。

わが「出会い」と転機

本論に入る前の布石として、とりあえず敗戦後におけるわが人生の大きい出会いを挙げておこう。

第一、わが青春の原点であった戦後すぐの時代、学生運動で出会った仲間たちである。日の丸・君が代をシンボルとした軍国日本は音を立てて崩れ、疾風怒濤の戦後が始まった。再建日本は、焼け跡に漂う硝煙をたくみに吸い取りながら、明治維新以来二度目の「脱亜入欧」路線をひたすら突っ走った。

第二、産湯の時から〈日本神国〉思想によって教育された世代であったが、「もう一度生き直さねばならぬ」新しい時代がやってきた。西洋からの新思潮がどっと流れ込み、「昼はマルクス主義、夜は実存主義」という合い言葉が流行した。

第三、七〇年代初頭の西欧留学である。祖父が外国航路の船乗りだったから、わが家にはいつも異国の風が吹いていた。また戦時中に通った中学校がイギリス聖公会のミッションスクールだったので、私は早くから西洋かぶれだった。しかし、あこがれのヨーロッパでは、自然の破壊と伝統的コミュニティの崩壊がはじまり、近代文明の光と闇を同時に体現していた。少年時代からのあこがれであった西洋の各地を歩きながら、私はしだいに幻想から醒めていった。

第四、インド体験である。なかば裏切られた思いで、西洋からの帰路インドに立ち寄り、インダス文明以来の歴史の底の深さと、ヒンドゥー教カースト制のもとでの人間の生き方に衝撃を受けた。七四年にはエチオピアとタンザニアという全く未知の地を訪れて、脳天がしびれるような深いショックを受けた。インドとアフリカを歩いて、自分の文明観の底の浅さがよく分かった。

第五、それから日本の海民の原郷を調べるために、インドネシアなど南太平洋の辺境の島々をしばしば訪れるようになった。そこでもまた、西洋市民社会とは異質な人間の生き様に深い感銘をうけた。私の胎内に巣食っていた《未開から文明へ》という単線的な歴史進歩の観念が、しだいに瓦解していった。

第六、その頃から、日本の賤民文化、すなわち被差別民の歴史と正面から向きあうようになった。そのことは後述するが特に高橋貞樹の『特殊部落一千年史』（更生閣、一九二四年）との出会いは、人の世の生き方について、根底から考え直す大きい転機となった。発禁とされていたこの書の復刻版を読んだ時の衝撃はすさまじかった。私の胎内で長い間培養されてきた〈西洋中心の歴史観〉はしだいに瓦解していった。

七〇年代後半から全国各地の被差別部落を訪れるようになった。その歴史と民俗をまのあたりに見ることによって、賤民差別の問題を根底から考え直さねばならぬことに気付いた。

本書は、私の青春時代の回顧を「たて糸」とし、わが思想遍歴に強烈なインパクトを与えた高橋貞樹の生涯（一九〇五〜三五）を「よこ糸」として織り成される。

高橋はわずか三十年の短い一生で、暗夜を横切る流星のようにこの世を去っていった。彼の歩んだ軌跡は、激動の大正・昭和史の中でも、稀に見る充実した生涯であった。

先祖のルーツを辿る

自分の生涯について、そろそろまとめなければならぬ年齢にさしかかると、誰でもそうだが自分のルーツが気になってくる。若い頃はそんなことには無頓着だったにしても、歳をとってくると、改めて先祖の由緒をふり返ってみたくなるのが人情だろう。そして古里にまつわる郷土史や民俗誌を読むようになる。

だが数世代も先になると、庶民の家系はよく分からない。上層の武士や村方三役を勤めた地主層ならともかく、漢字も読めなかった下層民の家系では、何の由緒書も残されていない。古くからの言い伝えだけが頼りである。

沖浦という姓からすぐ想像できるように、私の家系は海の民である。祖父が外国航路の船に乗るようになって大阪に移り住んだが、先祖代々は瀬戸内海で船稼業だった。

一八六八（明治元）年生まれの祖父は、当時やっと実用化された蒸気機関を独力で学んで、沿岸航路の機帆船に乗り組むようになった。明治後期にはアメリカ航路の機関員になっていた。私が少年の頃は三千トン級の貨物船の機関長となり、インド・中東航路を走っていた。貧しい漁村では、立身出世組の一人に数えられていたのである。

海民の血が脈々と流れていたせいだろうか、私は子どもの頃から、船乗りになりたいと思っていた。それも波濤を蹴立てて、遥かなる異国まで通う外航船の乗組員であった。小学校時代の雑記帳にいつも落書きで描いていたのは、大小さまざまの船だった。

祖父はずっと外国航路の船に乗っていたので、年に数回しか家に帰ってこなかった。貨物船のブリッジで、マドロス・パイプをくわえた粋《いき》な海員姿の写真が今も残っている。帰ってくるたびに、途中で寄港した港町の話や異国の風俗を聞かされていたので、ますます外国への憧憬が強まった。教科の中でも一番好きなのは「地理」だった。何であれ「航海記」と題された本はよく読んだ。祖父の家は大阪港のすぐ近くにあったので、そこに寄るたびに港まで船を見に行った。

祖父は第二次大戦中は、蒸汽缶《がま》を石炭で焚いて走る、足の遅い旧式の輸送船の機関長として乗り組んでいた。七十歳近い老軀に鞭打って敗戦時まで乗船していた。二回も撃沈されて海に投げ出されたが、重傷を負っただけで命は助かった。

だが太平洋戦争の悲惨な敗戦で、「船乗り」になりたいという私の念願は一場の夢と化した。あの無謀な戦争で、日本の大型外航船団は壊滅した。たった一隻残ったのが今も横浜港に係留されている氷川丸で、病院船に転用されていたので撃沈を免れたのだ。

今でも旅していて、潮の香を嗅ぎ、遠くから潮騒が耳に入ると、なんとなく血が騒ぐ。「海」への愛着は捨て切れないのだ。

外国を旅していても、「港」が近くにあると聞くと必ず訪れる。小さな入江や狭い河口に舫《もや》っている船を眺めているだけで、わが古里に帰ってきたような思いがする。それも東南アジアや南太平洋の島々にあるうらぶれた港で、船大工が建造した小さな木造帆船が舫っている風景が好きだ。

〈平家落人〉伝承の残るわが古里

歴史資料は残されていないので、推測するほかはないのだが、わが先祖は安芸《あき》（現広島県）と伊予（現愛媛県）の間に散在する芸予《げいよ》諸島のどこかの島を根拠地とする海民だった。日ごろは漁師をやっていたのだが、いざという時は、村上水軍の一味に加わっていたのだろう。祖父はそのように語っていた。

芸予諸島では、「津」は船が発着する港、「浦」は漁家のある海村、「浜」は塩田などのある広い砂浜、そして「沖」は地先漁場の外側にある海域をさした。

中世の時代では、山陽道一帯に勢力を伸ばしていた毛利氏は、海賊衆の〈村上水軍〉を「沖家」と呼んだ。「沖」は海の民の代名詞として用いられ、水軍勢は「島衆」とも呼ばれていた。

今でも瀬戸内一帯では、漁民は「沖の者《もん》」「浜の者」と呼ばれ、農耕民とは区別されている。この呼称には、定住農耕民とは違ってその出自も素姓もよく分からぬ海の流れ者であるという、古来からの卑賤観が込められていたのである。

村上水軍は、中世末期の戦国時代に活躍したが、備後の因島《いんのしま》、伊予の能島《のしま》（野島）と来島《くるしま》、その三島を主たる根拠地にしていた。三つ併せて〈三島《さんとう》村上水軍〉と呼ばれていた。

もうかなり前になるが、村上水軍について述べた歴史書を何冊か読みあさって、三島村上水軍の系譜を辿ってみたことがあった。「沖浦」を名乗る海賊の一党がその頃にいたかどうかを調べるためである。因島村上水軍の中堅クラスの武将に「沖十郎弘豊」というかなり知られた一族があったが、「沖浦」を名乗る一党は、結局は見つからなかった。わが祖先は、名を残した水軍の武将ではなくて、彼らに使役されていた水夫《かこ》、つまり日ごろはただの漁夫だったのだろう。

有史以前から、瀬戸内海は朝鮮半島へ、さらには中国大陸へ渡る交通の大動脈だった。この芸予諸島の海域は、その中央部を扼《やく》する要衝であった。十世紀に起こった「藤原純友《すみとも》の乱」をはじめとして、「源平合戦」「南北朝の争乱」と事あるごとに戦乱の地となった。戦国時代末期の天正年間、一向一揆の最終段階で、芸予諸島の村上水軍は織田信長へ叛旗をひるがえして決起した。

その芸予諸島の東側の入口に位置しているのが「鞆の津《ともつ》」（広島県福山市鞆町）である。鞆の津は瀬戸内海でも有数の海駅で、美しい島々が織り成す景勝の地として『万葉集』にもうたわれた。

その鞆の津のすぐ西にある「平《ひら》」という漁村がわが古里である。そしてこの平の浦は、讃岐の屋島から落ちてきた平氏の残兵が住み着いた浦と語り伝えられていた。つまり「平」という地名は、《平家落人伝説》に由来していたのであった。

ところが、私なりにいろいろ史料を調べてみたが、平家の落人が住み着いたというのは、俗間に流布された伝承であって史実かどうか疑わしい。実際のところは、秀吉に抗して討伐された村上水軍の残党が落ちてきた浦であった。そこのところを少し辿ってみよう。

「屠沽の下類」と一向一揆

今でもそうだが、瀬戸内の海民には熱烈な浄土真宗の門徒が多い。村上水軍も門徒勢力の一翼として、一五七六（天正四）年、大坂の石山合戦の際に本願寺救援にはせ参じた。

それまでの平安貴族仏教では、生き物を殺して「不殺生戒」の罪を犯している漁師（猟師）は、「屠沽《とこ》の下類」として、仏の救いがない卑賤の民とされていた。

そういう潮流に抗して、〈貴・賤〉〈男・女〉を問わず、すべての人間が阿弥陀仏の慈悲によって往生できると説いたのが、鎌倉民衆仏教であった。特に法然からはじまり親鸞・一遍へと連なる新興浄土教は、「罪障深い凡夫・悪人」を救うことこそ阿弥陀仏の本願であると唱えた。まさに日本仏教史上での革命的教説であった。このような《悪人正機》説は、瀬戸内の海民にとっては初めて聞く人間平等の教えであった。

こういう機縁があったから、村上水軍は勇躍して本願寺救援に出陣し、八百艘の水軍で織田信長に立ち向かった。その時に連合軍としてはせ参じたのが紀州の雑賀《さいが》水軍だった。彼らも熱烈な本願寺の門徒だった。

信長の亡き後、天下統一を成し遂げた秀吉に対しても、村上武吉《たけよし》のように村上水軍の一部は不服従の態度をとった。

戦国時代末期の一五八八（天正一六）年に、秀吉は「刀狩令」と同時に「海賊停止令」を出して、村上水軍を中心とした瀬戸内海民を支配下に入れようとした。その三年後に秀吉は朝鮮侵略を命じたのだが、その臨戦体制の一環として、十数万の大軍を朝鮮まで運ぶ船団を確保しようとしたのであった。

水軍の武将たちの中でも、来島水軍は船手組として朝鮮出兵の先陣となった。だが三島村上水軍は一枚岩ではなかった。村上武吉の率いる能島水軍は、朝鮮出兵に応じなかった。

そして秀吉の軍勢によって、反抗した海賊衆の拠点だった水軍城は焼かれた。その傘下の海賊衆はバラバラになって四散した。わが先祖もその一党で、何人かの仲間と船に乗ってこの小さな「浦」に逃れてきて住み着いた。最初は名もない浦だったが、いつしか平家の落人に擬せられて「平の浦」と呼ばれるようになった。郷土史はそこまで書かれていないが、私はそのように推定している。

母方の祖先も、古代では〈越智水軍〉、中世では〈河野水軍〉と呼ばれた伊予の海民の出である。したがってわが家系は、父方も母方も瀬戸内海民であった。

「漁民」差別の実態を知る

祖父が外航船に乗るようになってから一家は大阪港の近くに引越した。私は大阪で生まれ育ち、青年期は東京で生活していたので、いっぱしの都市市民として育った。たまに春休みか夏休みに瀬戸内に帰るだけだったから、海の民がどのように処遇されていたか、肌身で感じたことはなかった。いや、率直に言えば、若い頃から西洋かぶれで、学生時代はヨーロッパの文化史を学んでいたので、この列島の海民の歴史や漁村民俗の特異性などは考えたこともなかった。

それを考える一つのきっかけになったのは、全く見知らぬ芸予諸島の小学校の若い女の先生からの電話だった。私が先祖は瀬戸内海民であると、どこかに書いていたのを読まれていたのである。

確か一九七五年の夏であった。社会科の時間で近世の身分制について教えたのだが、児童から二つの質問があった。一つは漁村の子が「漁民の身分」について質問した。だが、その先生は答えられなかった。それで私に電話をかけてこられたのだ。「漁民は士農工商に入るのですか、それ以下の身分とされていたのでしょうか」と尋ねられた。

もう一つは、その島にある被差別部落の子どもの質問だった。「先祖が何か悪いことをしたから差別されたのか。自分たちの集落が〈えた〉とされた理由は何なのか」と問われたのである。その問いに対しても、まともに答えられなかった、と先生は率直におっしゃっていた。

この二つの質問を電話で聞いて、私は絶句した。農民と町民と漁民、それぞれが居住地を住み分け、日常的にもそんなに交流がないことは知っていた。しかし「身分」問題や「身分差別の実態」については突き詰めて考えたことは一度もなかった。瀬戸内の島嶼部だけでも約二百の被差別部落があると聞いていたが、その起源など全く考えたこともなかった。

その小学校の若い女先生からの電話がきっかけで故郷の歴史を調べ始めることになった。その社会的格差というか、漁民差別と部落差別の実態がしだいに分かってきたが、資料を集めて本格的に取組むようになったのは八〇年代に入ってからだった。

鞆町は元禄時代で人口約八千人、船問屋や船鍛冶屋が軒を並べ、海運と交易で瀬戸内の一か二を称する港町であった。その鞆町から十数分の距離にあるわが古里「平の浦」は、背後が山で農地が少なく漁業で生きる貧しい村だった。

一九二三年に刊行された『沼隈《ぬまくま》郡誌』では、「平の芋喰い」と呼ばれ、汚い「平ことば」を話すと書かれていた。山を切り開いて苦心して造成した畑に、麦と芋を植えて主食としてきた。ハレの日以外には米を食べられなかったので、鞆の町衆から「平の芋喰い」と呼ばれたのであった。

〈板子一枚下は地獄〉といわれたように、波間に漂いながら毎日漁をする海民の生活は苛酷である。魚がよく獲れるのは夜なので、日ごろは日が暮れてから出漁して、せり市が始まる前の、日の出の頃に帰ってくる。

波の音で消されるから、声もどら声になり言葉遣いもぶっきらぼうになる。それが汚いことばとされていたのだ。漁民は体裁を気にすることもなく本音でズバズバ言う。太っ腹で情にあついが、どちらかと言えば無口である。

古い漁村を訪れてみると、そこの侘びしい墓場には、海で遭難死した先祖たちの墓がいくつかある。それも立派な墓標ではなく、自然石に名前と年号が読み取れるだけの墓である。それも近世末期からのもので、それ以前は墓もなかった。

近世の史料を調べてみると、町民と漁民との通婚はもちろんのこと、日常的交流もほとんどなかった。生活慣習も違ったし、日ごろ祈る神々も違った。漁民は海神を祀るが、農民は農耕神であった。

浅薄だった歴史認識

一九七〇年代は、わが人生も峠道にさしかかった頃であった。戦後の大動乱期をなんとかくぐり抜けて、四十代になっていた。

しかし三十代後半から四十代前半は、人生観や歴史認識においても、大転機に遭遇した激動の時期だった。私が中学生の時から抱いていた《西洋中心史観》が、足もとから崩れ始めたのだ。そのような思想の転機となったのは、多くの「出会い」であった。その新たな「出会い」は自然であり、人であり、書物であり、全く未知の場所であった。

私の世界認識が大きく転換するきっかけになったのは、七〇年代初頭の西欧留学である。私は早くから西洋かぶれだった。戦時中の旧制高校生の頃から西洋文学に親しみ、大学に入ってからはヨーロッパ文化史を勉強していた。

五〇年代から六〇年代にかけては、T・ホッブズとJ・ロックを中心とした市民社会形成史論、ヘーゲルからマルクスへと連なる世界史認識——この二つを基軸として自分なりの世界像を組み立てて、その先に理想型社会を考えていた。

しかし四十歳になって初めて訪れたあこがれのヨーロッパでは、成熟した市民社会の崩壊がすでに始まり、近代文明の光と闇を同時に体現していた。西洋の各地を歩きながら、私はしだいに幻想から醒めていった。

次いで一九七三年のインド体験である。イギリスからの帰途、デリーで降りて北部を中心にいくつかの都市と村を歩いた。私が予想していたよりもオドロキの連続だった。インダス文明以来の歴史の底の深さに息を呑んだ。そして、ヒンドゥー教カースト制のもとでの「差別」制度の実態に衝撃を受けた。

さらに七四年にはアフリカのエチオピアとタンザニアを訪れた。独特の宗教的教義を背景とする「異文化」は、現地を歩いて、その自然風土や人情を肌で感じてみないと理解できないことがよく分かった。そこでもまた、西洋近代文明とは異質な人びとの生き様に深い衝撃をうけ、これまでの自分の人間観の底の浅さを、したたかに思い知った。

私は世界の複雑な文化の歴史地図とそこに存在している多様な民族誌──その何分の一しか知らないことに気付いた。それと共に、私の胎内に巣食っていた《未開↓半開↓文明》という歴史進歩の観念が、急速に瓦解していった。

インドとアフリカの「自然」「風土」「人間」に触れてからは、しばらくは茫然自失の体《てい》であった。私の手持ちの物差しでは到底測れない未知の広大な世界があること、西洋中心の〈近代文明論〉のモデルでは捉えきれない文化・宗教・風俗が地球の各地に深く根を下ろしていること──それが分かってきたのだ。

七〇年代の新しい波

六〇年代後半から、もう一つの新しい波が地域社会から起こってきた。戦前の水平社運動が戦後再興され、新しい部落解放運動の息吹が学園にまでしだいに及んできた。特に被差別部落の多い関西地方では、各大学に部落解放研究会が結成されて活発な活動を開始し、教師集団への問いかけがなされた。六八年頃からまたたく間に全国的に広がった全共闘運動の波が、それに拍車をかけた。

例えば私のゼミでは、主要な研究テーマは「近代資本主義と市民社会の形成」であったが、そのテーマから外れて「柳田民俗学の意義について」「天皇制と身分制度」「明治維新と解放令」などを自らの年間課題として報告する学生が出てきたのであった。戦後すぐの一九五〇年代では考えられなかった状況が現前してきた。そういう機運もあって、学内でも部落差別問題のシンポジウムが開かれ、教授会でも取り上げられて関連する講座が新設された。十数人の教師によって、近在の被差別部落への現地調査を行うプロジェクトもできた。

その矢先に前にみたように、瀬戸内の小学校の先生から、児童のふたつの質問が私に寄せられた。その一つは、「近世以来の漁民の身分」であり、もう一つは「瀬戸内における〈えた〉の起源」であった。その問いを電話で聞いた時、私は「絶句した」と書いたが、もっとはっきり言えば咄嗟に答えられなかったのだ。一知半解の生かじりの知識では、とても即答できない重い問題であった。私は質問した児童をまずほめてやって下さいと言って、あとはしどろもどろでまともな回答はできなかった。

瀬戸内の海民史をめぐって

私もいつかわが祖先たちのルーツを明らかにしたいと考えて、瀬戸内の海民史や漁村史に関する文書や史料も集めていた。しかし、先にみた二つの問いは、私の視圏に入っていなかった難問であった。それから春と夏の休みには、できるだけ島々にフィールドワークに出かけることにした。

瀬戸内海民の歴史と民俗に関する古い文献史料は、きわめて少ない。その代わりに説話・伝承の類はたくさん残っている。特に漁民集団は、古代から近世末までは無文字社会に生きてきたので、自らの生活記録を残すことはなかった。それで数少ない史料を渉猟しながら、自分の目で確かめるために数多くの海村を訪れて、郷土史家の話を聞いたり、海神を祀る小祠《しょうし》を調べたりして、私なりに民俗調査を重ねることにした。

確かな数字は分からないが、船稼業や漁撈に従事した海民は、古代・中世では全人口の数パーセント程度ではなかったか。人口が増えた近世末でも、農民と比べるとその数はきわめて少なかった。そのような比重にもかかわらず、日本の歴史で海民が果たしてきた役割は大きい。

この列島における〈海民〉の歴史と民俗を体系的に研究した著作は、近世末までほとんど見当たらない。讃岐生まれの甲州流軍学者だった香西成資が、その半生をかけて一七一九（享保四）年に完成した『南海通記』など、ごくわずかである。

近代に入ってからも、海民史は学問上ではマイナーな領域とみなされてきた。膨大な蓄積がある農民史や土地制度史に比べると、漁民史や海事史研究は微々たるものだった。近代に入って設立された帝国大学でも、農業史の講座は重視されたが、漁業史関連の講座は開設されていなかった。

ところで瀬戸内の農漁村では、漁撈や製塩で生活し、船を造って輸送に従事してきた海民たちは、農民や工・商に従事する町人とは、別の社会集団とみなされていた。身分上では、平人の百姓身分に格付けされていても、俗世間では一般農耕民よりは下とみなされていたのであった。

いわゆる「士農工商」と漁民

漁民出身の日蓮は、自分は「賤民の子なり」と激白している。親鸞は「屠沽《とこ》の下類《げるい》」と呼ばれて賤視されていた山民・海民の救いを自らの課題としたが、そのような中世の時代の漁民観は、近代まで尾を引いていたのだ。海の民には、ある種の卑賤観がずっとつきまとっていたのであった。

近世に入ると、農村地域は「地方《じかた》」、商工業を営む町人の居住区は「町方」、海民の住む沿岸・島嶼部は「浦方」と三区分された。このような分類法には、農民を主とし、商工に従事する民を次におき、さらに海の民を低くみる社会的な身分序列が投影されていた。すべての価値をコメで表現する近世の石高《こくだか》制に象徴されるように、当時の農本主義的な社会観では、俗にいう「士・農・工・商」の枠内に海の民も山の民も入っていなかった。

しかし近世の幕府は、漁民の身分については統一的な政策を打ち出していなかった。各藩の統治に任せていたのである。したがって地方によって、漁民の身分的処遇についてはかなりのバラつきがあった。

島々の農漁村では、今日でも漁民と農民は棲み分けている。近世の身分制社会においては、両者の通婚は原則としてなかった。今でも海沿いに住む漁民地区は、土地が狭く迷路のような小路の両側に、小さな家々が密集しているところが少なくない。

海民は漂泊性・移動性が強いので、千余年にわたる農本主義的な統治政策において、やはり賤視されてきたのであった。

実際問題として、土地に定住する家を持たず、船で生まれて船で死んでいく漂流漁民が瀬戸内にも実在していた。彼らは「家船《えぶね》」と呼ばれていたが、一般漁民よりも下層の民とみなされていたのであった。

さらに漁民は、改めて言うまでもないが、仏法で定められた〈不殺生戒〉を守っては生きていけなかった。その海民たちの歴史や民俗を〈差別―被差別〉の視点から照射すれば、一体何が見えてくるのか。

研究視座の転換

芸予諸島の一帯では、海神として祀られているのは大三島の大山祇《おおやまつみ》神社に鎮座する「大山祇神」である。その大三島の古老から瀬戸内の漁民にも二系列があると、次のような示唆を受けた。

一つは太古の時代に朝鮮半島から北九州へ渡ってきた集団で、それがしだいに東に移動して瀬戸内海に住み着くようになった。もう一つは黒潮に乗って南海から九州の南端にたどり着いた集団であって、その系譜も少数ではあるが島々に散在している。

後者は南九州の先住民「隼人《はやと》」系である。「そういうところもちゃんと勉強せんと、瀬戸内漁民の生活民俗や海神信仰の流れはつかめませんよ」と付言された。

各地の浦浜に残る〈海神〉伝承や〈水軍〉にまつわる伝説を調べていくと、アジアの各地方からこの列島にやってきた海洋民族の系譜を含めて、海に生きた人たちの歴史の深層を探らねばならないこともしだいに分かってきた。

こうなってくると、日本民族の諸潮流とその起源論まで遡らねばならない。どこから手を付ければよいか困惑しているときに、ふと思い出したのが高橋貞樹の『特殊部落一千年史』だった。一九六八年に復刻版が刊行された際は、パラパラと拾い読みをしただけで、江戸時代以降の各章に目を通しただけであった。古代・中世篇は素通りしたので、第二章の「古代の人種関係と征服国家の出現」のあたりはよく読んでいなかった。

ただ末尾に付されていた膨大な参考文献の中に、鳥居龍蔵・小金井良精・西村真次など人類学や民族学の専門書が註記されていたことに驚いた記憶があった。それを思い出して、改めて精読してみることにした。

その頃から、東西の比較文化論に視点を移し、日本の被差別民の歴史と文化に正面から向きあうようになった。

それとともに、すべての学問の基礎に自然人類学と民族誌研究が必要であると自覚するようになった。そういう新たな問題意識が、人の世の生き方について、根底から考え直す大きい転機となった。さらに全国各地の被差別部落を訪れてその歴史と民俗をまのあたりに見ることによって、日本文化史の地下伏流について、改めて考え直さねばならぬことに気付いたのであった。

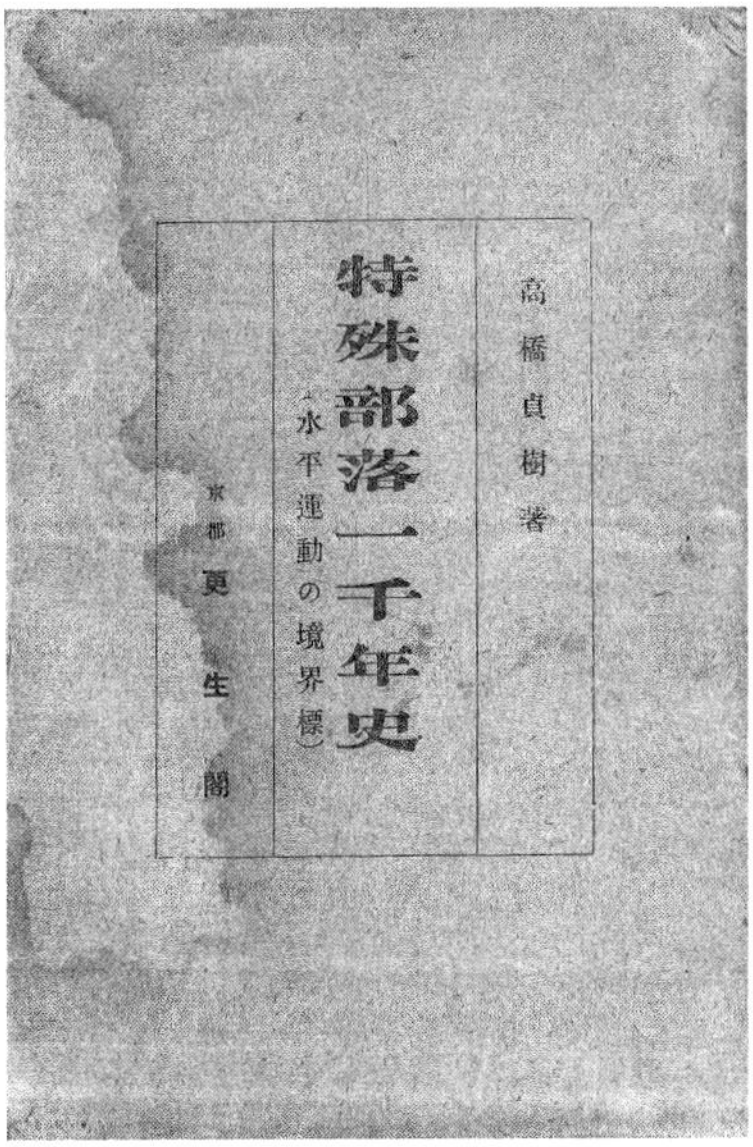

著者所蔵の『特殊部落一千年史』（大正十三年五月二十日発行）

第一章　高橋貞樹との邂逅

「青春の光芒」の意味するもの

この物語は、「私の青春時代の回顧を〈たて糸〉とし、わが思想遍歴に強烈なインパクトを与えた高橋貞樹の生涯を〈よこ糸〉として織り成される」と、冒頭で書いた。

たて糸とよこ糸を組み合わせて、機《はた》で織りあげるのだが、もちろんこの機は、太平洋戦争を挟んでの「激動の時代」そのものである。現代史の裏面の一コマを織るわけだが、一体どのような図柄が浮かび上がってくるのか。

さてここから、いよいよ高橋貞樹の出番となる。高橋貞樹（一九〇五〜三五）は、わずか三十年の短い一生で、暗夜を横切る流星のようにこの世を去っていった。本書の雑誌連載時のタイトルを「青春の光芒」と題したゆえんである。光芒とは、光線のひらめいた先端の意である。「光芒一閃《いっせん》」とは、稲妻のようにピカリと輝いてすぐ消え去り、再び暗い闇に戻ることである。

彼の歩んだ軌跡は、明治維新以来の日本の近代史でも、稀に見る波乱万丈の時代であった。すなわち大逆事件後の〈冬の時代〉、大正デモクラシー運動の高揚期、一九一七年のロシア革命の衝撃、西欧からの〈新しい波《ヌーベル・バーグ》〉としてのマルクス主義の興隆、日本帝国主義の大陸進出、民衆運動の躍進と大弾圧―

ーこのような疾風怒濤の逆巻く大正・昭和前期と、高橋貞樹の生涯はほとんどそのまま重なる。その短い生涯で精一杯背伸びしてやった仕事は、まさに「光芒一閃」と表現するのにふさわしい。

高橋貞樹は、まだ新芽のような「みどり子」だった社会主義運動のパイオニアのひとりである。そして労農運動・水平社運動でも、黙過できぬ役割を果たした。しかしそれらの運動史の中でも、高橋貞樹の業績が評価されていることは少ない。過去帳の片隅に、ごく小さく、その名をとどめているにすぎない。

なぜ高橋貞樹を「異才」と呼ぶのか

さまざまのペンネームで書いた論稿を含めて、高橋貞樹の著作集を編纂すれば十冊ほどにはなるだろう。単行本として出版されたのは三冊だが、数多くのパンフレット・論文・檄文を書いている。しかし今日では、そのほとんどが散逸してしまって、まとめて読むことは難しい。

彼が手がけた問題は、マルクス主義革命論の原理論をはじめ、世界資本主義の現況、日本帝国主義の基幹構造など広い領域にわたっている。日本史についても、〈天皇—賤民〉という身分制問題を視圏に入れた『特殊部落一千年史』と題する開拓者的な論稿を書いている（『被差別部落一千年史』のタイトルで岩波文庫に収録）。

高橋貞樹。『社会評論』1935年12月号より。死の直前のものと推測される。

民族問題についても、黒人問題やユダヤ人問題をはじめとして、少数民族に関わる差別について積極的に発言している。朝鮮の被差別民「白丁《ぺくちょん》」は、その当時で約四十万人であったとされている。一九二二年に日本の水平社が結成されると、それをきっかけに「衡平社《こうへい》」運動を慶尚南道の晋州で立ち上げた。高橋は朝鮮で展開されたこの解放運動とも関わりがあった。

当時の運動のリーダーで、人種問題・民族問題・移民問題・身分問題など、いわゆる《差別―被差別》問題について、社会史的な視点から深い関心を示していたのは高橋の外にはあまりいない。それも世界資本主義の発展と文明の進歩――そういう新しい国際的視角から取り上げているところに、彼の論調のユニークさがある。その領域でも先駆者のひとりと言えるだろう。

高橋は苛《か》烈《れつ》な運動の渦中に身を置きながら、寸暇を惜しんでこれらの諸論稿を執筆した。常に官憲に尾行され、居場所を転々と移していたのである。静かな書斎で多くの資料を参照しながら想を練る研究者とは、全く異質な厳しい環境のなかで書き続けていたのである。

もちろん今日からみれば、若さゆえの未成熟の部分や気負いがみられる。そして改めて言うまでもないが、時代的限界があるのは当然である。だが、私が注目するのは、その研究者としての資質である。その発想はきわめてオリジナリティの高いものであった。

運動の転機に際して、運動方針の転換や組織状況の改革について、緊急の必要から彼が書いた檄文やパンフレットも少なくない。それらの文書を読んでみても、彼が時代の流れを鋭敏に感じとるすぐれた感受性と運動感覚を身にそなえていたことが分かる。

その資質は彼の文体にもよく表れている。その頃の左翼運動の関係者は、運動のリーダーであれ研究者であれ、外国文献に依拠した部分が多かったから、どうしても翻訳臭が抜けきれず、建前にこだわった堅苦しい文体が多かった。その点、高橋の文章はダイナミックで生気溢れる文体である。建前よりも本音で書かれていて、イメージ喚起力も豊かであった。

外国文献と言えば、高橋は英語・ロシア語・ドイツ語など外国語に堪能だった。未紹介の原書や雑誌をよく読んでいた。一九二三年九月の関東大震災の前の話であるが、山川均の主宰する水曜会の研究会で、高橋はロシア語の原書を前に開いて講義をやっていた。それはまだ翻訳されていないレーニンの『帝国主義論』であった。夫人の小見山富恵の回想では、たまに家庭で食事をしている時でも、日本史の古典や外国から送られてきた新聞雑誌を読んでいたそうである。二人でゆったりと食事を共にすることはほとんどなかったそうだが、寸暇を惜しんで勉強していたのだ。

もう一つ特記しておかねばならないのは、高橋は若い頃から芸術的才能に恵まれていたことだ。特に絵画にすぐれていた。立体派・未来派・構成派などのアヴァンギャルド運動に惹かれていたそうで、未来派風の油絵を描いた。その絵が展覧会に入選したこともあった（これは後年に富恵夫人から私が直接聞いた話である。そのことについては後に再論する）。

そして高橋貞樹は、よほど熱情的な個性をもちあわせていたらしく、彼と出会った多くの人びとの脳裏に、鮮烈なイメージを残している。物にこだわらないさわやかな性格で、決断力があった。彼に接した人たちの回想については、後章で追々紹介する。

このようにしてみてみると、彼が一風変わった独特の資質をもっていたことが分かる。そういう才能を「異能」と呼ぶが、それが雑誌連載時のサブタイトルを「異才・高橋貞樹」としたゆえんである。

高橋貞樹との初めての出会い

後章で詳しく述べるが、とりあえずその略歴のポイントをまとめておこう。高橋は十七歳で山川均の主宰する前衛社に入り、第一次日本共産党の周辺で活動する。一九二二年に全国水平社結成の報を聞くと、すぐ奈良に入り、西光万吉と共に創立者のひとりであった阪本清一郎の家に一カ月も寄宿している。関東大震災直後の「朝鮮人狩り」と同時に「社会主義者狩り」が激しくなってきたので、同志の小見山富恵と共に東京を離れて大阪に逃れた。

堺の舳松《へのまつ》部落の泉野《いずの》利喜蔵方に居を置いて水平社運動の最前線で活躍し、部落の青年たちの教育に専念している。その間に多くの論文を執筆するようになる。その頃は第一次共産党が解体し、福本イズムの全盛下で、運動はまだ星雲状態にあった。二六年四月にはモスクワに渡って「レーニン研究所」に入り、通訳としてコミンテルンの諸活動に参加し、共産党再建後の綱領となった「二七年テーゼ」作成の陰の立役者となる。

二八年の三・一五の大検挙で共産党指導部が壊滅的な打撃を受けたが、その再建のため急ぎ帰国した。四つのペンネームを用いて理論と組織の両面で指導部として八面六臂の活躍をしたが、二九年の四・一六の大検挙でついに逮捕された。三一年から開始された公判闘争では代表陳述団のひとりとなっているが、三三年六月の佐野・鍋山の転向声明後、三田村らと転向を表明した。三五年六月肺結核で執行停止となり、その半年後に死去した。

さて本章は「高橋貞樹との邂逅」と題したが、邂逅とは「思いがけなく出会う」ことである。私が高橋に深い関心を抱くようになったのは、先輩から教示されたわけではない。自分から勝手に傾倒していったのだが、その「出会い」には、いろんな偶然が作用している。私が最初に高橋貞樹の名を知ったのは、敗戦直後の古本屋であった。その頃は戦時中出版された天皇制ナショナリズム関連の本は、みな二束三文だった。その逆に警察に押収されていたマルクス主義関係の本は、棚に並ぶとすぐ売れた。

いつまでも売れ残っている左翼本もあったが、それは佐野学や鍋山貞親などの転向者、あるいは林房雄や亀井勝一郎などのプロレタリア文学派から皇国賛美に転じた文学者の著作だった。よく訪れる本屋で、売れ残っている本が高橋貞樹の『日本プロレタリアートの問題』(希望閣、一九三一年)だった。「左翼本なのになぜ売れないのか」と、同行していた先輩の活動家に質問したが、「君、彼は転向者だよ」と、冷ややかな言葉が返ってきた。転向者と聞いて私の関心は薄れたが、なにかの参考になるだろうとこの本を買った。だが、本棚の片隅に置いたままページをひらくことはなかった。

まだ戦前運動史を勉強していない私たちは、《転向》か《非転向》かという二分法で考えていたのである。したがって《転向》という言葉は、敗戦直後の時代では、裏切者や逃亡者のイメージでとらえられていた。この本の意義を知って、実際に読み始めたのは、それから約十年後の一九五六年であった。

評価されなかったその業績

高橋は十九歳のときに『特殊部落一千年史』、二十歳のときに『世界の資本主義戦』を書き下ろしている。ともに三四〇ページの大著である。前者は、被差別部落を中心とした日本賤民史に関する通史的研究である。後者は、外国書を下敷きにしているが、わが国で最初に書かれた体系的な帝国主義研究である。大正時代末期のまだまだ未成熟なマルクス主義研究の水準からみて、両著ともに群を抜いた著作である。

戦後は売れ残った高橋の著書

その出発点において、いち早くこのような業績を残しているのに、彼の生涯は正当かつ十分に評価されていない。彼の活動は、初期の水平社運動に関する断片的な研究を除いては、一九六〇年代までほとんど論じられていなかった。

その理由は簡明である。第一は、その青春期の大半を非合法の地下活動で過ごしたから、彼の仕事の多くは発禁処分を受けていた。その頃のビラやパンフ類は散逸し、そのオリジナルな原稿は全く残っていないので、高橋の執筆かどうか判然としないケースも少なくない。写真も二葉が残されているだけである。組織のネットワークを秘匿するために写真は厳禁だった。

第二は、高橋がコミンテルン＝日本共産党のラインを批判した転向者だったからである。したがって共産党のいわゆる正史関係では、ほとんど黙殺され、その仕事が運動史の中で体系的に位置づけられることはなかった。

第三としては、彼が水平社から運動の本流に入ってきたことを挙げておこう。戦前の革命運動は「労・農・学」の三つを母体とする――これが通説である。確かに量的にみれば労働運動・農民運動・学生運動の出身者が多数であったが、次いで多いのは水平社出身者と在日朝鮮人の活動家であった。

そして共産党の指導部は、知力と意志力のある学生インテリ層と大衆運動から選抜された精鋭な労働者・農民によって構成されていたことは事実である。特に労働者は活字に親しむ機会に恵まれていた植字印刷工が目立つ。巨大な国家権力にほとんど素手で立ち向かい、しかも海外の組織との連絡を密にして運動を行うのだから、強い意志力と文章能力を必要とした。

しかし後述するように、水平社に加入していた被差別部落民、植民地として支配下におかれていた朝鮮半島の出身者が、運動の基層を支える実働部隊として各地で活躍したのであった。だが運動内部で彼らを見る目にはまだ《差別》というバイアスがかかっていたのである。最新の思想であるマルクス主義を学んでいた者でも、まだ《差別―被差別》問題の深奥部にあるものを、腹の底から理解しているわけではなかった。世間並みの蔑視観をもって見ていたのである。

近代日本の国家権力の中枢にあるものとして、天皇制については「二七年テーゼ」を中心にさまざまの角度から論じられていた。だが日本史を通底する身分制の底辺に置かれていた《賤民》問題については、その歴史と現状を深く追究する視座はまだ確立されていなかった。

高橋貞樹の業績がなぜ評価されなかったのか。ここではとりあえず三点を挙げて考えてみたが、私たちのように戦後になって運動に参加した者も、全く同じで高橋の名はどこからも聞くことはなかった。学生運動の最前線で活躍するようになって、日本の革命運動史やコミンテルン関係の資料を生かじりし、いろんな研究会に顔を出すようになったが、先輩諸氏からも高橋貞樹の名を聞いたことは一度もなかった。

高橋貞樹のダイナミックな文章

いよいよ高橋貞樹の本格的な出番となる、と書いたが、まだ助走の部分である。そして、私が高橋貞樹に傾倒した理由の一つとして、高橋の文章は「ダイナミックで生気溢れる文体である」と書いた。要するに歯切れがよく、ズバズバ本音で語るのだ。研究者として高い資質があったが、アジテーターとしてもすぐれた才能の持主であることがよくわかった。

それを本書連載時に読んだ一読者から、「短い文章でよいから例示されたい」との声が届いた。それも当然だと思って、彼が若い頃に書いた短い文章を探して掲げることにした。やはり彼の本領である水平社関連のものがよいだろう。

高橋の著作で今日の市場に出ているのは、岩波文庫に収められている『被差別部落一千年史』（一九九二年、原題『特殊部落一千年史』一九二四年）だけである。その前年に書かれた小冊子『特殊部落の歴史と水平運動』（僚友社、一九二三年）は、部落問題への啓蒙書として執筆された八十六ページほどの好著である。その当時は、まだ学界でもジャーナリズムでも、部落差別の歴史的経過と《差別》の本質についてはほとんど論じられていなかった。だが同書は発売直後に発禁となり、水平社関係の人びとに読まれただけであった。力を入れて執筆した高橋も残念だったのであろう、「私にとって夭折せる幻滅の幼児」と

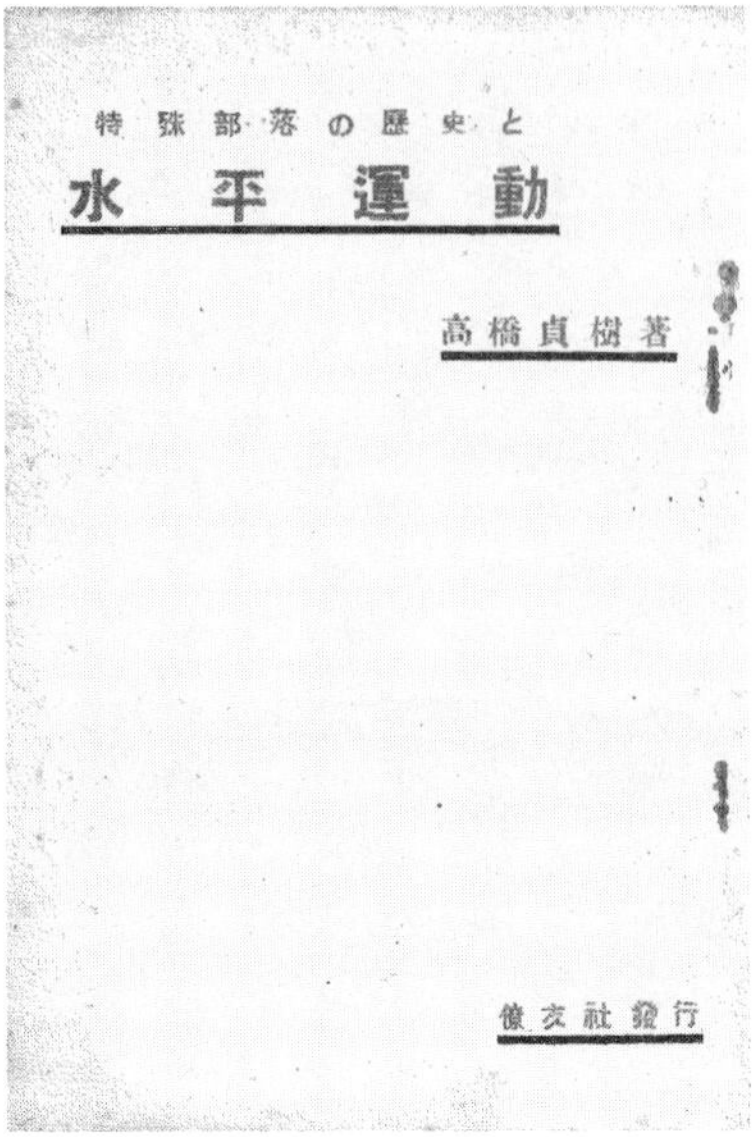

『特殊部落の歴史と水平運動』は発売禁止となった

『一千年史』の序文で記している。

　日本の賤民史に関する研究は、柳田國男の未完の論文「所謂《いわゆる》特殊部落ノ種類」（『国家学会雑誌』第二七巻第五号、一九一三年）を嚆矢として、ボツボツと発表され始めていたが、中世と近世の個別分野研究の水準にとどまっていて、その歴史的起源から水平社結成におよぶ体系的な著述は出ていなかった。この『特殊部落の歴史と水平運動』は荒削りではあったが、最初の通史的な試みであった。

　喜田貞吉や佐野学などの先学者の業績に導かれたものではあったが、『一千年史』は当時としてはできる限りの資料を集め、全アジア的視座のもとに身分制度の形成と賤民差別の根源に迫ろうとした意欲作であった。今回も改めて読み直してみたが、やはりダイナミックで生気溢れる文体である。

　本書の白眉は、水平社創立に至る先覚者たちの苦闘をたどりながら、その組織結成の必然性と、水平運動の「人類最高の完成を期す」という高い理念を説いた第二篇にある。賤視された人びとの苛酷で悲惨な歴史を辿りながら、部落差別の非人間的な現実を鋭く告発し、部落民による主体的な解放の道を提示したのである。

『種蒔く人』に寄せた一文

その問題については後章で詳論するので深入りしないが、ここでは高橋が第二次『種蒔く人』の二三年二月号に寄せた短文を紹介することにしよう。先にみた『特殊部落の歴史と水平運動』の執筆とほぼ同時期に書かれた文章である。この一文を草したとき、高橋はまだ十七歳であった。水平社結成の報を聞いて、高橋はすぐ奈良に行って、創立者のひとりである阪本清一郎宅に身を寄せたことはすでに述べたが、この一文は、奈良から帰った直後に書いたのであろう。

『種蒔く人』の創刊者は、秋田県土崎港永覚町（現秋田市）生まれの小牧近江《こまきおうみ》（一八九四〜一九七八）であった。小牧の父は進歩的な実業家で、息子を外交官にするためにフランスに留学させた。途中で学費送金がなくなったので、苦学しながらパリ大学法学部を卒業したが、その頃からアンリ・バルビュスのクラルテ団の一員となり、革命運動に深い関心を寄せた。

一九一九年に帰朝すると、小牧は小学校の友人である金子洋文、今野賢三らと土崎港の地元で同人誌を創刊した。十八ページ三百部の小雑誌であるが、これが反戦平和を旗印とした第一次『種蒔く人』である。三号で終刊となったが、その第二号に小牧が寄せた「第三インタナショナルの議会政略」がコミンテルンに関連する日本で最初に紹介された論文である。

小牧近江は発行拠点を東京に移し、同人を拡大して全国規模での発刊を構想した。金子洋文、佐々木孝丸、柳瀬《やなせ》正夢《まさむ》らが同人で、二一年十月の創刊である。同人のひとり、村松正俊が起草した発刊宣言は、簡明率直な提言として有名になった。

「嘗て人間は神を造った。今や人間は神を殺した。造られたものの運命は知るべきである。（中略）僕たちは生活のために革命の真理を擁護する。種蒔く人はここに於て起こった。世界の同志と共に！」

発行部数は三千部であるが、ジャーナリズム市場がそんなに広くない当時としては、かなりの部数である。資金は有島武郎、相馬黒光、足助素一らが提供した。アンチ・ミリタリズムとインターナショナリズムを公然と唱え、号を重ねるにつれて反国家権力的な姿勢を鮮明にして、発禁や削除などの弾圧を受け続けた。全二十冊、別冊二冊を発行してプロレタリア文芸運動の前史を形成する画期的な役割を果たした。関東大震災時に朝鮮人の虐殺に抗議する特別号を出し、すぐ弾圧を受けて休刊に追い込まれた。

無署名の巻頭論文

さて『種蒔く人』の二三年二月号は、「水平社運動」特集号であった。水平社結成は二二年の三月だから、その直後の企画であろう。五篇の関係論稿を掲載しているが、「人間権の奪還」（無署名）、「水平社運動の経過」（無署名）、「水平社とは？」（青十字凡人）、「或る夜のこと」（平野小剣）、「水平社訪問記」（佐野学）――この五本である。

この巻頭論文は無署名であるが、平野小剣が自分の論文の末尾で「本号巻頭言は水平社同人高橋貞樹君を煩わした」と明記している。またこの文章の一部が、高橋が後に書いた『一千年史』に挿入されているから、高橋の文章と断定される。

なおこの巻頭論文には、未来派風というか構成主義的にデザインされた「焔を持って疾走する群像」がカットとして描かれている。私の推測であるが、おそらく柳瀬正夢（一九〇〇～一九四五）の筆ではないか。あるいは柳瀬の助言を受けて高橋自身が描いたのかも知れぬ。

その頃の柳瀬は未来派美術協会に所属し、読売新聞で政治漫画を描きながら、本業の画業ではアバンギャルドの新潮流を志向していた。折しもベルリンで表現派・構成派の美術や演劇活動を学んできた村山知義が一九二三年一月に帰朝した。すぐに「意識的構成主義的小品展覧会」を開いた。その直後に、柳瀬は村山と組んで前衛美術団体「マヴォ」（機関誌『Mavo』）を結成する。

第一次大戦後に、フランスやドイツで若い芸術家によって組織されたこの前衛美術運動は、ロシアに飛び火して一九一七年の十月革命前後に活発な動きをみせ始めるが、その流れがようやく日本にも入ってきたのであった。そしてすぐにプロレタリア運動と結び付いて、革命派の雑誌の表紙デザインやカットとして現れるようになる。

高橋は若い頃に未来派風の絵が得意で展覧会に入選したこともあると富恵夫人の証言を紹介したが、それを確認することは今では難しい。私の勝手な推測だが、どうやら柳瀬正夢との接点から探ることができるのではないか。

柳瀬は芸術家として多方面的な活動を続けたが、村山と組んで一九二六年に大ヒットしたルナチャルスキー『解放されたドン・キホーテ』の舞台装置を担当している。『無産者新聞』にも政治漫画を描き続けたが、戦時色が強まるにつれて執筆する機会がなくなり、敗戦直前の一九四五年五月の東京大空襲で新宿駅頭で爆死した。まだ四十五歳の「無念の死」であった。生きていれば戦後も大活躍したであろう。

巻頭言「人間権の奪還」

さて短い高橋の原文を紹介する。ここで『神』が出てくるのは、第二次『種蒔く人』の宣言に、「嘗て人間は神を造った」とあるのを、高橋が意識していたからだろう。俗間でひそやかに語られていた「エタ」「四つ足」「トウナイ」などの差別語を用いながら、社会の「どん底」に呻《うめ》いていた被差別民についてズバズバと本音で書いている。ユダヤ人の虐殺で有名となったロシアのキシネフが出てくるのも高橋特有の論法である（新字体・新かなづかいに改めた。明白な誤記は私の判断で訂正した）。

人間権の奪還

高橋貞樹

原始の昔、荒涼たる原野のなかの洞穴を後にして、暗夜に物凄く映る火山の焰を望みながら、人々は鹿の肉を火にあぶっては喰っていた。お互いが捕った鹿をお互いが分かち喰っていた。そこには鹿の肉に対する争いはなかった。まして肉を喰うことに対する刑罰の如きは思いもよらなかった。この生活の糧を奪うことは死を意味していた。

しかし、『神』が襲い来たり、『仏』が運び込まれてからは、世の中はそう行かなかった。『神』は白刃をもって脅迫しつつ、肉を奪い去った。『仏』は肉の穢れたものであることを告げて、肉を捨てさせた。多くの人は肉を捧げ、肉を捨てた。しかし肉は人々に必要であった。牛も、馬も、豚も、鹿も、白刃とお告げとに従おうとしなかった人々は、遂にこの牛を飼い、馬を屠ることを強いられた。

この時以来、社会のどん底に、畜生よ四つ足よと罵られながら、獣を屠り、その皮を剝ぎ、その肉を喰う一群の人々が呻いていた。悲しくもその人々に、人間の権利はなかった。生々しい人間の皮を剝ぎ取られ、暖かい人間の心臓は引き裂かれていた。

これがエタであった。吾々の祖先の運命であった。

しかし、畜生と呼ばれた吾々も人間である。四つ足と罵られた吾々も、二つの足で歩くのだ。トウナイと罵られた吾々にも、十本の指が揃っているのだ。しかも見よ、吾等の体を流るる赤き赤き血潮を、人間の血を。

吾等を縛る冷たい鉄鎖は、今も重苦しく吾等に迫る。強権による白刃の閃くところ、凄惨なる流血を生む。キシネフの街に殺された猶太《ユダヤ》の民の血は、吾等の脳裏に呪うべき足跡を残しているではないか。

時は過ぎ行く、エタも人間だと叫ぶ時が来た。奪われた人間権を奪還すべき時が来た。悠久なる人類前史の終わりに近く、今、一千年来の屈辱の血涙もて染め上げられたエタの旗を掲げる時が来た。奪われた人間の権利を奪い返すべく、吾等は進み行く。赤き人間の血潮もて白刃に対して抗争し行く。

エタも人間だ。三百万の兄弟よ団結せよ。

平野小剣と佐野学

この特集号の編集を任されたのは平野小剣《しょうけん》(一八九一〜一九四〇)であった。福島県信夫郡浜辺村(現福島市)の被差別部落に生まれたが、十四歳の頃から東京で印刷工として働き、印刷工組合信友会に加盟して労働運動の最前線で活動した。

才気煥発で行動力のある平野は、一九二一年の第二回同情融和大会の会場で「民族自決団」の名による有名な檄をまいた。この民族とは「エタ民族」の意であって、部落民自身の手による自主解放の道を唱えたビラであった。このあたりの事情については後で詳しく再論する。

平野小剣は名文家でも知られているが、この号に寄稿した「或る夜のこと」は社会主義を目指す革命家も、部落差別の本質についていかに無知であり根深い偏見をもっているか、そのことをさりげなく描いたすぐれたエッセイである。

平野小剣は、二二年三月三日の水平社創立に参加して指導部のひとりとして活躍していたから、高橋貞樹に会ってその文才と実力を認めていたのであろう。それで平野は、この重要な巻頭言を若い高橋に頼んだのであろう。

佐野学については後で詳しく論じるが、一九一〇年代は草創期のマルクス主義運動の理論家として知られ、その頃は早稲田大学で日本経済史を講じていた。「特殊部落民解放論」（『解放』一九二一年七月号）によって、部落民自身による主体的決起と無産者運動との結合を説いて、部落の青年に大きい影響を与え、この一文が水平社結成のひとつの契機となった。このことについても再論する。

『種蒔く人』の「水平社訪問記」は水平社発祥の地、奈良県御所《ごせ》市柏原部落を訪れて、二晩にわたって学習会をやって、西光万吉や阪本清一郎などの活動家を激励した記録である。佐野学は、後に日本共産党の指導者として国内外で活動したが、一九三三年六月に獄中で天皇制社会主義への転向を声明した。

なお「トウナイ」について付記しておく。「トウナイ」についてはいろんな語源説があるが、ここでは「十無い」、十本の指が足りない、すなわち「普通の人間ではない」という意味での差別呼称として高橋は用いている。加賀藩独自の賤民として「藤内」がいた。一七五〇年代の宝暦年間には戸数は約千軒とされている。その役負担は、清目《きよめ》や警固行刑の下働きであって、他藩における穢多・非人制に類似しているが、斃牛馬処理を専業とする皮多（穢多）は別にいた。「藤内」は火葬・医療・助産・施薬を生業としていた。もちろんこの「藤内」も高橋は頭の中に入れていた。

《非転向》神話に呪縛されていた

先にみたように、近代日本の社会運動史において開拓者的な仕事を残しているにもかかわらず、高橋貞樹は垢まみれの状態で現代史の片隅に放置されたままであった。コミンテルン＝日本共産党のラインを正面から批判した転向者だったからである。そして天皇制に基づく日本独自の社会主義を主張した佐野学・鍋山貞親らの第一次転向組と十把一絡げにされて、革命派を裏切った脱落者とみなされていた。

運動の主流から一度そういう烙印が押されると、負のイメージで塗り固められる。運動史のナマの資料をまだ十分に読んでいなかった私たち戦後派も、異端審問の目で《転向》を考え、そして敗戦直後の《非転向》神話に呪縛されていた。

しかし実際に運動内部に入って戦前の活動家に接してみて、その神話が私たちの倫理主義的な思い込みにすぎないことが、次第にはっきりしてきた。一九四九年頃から私たち全学連と徳田球一・野坂参三をリーダーとする共産党指導部とはソリが合わなくなる。はっきり言えば、その思想的指南力と運動感覚に不信を抱き始めたのである。そのことについては後に述べるが、コミンフォルムの批判による五〇年分裂をきっかけに、《非転向》神話は完全に崩壊していく。

それでは《転向》派に対してはどうであったか。敗戦直後は「国家権力による強制と屈服」という視角だけで、思想的節操の問題に単純化して考えていた。つまり〈節を守ったか〉〈仲間を裏切らなかったか〉という、儒教的な忠誠の倫理に近いモラリズムの水準でとらえていたのであった。革命運動の惨めな総敗北について指導部の自己責任や全面的再検討の必要性は、そのまま棚上げされていたのだ。

ちょっと横道に逸れるが、転向した元共産党中央委員長・田中清玄《きよはる》と風間丈吉に一九四七、八年ごろにたまたま出会ったことを思い出す。それを記すことによって、当時の私たちの《転向》に対する思想的位相をあぶりだすことができる。

労農前衛党の街頭演説

一九四七年の四月だったが、力石定一と一緒に大学からの帰途、夕暮れ時の巣鴨の駅前であった。たまたま転向派が結成していた「労農前衛党」の演説会に出会った。

それは新憲法下の第一回の総選挙のときであり、「労農前衛党」の小さな旗を掲げた三人連れが演説をしていた。このミニ政党は、佐野学を中心に佐野博や風間丈吉ら転向した元共産党員が四六年八月に結成したもので、「天皇制を中心とした日本型一国社会主義」をスローガンに掲げていた。その新党旗揚げは新聞でもごく小さく報じられていた。

世間的にはもはや見捨てられた小グループであることを自分たちも自覚していたのだろう、活気のない演説会で立ち止まる聴衆もなかった。通りかかった私たちが、「転向組のリーダーの佐野学がいるんではないか、どんな人間なのか見てみよう」としばし足を止めた。三人ともヨレヨレのナッパ服で一見して労働者風だった。再建された共産党を激烈な調子で批判している候補者は、四十歳ぐらいで、どうみても佐野学ではない。それでもなかなか弁の立つ候補者で、眼光鋭くタダモノではない風情だった。それで、黙って通り過ぎるわけにはいかず、演説を聴きながら野次をとばした。

私たちの野次に応答する弁士もだんだん語気を強めて、しだいに論争になっていった。特に私たちが強調したのは、天皇制ファシズムに屈服して労農大衆を裏切ったのに、「労農前衛党」を名乗る資格はあるのか、という点だった。

声高な論争を耳にして、周りにすぐ人垣ができた。聴衆は若い学生に肩入れしている風であった。「戦争責任のある天皇を今ごろ担いでどうする気だ」と批判し、さらに「転向して仲間を裏切っただけではない、戦争に協力したではないか」と問うと、「そうだ」と野次も飛んだ。候補者ひとりで必死に抗弁したが、その表情は苦渋の色を隠しきれなかった。若い戦後派に転向派の戦争責任を衝かれ、返すべき十分な言葉をもちあわせていなかったのである。

しばらくやりあって旗を巻いて引き上げていく三人連れの後ろ姿を見ていると、なんとなく後味の悪さが残った。あとで分かったが、それは労農前衛党の書記長になっていた風間丈吉だった。

風間丈吉がいかなる来歴をもった人間であるか、当時は詳しくは知らなかったが、二八年の三・一五と翌年の四・一六の大検挙のあとの「武装共産党」時代の委員長が田中清玄であり、そのあとの「非常時共産党」時代の委員長が風間であったことは承知していた。

乗り込んできた「武装共産党」委員長

それから約一年後、四八年の九月頃であった。田中清玄と会う機会があった。正確に言えば、田中が自ら大学に乗り込んできたのだ。私たち一年生が指導部になってからは、毎日細胞事務所に詰めて、教室でのアジ演説やビラ撒きなど活発な日常活動を展開していた。昼休みには構内デモもやった。四八年の全学連の「六・二六スト」も新聞で派手に報じられた。

その頃の細胞は学内公認団体で、一室を保有し、学内電話の使用も認められていた。そこへ田中清玄と名乗って電話がかかってきた。三四郎池の上にある山上御殿《さんじょうごてん》で一室を借りるから、そこで後輩の諸君と会って意見を交わしたいと言うのだ。

部屋にいた数人に相談すると、獄中転向後は積極的に戦争に協力し、右翼とも交流している札付きの転向者ではないか、そんな極左冒険主義から百八十度ひっくり返った人物と会うのはどうかという意見もあった。

しかし私は、この伝説的人物に是非会ってみたいと思った。学生上がりの二十三歳で党の中央委員長となり、二十人ばかりで竹槍やピストルで武装し、決死の覚悟をもって市街戦を行う「武装メーデー」を指揮したと語り伝えられている。しかも同じ文学部の美学科の先輩であると聞いていた。それで二、三人で出かけた。

いくらかこわばった表情で私たちを待っていたが、一見右翼の壮士風に見えた。容貌魁偉《かいい》とは言わぬまでも、大柄で目つきが鋭くガッチリした体格である。空手部の猛者《もさ》だったので襲いかかる警官を投げ飛ばしたという伝説も満更ウソではなさそうだ。

話の中身は意外に単純だった。要するに「君たちは若さゆえの正義感で共産党に入ったんだろうが、それは若気の過ちだ。早くそのことに気付かないと一生が台無しになるぞ」と忠告に来たのだと言う。まるで兄貴分が弟分を説得するような口調だった。

あまりに率直な物言いに呆れて、まともに反論もせず聴いていた。「それなら、なぜ田中さんは共産党に入られたんですか」と逆に質問した。田中らが属していた「新人会」と、天皇神権派の上杉慎吉教授が率いる学内右翼団体の「七生社」との有名な対決――学生運動史で神話的に語られていたこの場面についても訊ねた。険しかった表情を緩めながら、「あれは昭和二年だったな。何回か衝突したが、この山上御殿でもやったよ」と、その当時を懐かしむように語ってくれた。

「何年間獄中におられたんですか」と訊ねると、一九三〇年に検挙されて判決は無期懲役、出獄したのは四一年だったそうだ。そんなに長く刑務所にいたとは知らなかった。上申書を提出した転向者は、執行猶予が付くか、大幅に減刑されると思い込んでいたのである。声を低めて独り言のように、「十二年も獄中にいたんだよ。人生で一番充実した時期であるはずの青春後期が、オレにはなかったんだよ」とポツリと言った。

「それで後悔されてますか」と訊ねた。「いや、今さらお前たちに愚痴っても仕方がない。それも時の流れだ。そういう時代に生まれたのもやはり星回りだろう。諸君らが後から愚痴らないために、こうやって忠告に来たのだ」。そう言うと、さっと立ち上がって、「こんな先輩の泣き言めいた話に付き合ってくれて感謝するよ」と、一言を残して去っていった。

二十数年後に知った真相

そのことがあって以降は、田中清玄とはなんの接触もなく、関心を抱いたこともなかった。それから二十余年が経過した。意外なところで彼の実像を垣間見た。「新人会」創立五十周年を祝うパーティの記録である。

一九六九年一月十八日、たまたまその日は、安田講堂を占拠していた全共闘派の学生を排除するために機動隊が出動した日だった。それで予定されていた会場を山上御殿から赤門横の学士会館に移してこの記念会が開催された。その日の議事録が『東京帝大新人会の記録』（石堂清倫・竪山利忠編、経済往来社、一九七六年）として出版された。

私より二回りも年上の先輩諸氏、それも同じキャンパスで苛烈《かれつ》な弾圧に屈せず奮闘した先輩の回顧談である。他人事のようには思えず丹念に読んだ。それまでの運動史では、あまり表に出ていなかったいろんな事実が語られていて興味深かった。驚いたのはあの田中清玄が出席して、一席ぶっているくだりだった。言いたい放題を本音でしゃべって、最後に次のように締めくくっている。

「安田講堂に籠城している諸君の戦術は、これは子供のやるような戦術ですが、しかし、体制にたいする古い官僚化したもの、体制化した古い物に対する若人としての反逆、これは買ってやるべきだと思うんです。どういう方向付けをしてやるか、未知の道を歩む彼らにお互いの経験、英智というものを与えるのがわれわれの任務ではないか、そういうような生意気なことを新人会で教わったわけです。教えてくださったのはみなさんです。どうもありがとうございます。」（拍手）

このくだりを読んで、彼はなかば本音でしゃべっているのがわかった。田中清玄が私たちを説得にやってきた二十数年前の日の記憶が鮮明に蘇った。

「新人会」時代の合宿所

一九二六年の入学生で後に何代目かの新人会幹事長になった島野武の回想記「桜木町・清水町・森川町」も同書に収録されているが、興味深く何べんも読み返した。当時の新人会は、あちこちで貸家を借りてみなで合宿生活をやっていたのだが、そのときの実録である。中野重治、亀井勝一郎、武田麟太郎などたくさんの名が出てくる。

三・一五の大検挙のあと、田中清玄の母が心配して「うちの息子はちゃんと勉強していますか」と合宿所にやってくる。田中は北海道函館の生まれであるが、父が亡くなり、助産婦をしていた母が女手ひとつで育てた。その当時の合宿所の世話をしていたのが林房雄（本名は後藤寿夫）の母で、多くのメンバーの世話をやいたので「合宿のおっかさん」として有名であった。林房雄もたしか貧しい母子家庭の育ちで、高校時代から左翼運動に飛び込んだのだが、その母も上京して合宿の世話をやっていたのであった。

後で触れるが、大分県生まれの林房雄は高橋貞樹の中学校時代からの先輩である。高橋が三・一五の直後に運動再建のために密かにモスクワから帰国して地下に潜って活動したときは、プロレタリア文学運動で名を挙げて東京にいた林房雄が面倒をみた。

高橋はそれから半年後、苦心してシベリア国境、不毛の地帯満蒙を乗り越えて帰ってきた。四つのペンネームを駆使して党のリーダーとして地下で活躍するが、四・一六の直後に検挙された。在獄中に肺結核で執行停止となり、三五年十一月に死んだ。林房雄は、そのときに高橋の死に水をとったひとりである。

田中清玄らが二九年七月に再建した中央指導部は、翌年七月に全員検挙されて潰滅した。その半年後の三一年一月に、モスクワから急ぎ帰国した風間丈吉を中心に、岩田義道、紺野与次郎、飯塚盈延《みつのぶ》らによって新指導部が組織された。

なお田中清玄は最初の間は転向しなかったが、獄中で転向するきっかけになったのは、女手一つで清玄を育てたその母親が、息子を諌《いさ》めるために腹を切って死んだからである。私はそのことをこの本で初めて知った。もちろん一九四八年に大学に乗り込んできたときは、田中はそんなことは全く話さなかった。

風間丈吉と高橋貞樹

一九四七年四月、たまたま巣鴨駅前で風間丈吉の演説会と出会い、しばし論争したことは前に書いたが、その時はこの風間が何者なのか全く知らなかった。ただ佐野学が組織したミニ政党「労農前衛党」の旗を掲げていたので、共産党に反旗を翻した転向者集団の一員であることは分かっていた。なかなか弁が立ち「眼光鋭くタダモノではない風情」が感じられたことは前述した。

その風間丈吉の来歴について詳しく知るようになったのは、私たちのグループで一九五〇年代後半に戦前共産党史の再検討を始めてからである。

転向者を含めて原資料を読み出したのだが、河上肇の『自叙伝』第二巻に風間が出てくる。河上がコミンテルンで新たに決定された「三二年テーゼ」の翻訳を依頼されるくだりで、風間の人間像がきわめて文学的に描かれているのにまず注目した。そのときに党から使者としてやってきたのが風間だったが、その風体から判断して、まさか彼が党の委員長であるとは思わなかったと、河上は率直に述懐している。党の幹部はいくらかでもインテリ風だと河上は想い込んでいたのだ。

ついで一九七〇年代に入って、高橋貞樹と水平社の関わりについて研究を進めていると、高橋は風間と交流があったことが分かってきた。風間が書いた『モスコー・共産大学の思ひ出』(三元社、一九四九年)に、高橋が何回か出てくる。だが、戦後それが出版されたときは、私は風間にも高橋にも転向者だから全く関心がなかったので、そのあたりは読み過ごしていたのだ。

高橋と風間の最初の出会いは、山川均の「水曜会」だった。高橋が山川に手紙を書いて、彼が主宰する前衛社に参加したのは一九二二年の春である。

さらに二六年五月から二八年七月頃まで、留学中のモスクワでこの二人は親しく付き合っていた。年齢は風間が三歳も年上であるが、いろんな面で運動の先輩である高橋の薫陶を受けていたのである。細部については後章で述べるが、風間丈吉は高橋の生涯についての重要な証言者のひとりである。

「クートベ」への留学生

風間丈吉(一九〇二~一九六八)は、新潟県長岡市の貧農の四男として生まれた。高等小学校を卒業すると、十四歳で上京して新佃島にある小さな工場の仕上工見習となった。夜は工手学校に通って、一人前の職工になるべく技能を習得した。

もともと勉強好きだったので、いろんな本を読んでこの世の「正義」について考えるようになった。しだいに社会主義思想に目覚めて、友愛会の関東鉄工組合に加入した。一九二〇年に結成された「日本社会主義同盟」にも出入りして、多くの社会主義者と交流するようになった。山川均が主宰する「水曜会」にもよく出席し、そこで高橋貞樹と知り合ったのだが、二二年の秋の頃であろう。高橋が『特殊部落一千年史』を出版する二年も前である。

風間は、優秀な闘士として早くから徳田球一に目をつけられていたが、二五年九月に徳田球一にすすめられて、モスクワの「東洋勤労者共産主義大学(クートベ)」に留学する。上海からウラジオストックへ渡り、シベリア鉄道でモスクワに入った。

降って湧いたようなこの話が、風間の人生を大きく変える。彼は左翼かぶれの平凡な一労働者であり、共産党に勧誘されるような精鋭分子ではまだなかった。

貧困のゆえに上級学校へ進めなかった者にとっては、遥かなる憧れの異国へ渡って、奨学金をもらって大学で学べるのは、まるで夢のような話だった。

うれしい反面で、決断を強いられるこわい話でもあった。帰ってきたら共産党の傘下で活動せねばならず、いつパクられるか分からない。しかし、学歴もなく手づるもないこの世では、どうせ生きてみても、先が知れている。それならば思い切って、志の高い方にわが人生を賭けてみよう――そう決断した者がこれに応じたのだ。

「クートベ」は、ソ連邦最高会議の管理下にあって、アジア諸国から派遣された労働者の教育機関であった。全寮制度で、規律正しい合宿生活を行い、共産主義の歴史・理論・思想を中心に綿密なカリキュラムが組まれていた。定員は約一千名で、旧帝政ロシア領内の東洋人が学ぶ「内国人部」と、中国・日本・朝鮮・インド・東南アジアなどから来た「外国人部」とに分かれていた。

各国の共産党から推薦された留学生の多くは、初等教育しか受けていない若い労働者だったが、入試もなく受け入れていた。労働運動の第一線で働いている者の中から、将来の活動を期待できそうな「やる気のある」者を、一本釣りで選んでモスクワに送り込んだのである。

初級英語もしゃべれぬ労働者にとって、最大の難関は、通訳が付くといっても講義がロシア語で行われることであった。帰国後の秘密漏洩を防ぐために、お互いにロシア名を使ってできるだけ身許を明らかにしないようにされていた。

各国出身別に班に編成されていたが、日本人班に属した留学生は、一九二〇年代を通じて総数で五十人程度とみられているが、正確な数字は分からない。途中で大使館に逃げ込んで本国送還された者を含めて、脱落者も何人か出た。

三・一五事件の直後から続々と帰国させられて党活動の最前線に投入されたが、「非常時共産党」時代の委員長となった風間丈吉、その壊滅後の委員長となった山本正美は、いずれも「クートベ」出身だった。今の時点で当時の二人の書いた物を読んでも頭のキレ具合はしっかりしている。日本国内では有為な若い人材が次々に検挙されて、幹部を養成するシステムも満足にできていなかったのだ。

高橋貞樹と佐野博は、風間らがモスクワ入りした半年後に、同じルートでモスクワに到着した。この二人が入学した「レーニン講習所」は、コミンテルン直属の上級教育機関であり、各国共産党の幹部養成を目的としていた。組織運営も教育内容も「クートベ」よりはるかに格上で、入学時には口頭試問も課せられ、その能力を厳重にチェックされた。

トロツキー派とスターリン派

五年間の留学を終えて、一九三〇年秋に、田中清玄らのいわゆる「武装共産党」の潰滅直後に、ガタガタになった党再建の重責を担って風間は帰国した。

あとで詳論するが、その頃のソビエト共産党は内部では「永久革命論」を主張するトロツキー派と、「一国社会主義」を唱えるスターリン派との対立が激化していた。風間らの「クートベ」留学生、「レーニン講習所」にいた高橋と佐野博も、その激烈な党内闘争の渦中に巻き込まれることになる。党全体としてはトロツキー派が劣勢であった。

スターリン派の有力なリーダーであったブハーリンの主導のもとに、日本問題に関する「二七年テーゼ」が作成されていたのだが、コミンテルンの指導下にある革命的労働組合の国際組織である「赤色労働組合インターナショナル」（プロフィンテルン）は、まだトロツキー派の拠点であった。そのプロフィンテルンの第五回大会で、大陸への軍事攻勢を強めている日本帝国主義の再評価が問題となり、そこで日本革命の運動テーゼが再検討された。

その会合で通訳をしていた風間が、来たるべき日本革命はプロレタリアによる社会主義革命とした「三一年テーゼ草案」を頭の中で諳んじて帰ってきたのであった。この新方針は、獄中闘争を続けている党の首脳部にも伝えられ、大きな波紋を巻き起こしたが、このあたりは後述する。

ところがコミンテルンでは、圧倒的に優勢になっていたスターリン派のもとでこの草案は否定され、三二年五月に新たに「三二年テーゼ」が決議された。絶対主義天皇制・地主的土地所有・独占資本主義――この三つが日本の支配体制を構成するとされ、特に天皇制国家機構の粉砕に、日本の革命運動の当面の任務があるとされた。

天皇制と正面から闘うとなれば、党幹部は検挙されれば、「治安維持法」で最高刑死刑を含む十年以上の懲役は覚悟せねばならなかった。事実、その通りになった。

この「三二年テーゼ」は、モスクワ・ベルリン・東京を結ぶルートを確保していた医師の国崎定洞によって日本に送られ、河上肇が訳して『赤旗《せっき》』に発表された。その訳出を依頼するために当時地下に潜んでいた河上を訪れたのが風間丈吉であった。いろんな意味で風間は、戦前の共産党史上のキーマンのひとりになってしまったのである。

なお風間と同時期に「クートベ」から帰った飯塚盈延は、のちに大森銀行ギャング事件を挑発してスパイMと呼ばれた男である。彼の手引きで風間ら幹部は三二年十月に逮捕され、党中央は潰滅した。風間が委員長だった時代は、すでにスパイ網があちこちに張り巡らされていたのだ。

風間は市ヶ谷刑務所で三三年九月に鍋山貞親に面会させられて、転向するように説得を受けた。それでも承伏しなかったが、半年後に転向を表明した。風間の除名が『赤旗』に発表されたのは三四年四月だった。

風間は第二審で懲役十一年の刑を科され、出獄したのは四二年十二月だった。出獄後は伸銅所の職工として働いていたが、敗戦後に佐野学らと会って「労農前衛党」への参加をすすめられた。実行力もあり文才もある風間は、見込まれて書記長になった。私が巣鴨の駅前で出会ったのはその直後だった。

『モスコー・共産大学の思ひ出』は名著である

さて風間の『モスコー・共産大学の思ひ出』である。出版直後に買ったが、反ソ反共の暴露物で転向者の泣き言が書いてあるのだろうと、まともに読まなかった。

その考えを変えて、この書を丹念に読んだのは、一九五六年の「スターリン批判」の直後から、日本だけではなくソ連を含めた、革命運動史の本格的な再検討を始めたためであった。その時は巣鴨駅前の出会いからすでに十年が経過していた。

粗悪なセンカ紙で仮綴じなので、今ではボロボロになっている。風間丈吉のこの書を、今回再読してみて、戦前左翼のルポルタージュとしては、きわめてすぐれた著作であると改めて思った。

当時のソ連の社会風俗や、約五年に及ぶモスクワ留学中に接したさまざまな人物像も鮮やかに描かれている。当時はスターリン派とトロツキー派が入り乱れて大論争をやっていたのだが、日本人留学生に接する彼らの人柄も、イデオロギーに偏することなく人情味豊かに描かれている。風間が親しく付き合った朝鮮人留学生の金太治、朴憲永、高明子らの人間像もくっきりと浮かび上がってくる。エイゼンシュタインの新しいロシア映画鑑賞や、観劇記録についてもこまめに記されている。

モスクワではメイエルホリド劇場で『ルイチ・キタ（支那よ吠えろ）』、ワフタンゴフ劇場で『ラズロム

〈潰滅〉』、革命劇場で『鞄』、『装甲列車第一四六九号』、モスコー芸術座で『カルメン』『リゴレット』などを観劇している。いずれも舞台装置は新機軸で、簡単な装置でしかも舞台効果を十分に表現していた、と風間は感想を述べている。スタニスラフスキーの弟子だったメイエルホリドは二二年に劇場を創設し、アヴァンギャルドの先端を行く構成主義やサーカス・見世物小屋の演出も取り入れて、帝政ロシア時代とは全く異質な〈芸術の革命〉を舞台で演出した。

たまたま風間はそれらの新演出を観ることができたのだ。「田舎漢である私は目を瞠った。いずれにしてもロシア人は芸術を愛好し、音楽や舞踊の好きな国民であることは昔も今も変わりない」と結論している。このメイエルホリド劇場は反社会主義リアリズムという名目で三八年に閉鎖、彼自身も三九年に逮捕され、四〇年に銃殺されたが、スターリン粛清については風間は一言も触れていない。

風間は獄中で十年を過ごしたが、その間に書きためた日記をもとに、本書を書いたのである。シベリア鉄道を途中下車して、小さな田舎駅から徒歩でソ満国境を越えて、党再建のために急ぎ帰国するところで本書は終わっている。

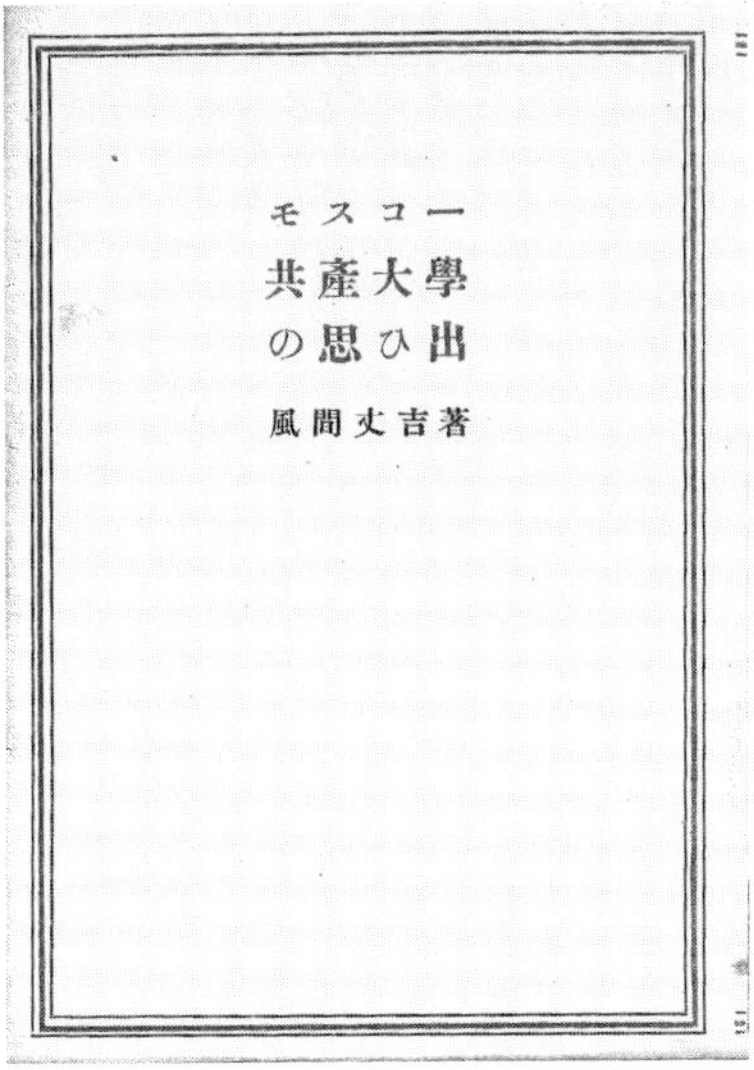

『モスコー・共産大学の思ひ出』（三元社、1949年５月刊）

小学卒の風間は、もちろん外国語の素養は全くなかった。講義録でＡＢＣを知っていたに過ぎない。「否、日本語もよくは知らなかった。ロシア語を独習しながら、日本語をも独習したと言っても嘘ではなかった」と書いている。そのときに文章の書き方や日本語文法を教えてくれたのが、同じくモスクワに留学していた高橋貞樹であった。

高橋は「レーニン講習所」で勉強していたのだが、「クートベ」では講師として日本史を教えていた。そして暇を見つけては労働者出身者が学んでいる「クートベ」にやってきて学習の手伝いをしていたのだ。「理論上のみならず、生活態度の上でもいろいろ高橋から感化を受けた」と風間は回想している。

風間は二年後にはロシア語で新聞を拾い読みできるようになった。さらに原書を読み進められるまで勉強し、日本人が入っている国際会議で通訳をするまでに成長した。そして日本語の文章も十分にこなすようになり、このように立派なルポを後世に残したのだ。

零細小作農の「自己形成のロマン」

ここでどうしても言及しておかねばならないのは、風間の出身とも関わっているが、小作農民層である。開戦直前の一九四一年でも、約五百万とされる全農家の二八％が地主から耕地を借りている小作農であった。

これらの零細農民の子弟たちは、なんとか小作権を継承できる長男を除けば、都市に出て働く以外に、農村で自活の道を見つけることは難しかった。かくして多くの貧窮小作農民層から、その日暮らしの低賃金に呻吟する非熟練労働力が生み出された。

その中でも向上心に燃える者は、昼の仕事が終わった夜に中学講義録を読み、安い学費の工手学校に通って、少しでも学力を身に付けようと努力した。

越後の貧しい小作農の四男に生まれた風間丈吉も、このような道を歩んだひとりだった。中等学校へも通えぬ労働者が読む講義録は、その頃は何万冊も売れていたが、学ぶ道を閉ざされていた若者たちが、自力で社会問題に目覚める一つのきっかけになった。

日本では「教養小説」と訳されていたが、ドイツ文学を代表する流れの一つとして「Bildungsroman」があった。ゲーテの『ヴィルヘルム・マイスター』に代表されるが、主人公の人格の形成とその過程における精神的苦悩を主題とする、「自己形成の物語《ロマン》」である。

私は、戦時中の高校生時代に、四迷の『浮雲』、鷗外の『青年』、漱石の『三四郎』、花袋の『田舎教師』、藤村の『春』など、日本版の教養小説を読みあさって、その系譜を日本近代思想史の一コマとして描きたいと構想したことがあった。その志はまだ実現していないが、一番問題なのは、それらの作品がいずれもインテリ階級の手になるものであって、小学卒だけで勉学の機会がなかった貧窮小作農や労働者の「自己形成物語」ではないということである。

横浜遊廓内の台屋に生まれた荒畑寒村の『寒村自伝』は、この部類に入る傑作である。だが、寒村はもと士族の家の出であり、外国商館のボーイとなり、海岸教会で受洗している。海軍工廠の見習工になるが、労働者階級の中ではエリートであった。その点では風間の『モスコー・共産大学の思ひ出』は、生粋の貧農出の「自己形成ロマン」としては、きわめて出色の作品である。

その生涯を六期に区分する

高橋貞樹の活動の歴史については、これまでもいくらか触れてきたが、まとまった論述はしていない。それでは、その生涯について少年期から述べておこう。

わずか三十年の短い生涯であったが、その活動段階によって次のように区分できる。この区分は、「訊問調書」における高橋本人の答弁、「予審終結決定書」などの官憲側の資料、同郷の大分県人である林房雄や佐野博をはじめ、彼と親しかった友人の証言などによったが、なお今後の究明を必要とする未分明なところもある。

〔第一期〕（一九一七年四月〜二一年五月）
県立大分中学に入学し、東京商科大学予科二年で中退するまでの学生時代。大正デモクラシー運動の高揚期に中学生となり、しだいに社会主義思想に目覚めてゆく段階。
〔第二期〕（一九二一年五月〜二三年十月）
山川均の主宰する前衛社に入り、そのころ最も活発に動いていた「水曜会」のメンバーとなり、結成された第一次共産党の周辺で活動する。そして全国水平社創立の報を聞くと、すぐにその発祥地である奈良県御所《ごせ》市の阪本清一郎宅に行く。
〔第三期〕（一九二三年十月〜二六年四月）
関東大震災後西下して大阪市外の森の宮の河畔に下宿し、次いで堺市の被差別部落に居を定め、水平社運動の第一線に参加。
大阪に拠点をおいて、水平社青年同盟と水平社無産者同盟を中心に活動する。第一次共産党は解散し、コミンテルンの指導下で第二次共産党が結党される直前の段階であるが、この間に『特殊部落一千年史』と『世界の資本主義戦』を執筆した。
〔第四期〕（一九二六年四月〜二八年九月）
モスクワの「レーニン講習所」に佐野博と共に留学する。日本の社会主義運動の岐路となった「山川イズム」と「福本イズム」の対立を止揚するために、コミンテルンで「二七年テーゼ」が作成されるが、そのとき通訳として活躍した。ソビエト共産党に入党するとともに、コミンテルンの第六回大会で「民族・植民地問題委員会」の討論に参加する。
〔第五期〕（一九二八年十二月〜三三年六月）

二八年の「三・一五」大検挙後、組織再建のため同年末急ぎ帰国。林房雄らの世話によって東京の下町を転々とし地下の党指導部に入って、主として教育・宣伝・組織部門を担当。二九年の「四・一六」で検挙されるが、引続き獄中闘争を展開し、公判闘争では農民政策について代表陳述を行う。

〔第六期〕（一九三三年七月〜三五年十一月）

佐野、鍋山の第一次転向に次いで、いわゆる第二次転向を表明。しかし病勢しだいに悪化し、ついに刑の執行停止となり、その半年後に死去。

この年譜にみられるように各段階といっても、せいぜい二、三年の短い間隔である。そのことは、この時代の社会情勢が、いかに急激に推移していたかを物語っている。そして運動の重要な転換点において、運動史年表の表層にはあまり出ていないが、高橋は無視できぬキーマンとしての役割を果たしてきたのである。

歴史・伝記・地理が大好きだった

高橋貞樹は、大分県の県庁の吏員だった高橋八郎とシゲの長男として、一九〇五年三月八日に生まれている。出生地は大分県御越《おんこし》町大字内竈である。温泉地で知られた別府市街の北にある山麓地帯の農村であったが、一九三五年に別府市に併合された。父方は小間物兼雑貨商、母方は青莚《あおむしろ》仲買業であった。

高橋は九歳のときに肋膜を患い、肋骨を四本切除していたのでずっと病弱であった。

小学校時代から読書に親しみ、特に歴史・伝記・地理が得意だった。そのことは「訊問調書」でも強調しているが、日本史だけではなく、西洋史・東洋史も含めて歴史が大好きだった。「調書」では言及していないが、もう一つ得意科目があった。美術である。

八

トライチュケについて

――その生立、理想、國家觀、竝に歴史觀――

高橋貞樹

今次の歐洲大戰以前にありては、トライチュケの名は、國境外に於ては歴史政治の特殊なる研究者以外、多く其名を傳へられなかつたが、大戰勃發するや彼の名はイギリスは素より、フランス、ロシヤ、アメリカ、引いては我國まで電光の如く傳播した。歴史家、政治學者であり、同時に大學敎授たる特殊的な彼の地位はニーチエ、ベルンハルディ以上に其名を高からしめた。彼は何故其名を高調せらるゝか。歐洲戰爭と彼の名は何故に聯想せられ易いのか、以下自分は其の生立、思想の傾向國家觀等について述べて見たいと思ふ。

彼は一八三四年の秋ドレスデンに生れた。此時代は近代ドイツにおける最も暗黒な又陰慘な時期であつた。舊き理想は滅びつゝ、新らしき理想は未だ生れなかつた。メッテルニヒの專制主義が死手の如く南方諸國の上に蔽ひ被つて居た。メッテルニヒは神聖同盟を利用して獨逸國内に起らんとする統一主義を壓し、以て自國の覇業をなさんとした。そして諸侯は其特權に戀々とし、彼のフレデリック、ウイリアム三世が未だプロシャに君臨してゐた。ワイマールのドイツ想華時代はすでに過ぎた。幾多名士、思想家、名將は相次いで此世を去つた。世は暗黒であつた。來るべき新時代の曙を暗示すべき一個の星すらなかつた。トライチュケが此世の光を見たのは實に

『碩田交友会雑誌』第七十二号（大正九年六月）より。大分県立図書館所蔵

県内有数の名門校である大分中学校（現大分上野丘高校）に進学したが、中学では早くから上級者程度の原書を読み、「二、三年頃から社会問題に関して深い興味を覚える」ようになった。『我等』『デモクラシー』『新社会』などの時代の新潮流の尖端を行く雑誌をよく読み、社会主義思想にも興味を抱くようになった。

その大分中学の校友会雑誌に、高橋貞樹の名で「トライチュケについて」と題する論考が発表された。そのとき同校の四年生だった林房雄は、ドイツの歴史学者であるトライチュケが何者であるかも知らず、その内容もよく理解できなかった。「初めは大学出の新人教師」が書いたと思っていた。

ところが、その堂々たる論文を書いたのが、一年下級の三年生だと知って舌を巻いた。「登校の往き帰りに黙々として眼を光らせている小柄な生徒を、あれが高橋だと教えられて、その秀抜な頭脳をひそかに羨んだ」――林は高橋の死の直後に書いた追悼記の中で、当時をそのように回想している（林房雄

「高橋貞樹君のこと」『社会評論』一九三五年十二月号)。

高橋は四年修了で東京商科大学(現一橋大学)に入学した。旧制中学は五年制だが、一年飛び級で進学した。新鋭の経済学者として知られていた福田徳三に就いて勉強しようと決意したのである。その頃は特定の研究者の指導を受けるために進学先を定める者が少なくなかった。民本主義を唱えて民衆のための民主主義の実現を説いた吉野作造と共に、福田徳三は大正デモクラシー運動のリーダーのひとりとして、論壇でも注目されていた。

林房雄との出会い

その大学予科一年生の夏休み、高橋貞樹は大分に帰って、林房雄と初めて語り合った。林も五年卒業で熊本の第五高等学校に進学していた。お互いにピカピカの一年生で青春の真っ盛りである。遊学して初めて専門的な勉強を始めたときであるから、頭の中は話したいテーマではち切れんばかりで、さぞ話が弾んだことであろう。

さて、生涯を通じての盟友となる林房雄である。大分県大分港の生まれだったが、父の時代に破産し、当時は農家の土蔵を借りて住んでいた。父が草履《ぞうり》を作り、ひとり息子の房雄がそれを売って歩いた。後に房雄と共に上京して東大新人会の「合宿のおっかさん」として有名になった母は、その頃は製紙工場の女工だった。中学・高校に通える資力はなかったが、中学生の頃から銀行家の住み込み家庭教師として働いて学資を得ていた。

このような少年期の貧窮生活が社会主義へ傾斜していく素地となったが、そのきっかけとなったのが、この高橋貞樹との出会いだった。最初の夏休みに故郷で語り合った日の記憶を次のように述べている。

高橋の部屋で、何を話したかおぼえていない。はっきりとおぼえていることは、彼から受けたおそろしく勉強家であるという印象である。彼はその時すでに、ロシア語を独習していた。新聞や雑誌の切り抜きを、きちんと整理し、赤インクで書きこみをし、表紙の要るものは表紙をつけ、丹念な抜粋用のノートもあった。未来派のその後のことや「サアニン」の話が出たようにも思える。社会主義の話はまだ少なかった。――とにかく、俺も大いに勉強せねばならんぞと思って帰って来た。

その夏以来、文通が始まった。高等学校の寄宿舎に、彼の刺激的な手紙が、しきりに舞い込んで来た。どれも長い手紙であった。尖端という言葉は、そのころまだなかったが、大東京の混乱と進歩の尖端を歩いている青年の手紙にちがいなかった。

「未来派」芸術運動をめぐって

どうやら話題の中心は〈革命ロシア〉だったようだ。ここに出てくる「サアニン」は、ロシアの小説家アルツィバーシェフの長編で、性の解放と自由恋愛を謳歌する新小説として知識層の一部で評判になっていた。「未来派のその後」とあるのは、もちろん苦難の波にもまれるロシアのアヴァンギャルド芸術運動の推移であろう。当時の大分中学には、山下鉄之輔というすぐれた美術教師がいて、二人ともその深い影響を受けていた。

高橋と林は「未来派」について親しく語り合ったが、その中味はどのようなものだったのだろうか。「未来派」と言えば、それまで芸術界を支配していたアカデミズムの破壊を唱えて、機械とスピードのダイナミズムを礼賛したイタリアのF・マリネッティの『未来派宣言』(一九〇九年)に端を発した運動である。しかし日本では、次にみるようなさまざまな新潮流が、文字通り「未来」を象徴する芸術運動として、ひっくるめて「未来派」と呼ばれ、「新興美術」と総称されていたのである。

ところで続々と送られてきた高橋からの長い手紙の話題は、「亡命ロシア人の娘との交渉について、未来派について、教授の学説の愚劣と欺瞞性について、ロシア文学と虚無主義について」などであって、時代の尖端を走る「博学な言葉」が並んでいた。

未来派の展覧会に高橋の油絵が二点か三点入選していたという知らせもあった。次の手紙では、「ペンで書いた未来派の絵」が二、三枚封入してあった。「三角や四角が乱舞する中に、一本の赤旗が大きくなびいていて、それに『十一月七日』と題をつけているのがあった」と林は追想している。

前に、高橋が「未来派風の絵を描いて入選したことがある」と記したが、いつどの展覧会に出品したかは分からなかった。かつてその話は富恵夫人から聞いていたのだが、今では全く覚えていないとおっしゃっていた。

ところが本書の連載時にそのことを読まれた小金井市在住の奈良和夫氏から、その展覧会が特定できる関連資料が送られてきた。本間正義「未来派美術協会覚書」『東京国立近代美術館年報』（一九七五年三月）、五十殿利治他編『大正期新興美術資料集成』（国書刊行会、二〇〇六年）である。

当時の新聞記事のコピーも同封されていた。それらによれば、一九二一年十月に東京上野の青陽楼で開催された「第二回未来派美術展覧会」に出品していたのだ。

前年に「毎日新聞」などの尽力でロシアの未来派作家ブリュリュックとパリモフが来日したので、展覧会の第一回が催されている。東郷青児、石井柏亭、有島生馬、岡本一平なども鑑賞にやってきている。高橋の作品は「滅滅時代」と題され、柳瀬正夢も穴明恭三（注・「アナーキー・共産」）の名で二点出品している。

なぜ〈美〉新潮流に惹かれたのか

第一次大戦前からパリを中心に、セザンヌ、ゴッホ、ゴーギャンらの後期印象派の激しい原色表現の影響を受けて、写実性から解放された色彩によって、新しい美の世界を追求しようとするマティス、ルオーらの野獣主義《フォーヴィズム》が注目された。さらには形態と構成の革命を目指すピカソ、ブラックなどの立体主義《キュビズム》が前衛絵画としてもてはやされた。その流れは、いち早くロシアにも入ってきた。

ドイツで表現主義の活動に参加し、抽象絵画の創始者のひとりだったカンディンスキーも、第一次大戦後は生まれ故郷のロシアに戻り、革命政府に協力していた。立体主義《キュビズム》から超現実主義《シュールレアリズム》へと進んだシャガールもパリから帰国し、革命後はヴィテブスクの美術学校の校長として活躍した。絶対主義《シュプレマティスム》を主導したマレーヴィッチや構成主義のタトリンなども前衛芸術の先駆者として革命の側に立った。

そのような二十世紀に入ってからの西洋絵画の激しい変革の動きは、「白樺」派などによって日本にも次々に伝わっていた。

林や高橋が「未来派」の新潮流に惹かれたのはなぜか。激動する時代の尖端を歩もうとする彼らの青春の美的感覚が、そのような新しい表現と色彩に鋭敏に反応したのであろう。

私のような絵心のない者でも、旧制高校時代に倉敷の大原美術館を訪れて、ピカソやブラック、マティス、それにカンディンスキーの絵にしびれたことを思い出す。宗教画の多いルネッサンス絵画や宮廷お抱えの古典主義よりも、印象派以降の新しい潮流に強く惹かれた。戦前の時代では、フォーヴィズムやキュビズムの新潮流をまとまって展示していたのは大原美術館だけだった。

今では語る人も少ないが、大原社会問題研究所とこの大原美術館、そして倉敷労働科学研究所を創設した大原孫三郎の足跡を改めて評価したい。倉敷紡績で財を成した孫三郎は、企業の社会的責任を痛感し、このような社会文化施設に力を尽くすと共に、社会事業家としてもその名を残したのだ。

中学生時代の「いくつかの夢」

私の勝手な推測であるが、中学三、四年生の頃の高橋貞樹は、将来において何をなすべきか、自分なりにいくつかの夢を描いていたのではないか。

第一は、前にみたように野獣主義《フォーヴィズム》・立体主義《キュビズム》・表現主義など「未来派」と総称されていた前衛絵画の制作者になることであった。新鋭の美術家として世に出ることを考えていたのかどうか、そこまでは分からないが、実際に一九二一年の「第二回未来派美術展」に応募して入選したのである。

第二は、経済学や政治学を勉強して、人類世界のあり方について研究することだった。第一次世界大戦（一九一四～一八）を契機に国際情勢は激動の時代に入った。一七年にはロシア革命が勃発し、一九年にはドイツ帝政が崩壊してワイマール共和国が成立した。世界の各地で、少数民族や先住民族が民族自決権を主張し始めた。アジアの各地でも民族独立運動が激化した。辛亥革命で清王朝が倒れ、一二年には共和制に基づく中華民国が成立した。波瀾万丈が予想される新世紀を生き抜いてくためには、どうしても時代の新思潮を学ばねばならない。そのように考えて高橋は東京商大の福田徳三のゼミを選択した。

第三は、日本史の根本的な見直しである。大正前期は鳥居龍蔵を中心に人類学研究が新地平に進み、柳田國男や喜田貞吉らの歴史民俗学が興隆した。日本民族の起源論についても、レベルの高い論争が展開されていた。旧豊後国に属する大分県は、古代の朝鮮半島からの渡来氏族だった「秦氏」の多い地域であって、歴史書を愛好していた高橋は、日本民族形成史論にも特別の関心を寄せていたに違いない。

第四は、「特殊部落」と呼ばれていた被差別民集団について、社会史的考察を進めることである。特に明治維新以降における社会的差別の現状分析であった。後述するように、喜田貞吉の主宰する雑誌

『民族と歴史』が一九一九年に発刊され、その特集号として「特殊部落研究号」（一九一九年八月）が刊行されて被差別民問題も初めて学問的に論じられるようになった。同郷の先輩として注目していた佐野学が二一年に「特殊部落民解放論」を発表して、被差別民の自主的決起を呼びかけた。高橋は自らの家系とも関わる「賤民」差別の歴史に深い関心を抱いていたので、ワクワクしながらこれらの論稿を読んだのではないか。

実現しなかった「四つの夢」

さて、この四つの夢はどうなったのであろうか。結果としては、気宇壮大だったこの四つの夢は実現しないままに、高橋は道なかばで倒れてしまった。しかし「夢のまた夢」に終わってしまったわけではない。三十年の短い人生であったから、志を完全に果たすことは無理であったが、精一杯の努力をしたと言えるだろう。

第一のアヴァンギャルドの絵描きになる夢は、山川均の前衛社で働くようになってから、ほとんど頓挫してしまった。絵を描く時間が全くなくなってしまったのだ。それでもその思いは断ち切りがたく、富恵夫人の話によれば、大阪に転居して運動の渦中にあっても、新しい画集をどこからか借りてきてはよく見ていたそうである。

第二の経済学や政治学の研究者になる夢、これも実現しなかった。象牙の塔のあり方に失望して、一年間で大学を飛び出してしまって、革命運動の最前線で活躍するようになった。したがって体系的な著述を残すことはなかったが、折に触れて書かれた「帝国主義論」や「日本資本主義分析」などを読んでみると、オリジナリティ豊かなその素質を垣間見ることができる。その論理構築力もさることながら、張りのあるダイナミックな文体はすばらしい。若さゆえの気負いはあるが、メッセージ伝達力の強い独特の文才があった。平穏無事な時代に生まれて、学問一筋に生きることができたならば、きっと大成したであろう。

第三の日本民族形成史を中心とした歴史学の勉強であるが、これも仕上げるまでには至らなかった。もはやそこに手を回すだけの時間も場所もなかったのである。モスクワのレーニン講習所にいるときに、クートベに在学している日本の留学生たちに日本史を講義している。だが残念ながらその中身は分からない。日本国家の成り立ちや天皇制の本質についても、突っ込んだ議論を展開したのであろう。一九三〇年五月に豊多摩刑務所で陳述した「日本歴史小講」と題する「聴取書」があるが、やはり官憲相手なので、天皇制については本音でしゃべっていないと思われる。

第四の被差別史の研究であるが、これは四つの夢の中では達成度が高かった。彼が十九歳で書いた『特殊部落一千年史』は、部落差別の通史としてよく読まれた。喜田貞吉、佐野学、柳瀬頸介、三好伊平次、栗須七郎、櫛田民蔵などの先学者の業績に導かれたものであったが、多くの資料を読んで通史として叙述した。本書の白眉は水平社結成に到る先覚者たちの苦闘を辿りながら、「人類最高の完成を期す」という高い理念を説いた第二篇にある。歴史の書として読まれただけでなく、「人間、いかに生きるべきか」を自らに問う運動の書として広く読まれたのであった。

山川均の「前衛社」に入る

高橋はそのように夢をふくらませながら大学に入ったが、大学の講義は、期待に反してつまらなかった。外国語が得意な高橋は、よく図書館を利用して最新の資料に目を通し、マルクス経済学、唯物史観、世界の政治事情を研究していた。

古代史をはじめ日本史もよく勉強した。部落問題については、「かねてから深く関心をもち」喜田貞吉の『民族と歴史』「特殊部落研究号」などを読んでいたが、大学一年生のときに「京都に於て特殊部落民の自主的の戦に依り、自己の解放を図らんとする水平社が創立されたので、心から歓喜をもって迎えた」と「訊問調書」で述べている。

そして学窓の研究をつづけることに、「日本ブルジョアジー子弟教育機関の観ある商大に籍を置く事の殆んど無意味なることを感ずるようになり、耐えられぬ矛盾を感じ」、ついに中退を決意した。

林房雄の回想によれば、「学内に社会問題研究会をつくり、福田徳三と喧嘩したために学校を止め、多分山川氏の家に行くことになるだろうという手紙がきた」そうである。

当時の福田徳三は、新しい社会政策によって階級間の対立を融和しようとする改良主義に傾斜していた。労働運動の組織化とその急進化が進むにつれて、マルクス主義に批判的な立場をとっていた。

デモクラシーの理想を実現すべく出発した「帝大新人会」などの学生研究会は、その頃からプロレタリアを主体として全人民の解放を唱えるマルクス主義の方向に舵を取り始めていた。一九二〇年ごろは戦後恐慌の大波に襲われ、多くの下層民衆は不況に苦しんでいた。デモクラシーの理念を唱えるだけでは、もはやどうにもならぬ時代がやってきたのだ。おそらく高橋は、そのような新時代にふさわしい研究会を学内で立ち上げようとして、福田徳三と対立したのであろう。

山川均に手紙を出し、山川宅を訪問した。そして当時大森にあった前衛社に参加することを決意した。冬の時代をくぐり抜けてきた当時の社会主義運動は、後述するようにいくつかの小グループに分かれていた。高橋はその中で山川均をリーダーとする前衛社を選択したのである。一九二二年の春であった。

当時の山川は、『社会主義研究』と『前衛』の二誌を発行し、インテリと労働者が定期的に集まる「水曜会」を主宰していた。この研究会には、山川菊栄の努力によって女性の参加者が多かったことも際立っていた。治安警察法などによって、女性の政治参加は制約されていた。

山川の助手として編集にあたっている上田茂樹、西雅雄、田所輝明らの俊英が、山川の自宅のすぐ側にあった前衛社にいた。彼らは山川門下の三羽烏と呼ばれた若い活動家だったが、そこへ高橋が入ってきたのである。

「水曜会」での出会い

高橋が水平社に入るきっかけとなったのは、水曜会における阪本清一郎との出会いであった。水平社の発起人である西光万吉と共に、阪本はよく上京していた。佐野学が前述の論文を発表したときにも、それを読んで感激し、早速上京して直接激励を受けている。山川宅もよく訪れ、その際に水曜会にも顔を出したのである。

「創立後も私はたびたび山川氏や堺氏を訪ねた。当時主義者同志によって作られていた水曜会には、私も出席していた。ある時、山川氏は大分県出身の青年、高橋貞樹君を私に紹介され、「この人もやはり部落の人で私の家にいるが、水平運動に参加したいといっているので、どうかよろしく頼む」とのことで、私も引き受けることにした。私は高橋君を約一年余拙宅で世話した……」（阪本清一郎「山川均氏を偲んで」〈『山川均全集』第三巻月報、勁草書房、一九六七年〉）

高橋が前衛社に入ったのは、二二年の五月であるが、その年の夏には奈良の阪本宅を訪れて約一カ月滞在している。御所《ごせ》市柏原にある阪本家は膠《にかわ》製造業を営む旧家であり、家宅も広かった。私も一九七〇年代末に何回か訪れて、その頃の事情について詳しく伺ったが、高橋がそれからも何回かやってきてよく泊まっていったので約一年と阪本は書いたが、最初にやってきたときは一カ月で、阪本が紹介した奈良や大阪の同志と連絡を取りあっていた。高橋が居候した部屋もまだそのままであった。

その当時の高橋について知る、二人の回想を引いておこう。一人は、この若者たちの面倒をよくみていた山川菊栄である。

高橋氏が初めてみえたのは、大正一一年水平社創立大会後のことで……やせて青い、ひどく神経質らしい青年で、病弱で欠席が多かったため進級できなかったところ、郷里の継母のはからいで学資を断たれた。しかし自分は学校に未練はない、今はもっぱら社会主義の勉強をしたいとのことだった。（中略）ある日高橋氏が、ソ連でユダヤ人を虐待しているという新聞記事をみて、社会主義でさえそれでは希望がないと憤慨するのをきいて、私はその頃来ていた外国雑誌で、ソ連におけるユダヤ人の平等と活動状態に関する記事を出してあげました……。

高橋氏は水平社創立大会には参加はせず、大会のことを伝聞して大いに感奮し、自分の行く道をはっきり見通して学校をすてる決意をしたものらしく察せられた。部落の出だということは前衛社におちついて暫くあとに聞いたように思う。

（山川菊栄「全国水平社とわたし」『部落解放』一九七一年一〇月）

小見山富恵の回想

もう一人は、すぐあとで高橋と結婚する小見山富恵である。彼女はそのころ『女性改造』の記者で、水曜会の常連メンバーの一人だった。

震災前のある日、大森で水曜会の研究発表のような集まりがありました。（参加者は徳田球一、黒田寿男、野坂参三、市川正一、山川均、田島ひでさんらで、）二〇人余りの集りでしたが、その中にいかにも貧弱な体に、眼鏡の中の眼ばかりが光っている若い青年ッポが、大勢の先輩たちと同じように膝を組んで、悠々とロシア語の原書を前に開いて講義を始めました。それがなんと、レーニンの『帝国主義論』でした。当時まだ、訳書が出ていなかった。

（小見山富恵「夫・高橋貞樹の思い出」『部落問題文献ニュース』第一号）

林房雄も前記の回想録で、大学を中退して前衛社に入った高橋が、その夏に熊本にやってきたときの話を書いている。熊本にやってきた高橋は、大学当時とは見違えるほど成長していた。夜を徹して世界情勢を語り合った。「特に印象深かったのは、日本上古史の説明である。その鋭く妥当な新解釈に、僕らはただ眼をみはるだけであった。『特殊部落一千年史』の草稿も、すでに着手されていたのであろう。」

熊本に滞在中に、五高で高橋の演説会をやったが、よく通る声で、息もつかせずしゃべった。監視に来ている警官の命令で中止となったが、それがなかったら二時間はしゃべったであろう。その研究会には当時熊本で印刷工として働いていた徳永直らも参加していた。「彼は東京に去って行ったが、後には新鮮な電流のようなものが残った」と林は回想している。

高橋が山川のもとにあらわれた一九二二（大正一一）年は、日本の民主主義・社会主義運動にとって大きい転換点であった。すなわち、三大戦線といわれた労・農・水の各分野において、初めて全国組織が結成された年なのである。まず三月に全国水平社、四月に日本農民組合が組織され、九月には労働組合総連合の結成大会が開催されている。そしてその年の七月には、非合法下に日本共産党が結成されたのである。

第二章　水平社結成と第一次日本共産党

近世身分制における「賤民」

高橋貞樹が少年時代から育んでいた「夢」は、次の四つであった。第一は、時代の先端を行く「未来派」の画家になる、第二は西洋の新思潮を学んで「社会変革」の運動に参加する、第三は新しい学問である人類学と歴史民俗学を勉強して「日本史の見直し」に着手する、第四は部落差別の歴史を学んで「被差別民解放の前線」に立つ。

その三十年の短い生涯で、この夢を実現することは無理だった。それでも、その出自と関わりのあった第四の「被差別部落」問題だけは、かなり達成度が高かった。わずか四年ほどの活動期間しかなかったが、水平運動の最前線にあって精一杯の努力をした。

ここまでは先に述べたが、本書連載途中若い読者から次のような要望が寄せられてきた。高橋貞樹が生まれた頃、すなわち明治・大正期の被差別部落の状況について、地区の分布や人口、その居住環境や生業を含めてどのような差別を受けていたのか、よく分からないからどこかで概述して欲しい。もう一つは、近世の身分制では、「穢多」をはじめとしてどのような人たちが〈賤〉の身分とされたのか。それが維新後は「新平民」や「特殊部落」という呼称に変わるが、いつ頃から用いられ、それが何故に差別語とされるようになったのか。

それらの問題については、まだ言及していない。それでここでは、後に論じる高橋の『特殊部落一千年史』の評価、その前提となる諸問題を明らかにするためにも、前記の質問に答えてごく簡略に私見をまとめておく。

「賤民」とは、支配体制の中心的権力から疎外されて、その外縁部に位置づけられている民をさす。近世身分制では、いわゆる百姓・町人身分よりも低位に置かれて、平人（平民）として編籍されなかった人たちである。

近世幕藩権力は、㈠「穢多」、㈡「非人」、㈢「雑賤民」、㈣その他――以上のように分けて把握していた。この「その他」には、良・賤のはざまに位置するとされた「下人」「間人《もうと》」「夙《しゅく》」「浮世過《うきよすぎ》」、さらに「サンカ」のような山の民、「家船《えぶね》」などの海の民の集団も含まれる。

この中で中世の河原者の系譜に連なる「皮多」（皮太）は、「長吏《ちょうり》」「清目《きよめ》」「細工《さいく》」など地域によってさまざまの呼称があった。だが近世も中期に入ると、ほぼ「穢多」に統一されて幕藩体制のもとできっちり掌握されるようになる。

十七世紀の中期には民衆統治方式として「宗門改《しゅうもんあらため》」制と「寺請」制が法制化され、「宗門人別改帳」にもその身分、職分で記載されるようになった。そして身分ごとに「生業」の範囲や居住地も定められ、賤民身分は清目役・警固役・刑吏役・勧進役などの「役負担」を担わされていたのである。

「非人」の場合は、中世からの由緒を持つ世襲的な「定非人」と、もと流人であって、一定の条件が整えば平民籍に戻れる「野非人」などの区分があって、各藩によって状況が異なる。

この「穢多」「非人」は、宗門改帳でも別帳化され、わが古里の広島藩のように、藩によってはその部分だけが朱筆で書かれていた場合もある。私の家からすぐ近い河内国旧更池《さらいけ》村の皮多も、一六六〇（万治三）年には、本村の宗門帳とは別に「河原宗旨御改帳」という別帳が作成され、「穢多」と明記されている。この一例からみても、近世初頭では「河原者」「皮多」「穢多」が未分化のまま用いられていたことがうかがえる。

賤民統制の方式

近世の法体制は、形骸化しながらも朝廷の法的根源としてあった「律令」、徳川氏によって発令された数多くの「幕府法」、各藩が定めた「藩法」――この三法によって成り立っていた。

ただし賤民統治の方式は、全国的に同一基準で画一的に制度化されたわけではない。基本的にはその地方の慣習法を踏まえながら各藩独自の賤民政策によって定められていた。大まかに言っても東国と西国とでは、その制定の経緯にはかなりの異同があった。

「茶筅」「鉢屋」「ささら」「青屋」「藤内《とうない》」「聖《ひじり》」「散所」（算所）「猿飼」などの「雑賤民」（雑種賤民）も差別され、その居住区や生業も限定されて、「穢多」に準じる役負担を課されていた場合が多い。しかし各地方によって、その呼称をはじめ、賤視の度合いや生業・役負担、頭《かしら》支配の方式にもかなりの異同があって、全国的に統一された範型《モデル》を抽出することはできない。

つまり、それぞれの賤民集団の起源、その在地社会での歴史、他藩に類似の集団があるのかどうか、――戦国時代からの地域特有の賤視観をはじめとして、その地方の歴史的な風土性やそれぞれの戦国大名の統治方式などが深く関わっている。

そのように地域性が色濃く投影されているので、各地方の「賤民」制は、綿密な地域史料の発掘と他の地方との比較研究によってはじめて、その実像が明らかにされる。

したがって、部落史研究の方法論についても原論的討議がまだなされず、史料の発掘もきわめて不十分であった明治・大正期の研究と、第二次大戦後に大きく進んだ今日の研究成果とは、同一水準で論じることはできない。『特殊部落一千年史』にしても、そのような時代的限界を念頭において読まねばならないのである。

被差別民の文化と産業技術

さて、朝廷貴族や武家権力を中心に記述されてきた戦前の官許歴史学では、被差別民の生活や習俗、その労働とライフ・ヒストリーは、卑俗で価値なきものとして黙殺され、歴史のウラの領域に追いやられてきた。そして、彼らが営々と築き上げてきた文化・芸能は、その上澄みのところだけが巧妙に吸い上げられていった。

つまり賤民層の歴史と文化は、歴史の闇の中に埋め込まれて、戦前の学校のテキストでは一言も触れられていなかったのである。しかし日本文化史の深層には、被差別民によって担われた地下伏流が走っていた。その流れは、混沌とした暗闇の中を走り、いろんな岩盤に突き当たりながら、しだいに大きい伏流になっていった。

今日では日本の伝統芸を専門的に上演する四つの国立劇場がある。能・狂言の「国立能楽堂」、人形浄瑠璃の「国立文楽劇場」、歌舞伎の「国立劇場」、さまざまの民俗芸能がかかる「国立演芸場」である(この他に「国立劇場おきなわ」がある)。猿楽能が「乞食所行」、歌舞伎が「河原者芸能」と呼ばれたように、それらの芸能を創造した先祖の出自は、まぎれもなく賤民系であった。陰陽道に通じた中世の声聞師《しょうもんじ》が演じた「萬歳」から、近世の「万才」を経て今日の「漫才」「マンザイ」に至る系譜を含めて、彼らの産みだしたものが日本民衆文化を代表する芸能となり、今日のエンターテインメントの源流となっていったのである（沖浦『陰陽師の原像』岩波書店、二〇〇四年）。

賤民層は、産業技術の領域でもなくてはならぬ仕事を担ってきた。すぐれた皮革加工によって楽器・武具・衣装を作った。農耕や漁撈の必需品であった竹細工、井戸や池掘りや道普請、石切、鍛冶や鋳物師、石灰掘りや染色、灯心作りをやってきた地区もあった。

薬草を採り、医療や獣医をやった部落民もいた。山の保林や川の水番を仕事とした地区もあった。狩猟や漁業、塩焼きや鵜飼を専業とした部落民もいた。庭師や植木職も、銀閣寺をはじめ室町期の名庭園にかかわった山水河原者《せんずいかわらもの》・善阿弥以来の伝統を引き継ぐものであった。被差別部落の約八〇％は農山村にあったが、土地が少ないので草履や莚《むしろ》の生産で生計を立てている地区も多かった。これらの生業は、いずれも私が実地に確認したものである（沖浦『日本民衆文化の原郷』解放出版社、一九八四年、のち文春文庫所収。『瀬戸内の被差別部落』解放出版社、二〇〇三年）。

明治期における被差別民の状況

一八七一（明治四）年、明治新政府は、「穢多・非人等」の賤称を廃すると布告した。この「等」は雑賤民を指す。だが、経済政策、社会政策、教育計画としては、旧来の差別を一掃する積極的な手を打たなかったので、実質的な解放を保障するものではなかった。新しく制定された戸籍でも「元穢多」「新平民」と記載された地方もあった。

明治憲法では、その第一条で「天皇ハ神聖ニシテ侵スヘカラス」と規定されたが、その天皇を頂点に、皇族、華族、士族、平民、新平民という身分制が厳存し、差別をなくすための社会啓発もほとんど行われなかったから、〈貴・賤〉観と〈浄・穢〉観に基づく根深い差別意識はそのまま残存した。

新政府は、資本蓄積と国家財政の確立のために、私的土地所有権の確認のもとで、租税改革を強行した。そして〈文明開化〉〈富国強兵〉〈殖産興業〉の道を驀進していくが、上から自由競争の市場原理が導入されても、部落民は一人前の労働力として認められず、労働市場からはじき出された者も多かった。皮革、履物、竹細工などの伝統的産業にしても、資本が主導する近代化の波に乗れず、崩壊の危機に陥る。旦那場《だんなば》権がなくなって、市場が自由化されると皮革産業にはどっと新しい資本が流れ込んでくる。草履や雪踏《せった》なども需要が急速に落ち込んだ。いわゆる長吏として下級の警固役をやっていた者も、維新後は完全に警察的業務からは閉め出される。農業に従事していても、高額の地租で土地を手離す者が増えてくる。都会に出て新産業への就職を希望しても、戸籍台帳によって身元が調べられるので、居住地を変え転職することはきわめて困難であった。旧態依然たる厚い差別の壁があった。

明治維新によって「身分制度」は廃止され、建前としてはすべての人間に〈居住〉〈職業〉〈教育〉〈結婚〉の自由が認められた。しかし被差別民にとっては、市民的自由は画に描いたモチであった。

農村部落では、土地が乏しいため小作と日雇雑労、都市部落では、家内的零細手工業やその日暮らしの雑労働が主たるものとなった。十分に教育を受ける権利を奪われ、就職や結婚の差別もそのまま残った。つまり資本主義的な商品市場へ出て、一人前の労働力として自己形成する機会すら奪われていたのである。

かくして総体的過剰人口が生み出す停滞的産業予備軍として、部落民は日本の近代化の踏み台にされた。前近代からの差別は資本主義発展の再生産構造のなかに巧みに組み込まれ、低賃金のしずめ石として利用された。そして根深い差別意識と差別のシステムは、天皇制ナショナリズムを支える社会秩序の一環として利用されたのである。

水平運動が発足した頃では被差別部落は全国で約六千地区、約三百万人と言われていたが、実数はかなり下回る。当時の『融和事業年鑑』などの統計によれば地区数は五千前後であり、いわゆる「同和」

関係人口は一九二一年で約八三万、一九三五年で約九九万である。それらの大半は近世の「穢多」集落が母体となった地区であり、近代に入っても差別を受けてきた地区である。ごく一部に「非人」系や「雑賤民」系も含まれている。

一九三四年の中央融和事業協会の調査では五三七五地区で、「農業」が八〇・四％である。そのうち自作一六・一％、自小作三一・三％、小作五二・六％であって、他の雑業で補わなければ生活できない家庭が多数だった。「工業」は全体の四・七％であるが、そのうち履物三二・三％、皮革二〇・二％、竹加工一六・三％、雑二三・二％で、ほとんど零細家内工業である。「商業」は全体の三・六％であるが、ほとんどが雑小売と行商である。「漁業」は二・一％だが、近世では賤民層は漁業権を基本的に認められず、明治期に入ってから漁業権を得た地区が大半である。

「田舎の一教師」からの投書

当時の部落差別の実相は、抽象的な論文や統計的数字だけでは、肌で感じることは難しい。部落民がどのような差別を受けていたのか。次に示す短文は、一教師としての率直な告白である。

初期社会主義運動の先駆者である幸徳秋水と堺利彦は、一九〇三年に週刊『平民新聞』を創刊した。日露戦争に際して正面から反戦論を唱えたので、徹底的な弾圧を受け、一九〇五年一月に六四号で廃刊となった。高橋貞樹が生まれた年である。

週刊『平民新聞』の企画で、いま読んでも興味深いのは『予は如何にして社会主義者となりし乎《か》』という読者からの応募文である。「我が同志諸君の自白を聞かんと欲す」と前置きして、「如何なる時に於いて、如何なる人、如何なる書、将《は》た如何なる事情境遇に依りて此《この》思想を得たるか」をありのまま書いて送れと、第二号で手記の募集広告を出した。八二名の投書が順次掲載されたが、その中に部落差別問題を正面から論じた西村今朝善（長野県）の一文がある。

予は田舎の一小学校教師なり、予の担任する学級には三十余名の生徒あり、其中の一人は憐むべき新平民の子なり。

彼は級中の優等生なるに係わらず、単身にて三百五十余名の生徒と相対せり、彼は一人の学友なるものを有せず、アア彼は罪なくしてイヂメらるるものなり、教師さえ彼に対して一種の感情を抱き、其待遇自ら他生徒と異なりしが如き風あるに至っては、又言うに及ばざるなり。

又予の近村の某小学校に一裁縫教師あり、彼れ善く校場の為に働けり、教師として将個人として欠点あるを見ざるなり、然るに同校生徒は彼が新平民なるの故を以てその教授を受くるを厭《いと》うと言う。アア又何たる事ぞ、予が社会主義の人となりし動機は、実に此《こ》の新平民に対する同情心にてありき。

（『平民新聞』第六号）

大きな一石、佐野学「特殊部落民解放論」

一九一一（明治四十四）年一月、〈大逆事件〉によって幸徳秋水や大石誠之助ら十二名の革命家が処刑された。それからしばらくの間は、すべての社会運動が閉塞を余儀なくされた冬の時代であった。

しかし、一九一〇年代後半に入ると時代は急速に動き始めた。一七年の〈ロシア革命〉、一八年の〈米騒動〉、そして〈大正デモクラシー思想と普選運動の高揚〉〈労働運動と社会主義思想の興隆〉と、数年の間に内外の激動的な状況がつづいて起こった。

さて、大逆事件後の〈冬の時代〉をくぐり抜けてきた活動家たちは、一九二〇年の「日本社会主義同盟」に結集した。その総数は約三千人とされているが、民本主義からさらに社会主義へ進む旗標《はたじるし》を高く掲げた。その内部には、堺利彦、山川均、荒畑寒村などボルシェビキ派と、大杉栄が主唱するアナルコ・サンジカリズム派の抗争があり、いわゆる〈アナ・ボル〉対立があった。労働者階級を主力とし貧農を同盟軍とする社会変革への道では、最初の間はほぼ合意していたが、しだいに裂け目が見えてきた。

そのような新しい情勢に直面して、三百万に及ぶとされた被差別民はどのような動きをみせていたか。各地方で部落解放への決起を促す萌芽的な動きは起こっていたが、まだ散発的で点が線に繋がらなかった。

そこへ水平社結成の直接的な導火線になる強力な一石が投じられた。先にみた佐野学《まなぶ》の「特殊部落民解放論」であった。この論文は、当時『中央公論』『改造』の二大誌と並ぶ新進の総合雑誌『解放』一九二一年八月号に発表された。吉野作造、福田徳三らが顧問格で、赤松克麿、佐野学、宮崎龍介らの東大新人会のメンバーが編集実務を担当していた。

部落問題については柳田國男が一九一三年に「所謂《いわゆる》特殊部落ノ種類」を発表し、その六年後の一九年に喜田貞吉が『民族と歴史』で「特殊部落研究号」を発刊していた。これらの論考は今日では部落史研究の礎石を築いた先駆的研究として高く評価されているが、前者は東京帝大法学部の研究誌『国家学会雑誌』に、後者は喜田の個人誌に発表されたので、発行部数もごくわずかで、ジャーナリズムで大きな話題になることはなかった。

しかしまだ二十九歳の若手で勃興期の社会主義研究のリーダーだった佐野学のこの論文は、若者に人気のある雑誌に発表されたので、ジャーナリズムでも大きな反響を呼んだ。

「解放の原則」を明示する

この佐野論文は四つの章から成り立っているが、第一から第三章までは被差別部落の起源と歴史に関わる。この部分はすでに発表されていた喜田貞吉の論考を背骨にしてまとめられ、それに経済史家として若干の新知見が付け加えられている。その問題については、高橋の『特殊部落一千年史』を後で論じる際に言及するのでここでは立ち入らない。

しかし何よりもこの佐野論文の重要性は、部落解放運動の進むべき方向を具体的に明示した第四章「解放の原則」にある。後述するようにこの指針に沿って「全国水平社」が結成されたのであるが、その前夜に奈良県の柏原部落の青年たちによって配布されたパンフレット『よき日の為めに』には、この第四章がそのまま再録されている。そのことからみても、この論文が部落の青年たちに与えたインパクトの強烈さが分かる。

ところでこの第四章のポイントは次の三点にしぼられる。

第一、「普通民ないし支配階級本位」の哀憐的政策では、断じて被差別部落は解放されない。解放の第一原則は、「部落民自身が先ず不当なる社会的地位の廃止を要求する」ことより始めねばならぬ。そのためには、「知識と勇気と情熱を有する部落出身の少壮者」が中心となって「力ある集団運動を起こさねばならぬ」。

第二、部落民自らが学んで「その社会的地位の認識」を確立せよ。そして長い歴史の中でつくられてきた部落差別の伝統的観念を破壊するためには、「自ら集団的見解を発表し且《か》つ要求するところがなければならぬ」。

第三、「搾取者なく迫害者なき善き社会」をつくるためには、「労働者階級との結合と連帯的運動」が必要である。もちろん社会的改造の大業は、プロレタリアの解放をもって終わるものではない。それはすべての苦しめる人を包含せねばならぬ。「尊き自由は悩める人の全部が獲得せねばならない」。

そして最後の結語のところで、「私は、特殊部落の人々の自立的運動と、他の苦しめる人々との結合との上に築かるる社会改造の大理想の上に、始めて此《こ》の薄幸なる社会群の徹底的に解放せらるる『善き日』を想像し得るのである」と断じた。

「名言、人を動かす」という諺があるが、論旨明快で情のこもった名文は人の精神を揺り動かし、その人生だけではなく、時代の流れにも大きい影響を及ぼす。世に知られた名文は数多いが、この佐野論文も、日本近代の社会運動史上にその名を残す文書の一つである。

要するにこの論文は、部落民自らがその苦難の歴史を学んで、自らのアイデンティティを確立し、「知識と勇気と情熱を有する部落出身の青年が中心となって運動に決起せよ」と呼びかけ、世のすべての悩める人びとと連帯し、差別のない『善き日』を目指す運動方針を「集団的見解」として表明せよ、と訴えたのである。

全国水平社結成の狼煙《のろし》が上がる

虐げられた被差別民についての論考には、人の心の深部に突き刺さるようなイメージ喚起力の強い文章が多い。それはやはり人間として自由な交友・同火・通婚も認められず、いかに努力してもその青春の志を果たすことができない――そのような理不尽な差別に苦悩しながら、悲惨で孤絶した生涯を強いられるその身の上をおもんぱかって、心に涙しながら真情を吐露して書くからだろう。

もちろん、うわべだけの同情哀憐の言葉や、他人事のように資料によって述べるだけならば、心を動かすことはない。すなわち差別の根にあるものを根底から破砕する論理と熱情、そして、何よりも同じ人間として『善き日』を目指して共に立ち上がろうという気合いがこめられた情に溢れる文章でなければ、積年の差別の苦しみにこの世を恨んできた部落民の心底に響くことはない。

長い間の差別と抑圧の鉄鎖を断ち切るべく、水平社結成の狼煙をあげたのは、奈良県の柏原部落に生まれ育った青年たちだった。現在は御所《ごせ》市であるが、当時は掖上《わきがみ》村柏原北方《きたほう》と称した。その中心となったのは三人の青年だった。

私の家のある河内平野から金剛山脈を越えれば、車で約三十分ほどのところにある柏原は、周りに田畑が広がる大和平野の農村部にある。明治初年の戸数は約一三〇戸で、そのうち農業が五五戸、雑業六七戸、その他となっている。米騒動のあった一九一八年には二〇七戸に増えているが、小作を主とする農民の他は、膠《にかわ》製造・桐下駄づくりが部落の主要な仕事で、荷車引きや日稼ぎなどの力役に従事する者も多かった。

西光万吉（清原一隆）は村の中心にある西光寺の住職の長男、阪本清一郎は膠製造業の次男、駒井喜作は桐材商の三男であった。それぞれの家は、大声を出せば届くほど近かった。今も彼らの生家は当時のたたずまいを残している。

この三人はいずれも村の有力者の子弟で、この部落から中等学校まで進学できた数少ない青年たちだった。だが、彼らの青春の志は、厚い差別の壁の前に、いずれも挫折した。例えば西光万吉の場合は、教師によってその身許を暴かれて学校におられなくなり、勉学を続けるために上京しても下宿ではその古里を隠さねばならなかった。

西光や阪本たちも、そのような時代の新しい動きに刺激されて、トルストイの人道主義をはじめ、若い青年たちの心をゆさぶった社会主義やアナキズムの本などを片っ端から読破して、しだいに革命思想への関心を深めていった。堺利彦、山川均、大杉栄、賀川豊彦ら当時の著名な活動家を訪ね、その研究会に顔を出したこともあった。一九二〇（大正九）年、「日本社会主義同盟」が結成されると、直ちにそれに参加した。

彼らを中心に進歩的な部落青年が集まって、柏原で「燕会」という青年の親睦会をつくった。差別のない自由の天地を求めて、インドネシアのセレベス島に移住しようという計画もあったが、結局実現しなかった。会員も六十数名に増えて、村の民主化と消費運動を組織するまでに成長していった。

やがて社会問題研究部を設け、部落差別の歴史にも正面から取り組んだ。喜田貞吉の「特殊部落研究号」や三浦周行の『法制史の研究』などを読みながら、部落の歴史だけではなく、世界各地の差別についても勉強した。朝鮮の白丁《ペクチャン》、インドのカースト制、ユダヤ人問題、アメリカの黒人奴隷問題について深い関心を抱くようになった。ちょうどその時に佐野学の前記論文が発表された。

阪本清一郎の回想

一九七八年のことだからもう三十年以上も前になるが、水平社創立時の状況を詳しく聞き取るために何回か柏原部落を訪れた。その頃の柏原は、まだ明治時代の部落の面影がそのまま残っていた。

その際に創立者のひとりである阪本清一郎に、「組織的運動に決起する直接のきっかけになったのは何でしたか」と訊ねた。いくつかの理由が挙げられたが、「これはどうしてもわれわれ自身が立ち上がらねばならない時がきたな」とはっきり決意したのは、佐野学のこの論文を読んだときだと即答された。「燕会」の研究部会では、内外の文献をみなでいろいろ読んで自分たちの進むべき道を探っていたが、この佐野論文は読み進むにつれてしだいに興奮してきて、最後の一句を読み終わったときは、とめどもなく涙があふれてきた。周りの同志たちに連絡して、直接会って教示を受けたいと話し合った。

すぐに上京して早稲田大学で面談し直接激励を受けた。そして佐野論文で提示されている運動方針を

「燕会」のメンバーが主力になって具体化に着手した。西光寺の前にある駒井喜作の家に「水平社創立事務所」の看板が掲げられたが、官憲の眼を避けるために、村はずれの野小屋でビラやパンフレット制作の作業がなされた。

そして第一の「力ある集団運動」として〈水平社〉を立ち上げ、第二の「自らの集団的見解」として「水平社宣言」の起草に着手した。そして第三の労働者階級との連帯は、一九二〇年十二月に結成された「日本社会主義同盟」に有志が参加してすでに各団体の主要なリーダーとは接触していたので、共通の土俵に上がる道はひらかれていた。

これは後日譚になるが、水平社創立の翌二三年一月には、佐野学は四日間も柏原部落に滞在して阪本宅に泊まった。西光寺の本堂で「階級制度の歴史」「民族的圧迫および民族運動」「社会主義の社会」と三つの講話を行ったが、近在の部落からも有志の青年が参集した。そして毎晩、夜遅くまで牛鍋をつつきながら部落の青年たちと交流を深めた。

高橋貞樹と佐野学との出会い

もちろん高橋貞樹もいち早くこの佐野論文に目を通して、大きな衝撃を受けたにちがいない。この論文が発表されたのは、高橋が東京商大（現一橋大学）に進学した直後の一年生の夏である。

高橋は、自分の複雑な家系とその出自をめぐって、小さな時から悶々としていた。部落差別が避けて通ることのできない自らの生涯に関わる大問題であることは分かっていたが、周りにはそれを打ち明けて相談する人もなく、喜田貞吉らの論文を読みながら「何をなすべきか」、ひとりで苦悩していた。その高橋の鬱屈《うっくつ》した心を、この佐野論文はズバリと射抜いたのではないか。

たぶん高橋は、この論文を読むと、同郷の先輩にすぐに会いに行ったのではないか。佐野家は大分県杵築《きつき》町にあって、近在ではよく知られた名望家であり、資産家だった。

佐野家は、杵築では藩主の侍医を代々務めていた。国東《くにさき》半島の南岸にある杵築は松平氏三万石の城下町で、風光明媚で豊後表《ぶんごおもて》の集散地として知られていた。

佐野学の長兄の寅太は上京して、お茶の水の明治大学の前で佐野神経科病院をやっていた。次男の学は杵築中学四年でストライキを起こして退学となり、兄を頼って上京し麻布中学に転校した。そこから鹿児島の七高に進み、再び上京して東大法学部へ進学していた。

中学生時代から熱心な民本主義者だったが、一九一七年のロシア革命に深い衝撃を受けて、マルクス主義文献をよく読むようになった。卒業後も大学院で農政学を学んでいたが、一八年の新人会の創立に参加し、学生と合宿して後輩を指導していた。しばらく満鉄調査局に嘱託で勤めてから早稲田大学講師として経済史を教えていた。

初めて高橋貞樹がやってきて、「私は同郷人です」と名乗った。佐野学は喜んで親切に応対したであろう。頑固で一徹なところもあったが、人生意気に感ずるタイプで、特に若い人たちの面倒をよくみた。当時は九州から上京して生活することは容易ではなかった。まして身寄りがいない場合は県人会などのネットワークが頼りになった。誰もが自分たちの生まれ育った風土を大事にする郷土愛が強い時代だった。

おそらく高橋は、その場で自らの家系が被差別部落に連なることを打ち明け、佐野の論文に触発されて、これからは部落問題に正面から取り組むとその決意を述べたのであろう。そのことについての記録は残されていないが、その三年後に出版された『特殊部落一千年史』の序文を読めば、そのように推察できる。

その序文で、佐野論文から「特殊部落の人々が一千年来担うてきた迫害を思えば、涙と怒りと恥とを感ぜざるを得ぬ」という一句を引用している。たぶん『一千年史』のタイトルも、この佐野論文の一句からとられたのであろう。それから同郷の先輩に何回も会って、直接親しく教示を受けたのであろう。「氏は私の計画を聞くや、終始著者を激励し、種々の懇篤なる注意をなし、また材料の蒐集分類に助力をしてくれた」とある。そして「氏の思い出は、私にとって永久に忘れ得ざるもので」「心からなる深甚の感謝の意を、この恩人に捧げる」と述べている。

林房雄に「生活大改革」を打ち明ける

一九二二年の春、高橋は大分に一時帰郷し、そのときに熊本にいる林房雄を訪れている。この話は林房雄の回想記（前掲）に出ているが、高橋が大学を中退して社会運動に専念し、いよいよ〈生活の大改革〉をやるというので一晩その話を聞いた。

「高橋は、実は自分は部落民であると打ちあけた。そして一晩かかって複雑な家系について説明してくれた」

父が官吏で屋敷町に住んでいた高橋が、被差別部落と関わりがあるとは思ってもみなかった。それが実は自分は部落民だと打ち明けられて、林房雄はびっくりした。「現在の母は実母でないといい、今まで匿していたが、水平社運動が起った以上、自分は、じっとしていることはできない。敢てこの運動に参加するつもりだ」と、まなじりを決して述べた。この林房雄の証言は、当時の高橋の決意を明確に語っている。

『一千年史』では、現代になお残る悲惨な差別の実例がいくつか述べられているが、その中の一例が、高橋の決意になんらかの関連があるのではないか。その実例では、父が官吏で平和な家庭であったが、部落出身者であることがわかった母は一子を連れて離婚を強要され、十六年後に「悲痛の遺言を残してこの世を去り、残されたる青年はその反抗の心燃ゆる上にさらにこの遺言を得、学業を捨てて社会主義運動に投じた」とある。

さて高橋は、〈水曜会〉で知りあった阪本清一郎の勧めで二二年の夏に水平社発祥の地奈良を訪問し、水平社に加入するとともに、早速機関誌『水平』の第二号に「古代奴隷制度史考一」を発表している。それから各誌に水平運動について精力的に執筆するのであるが、そのなかでも画期的なものは、翌二三年に発表した「水平運動の革命的意義」(『階級戦』一九二三年七月号)と、やはりその頃に書いた『特殊部落の歴史と水平運動』(僚友社、一九二三年七月)と題するパンフレットであろう。前者は、日本社会の全体的変革という戦略的展望のなかで部落解放問題の位置づけを考察したものであり、後者は『一千年史』の原型をなすものである。

一九六〇年頃の問題関心

私が高橋貞樹の人間像に深い関心を抱くようになったのは、一九六〇年代に入ってからである。転向者であるがゆえに、革命運動の正史から消されて近代史の裏の部分に埋め込まれた活動家は数多いが、その中で私は特に高橋貞樹を注視するようになった。

そのいきさつを簡単に述べておこう。先にみたように、一九四八年の第一次全学連結成の基軸となった私たち東大細胞は、当時の共産党主流と全面的に対立し、国際派分派として党から除名された。ソビエト共産党や中国共産党の相次ぐ介入もあって、情勢は複雑に変転し、不毛な内部抗争が続いた。それでもなお活動を続けていたが、百数十人いた同志もしだいに結集軸を失って、組織はバラバラに解体していった。

五五年の六全協による共産党の再建、その翌年のソビエト共産党二十回大会における「スターリン」

批判――これらを契機にマルクス主義による革命思想に絶望して、運動から去っていった者も少なくなかった。

六全協をきっかけに自己批判書を提出して党に復帰した者もかなりいたが、共産党のなし崩し的再建路線を容認しない者を中心に十数人で研究会を始めた。スターリン批判で明らかにされた官僚主義による驚くべき組織内弾圧と理不尽な粛清――これはソ連だけの問題ではなくて、コミンテルンという回路を通じて、日本の革命運動にも深い影を落としているのではないか。一時しのぎの付焼刃的な対症療法ではもうどうにもならない、「スターリン」批判を念頭に置きながら日本の運動の創成期から根本的に洗い直さなくてはならないという点では意見が一致した。

戦前の運動史の全面的な見直しが当面の課題だったが、私が担当したのは、当時の合法理論誌である『マルクス主義』全五十六冊（一九二四年五月～二九年四月）の諸論文の再検討であった。丹念に読み進めたが、その創刊号の巻頭論文に、高橋が「日本帝国主義の発展」を書いている。ついでローザ・ルクセンブルクの『資本蓄積論』を紹介し、「国家に関する一断片」に引き継いで、「ドイツ社会主義の消長」を連載している。つまり高橋は、日本社会主義の草創期である一九二〇年代から活躍した理論家の一人だった。いずれも二十歳になるかならぬかという若い時代の論稿である。私は改めて舌を巻いた。

風間丈吉の回想

彼が水平社に参加していたことは知っていたが、関連する資料をさらに集めて読んでみると、私が考えていたよりはるかに深く水平運動に関わっていることが分かってきた。その頃はまだ『特殊部落一千年史』の復刻版も出ていなかったので入手できなかったが、この本が戦前の運動家に強い衝撃を与えていることは、例えば次のような証言にみられた。これは風間丈吉が一労働者として「東洋勤労者共産主義大学」に留学していた当時の回想である。

高橋とはまだ大森の山川均の下に出入りしている頃会っているが、その頃の彼は、絣の着物を着てまだ子供っぽいところがあった。しかしモスコーへ来た時の彼は見違える程大人に成っていた。それも当然と言えば当然であった。彼は水平社運動に飛び込んで大いに揉まれたからだ。彼の『特殊部落一千年史』を読む者は彼の情熱に動かされずにはいられなかった。私はその本が発売禁止になる前に渋谷道玄坂の本屋で求めたが、巻をおく能わぬほどの感激を受けた。特殊部落の歴史とそれの解放運動の現状と方向がこの本によって明らかにされた。この面における彼の功績は不滅のものであろう。

（風間丈吉『モスコー・共産大学の思ひ出』三元社、一九四九年）

風間は帰国後、いわゆる非常時共産党時代の党中央委員長となった人物であり、戦後に佐野学らの転向組が組織した労農前衛党に入り、たまたま巣鴨の駅前で私たちと論争したことはすでに述べた。もちろんその時は、この回想記もまだ出ていなかった。

『特殊部落一千年史』を初めて読む

このような記録を読むと、高橋への関心がますます駆り立てられた。ともかく『特殊部落一千年史』を読まねばならぬと気がはやったが、原本の入手はできなかった。改訂版の『特殊部落史』が大阪の府立図書館にあると聞いて出かけた。重要な部分の紙型を削り取って刊行された無惨な本であったが、それでも館外持出禁止本の中に入っていた。官憲による削除は、第二編後半の水平運動の決起を説く部分に集中していた。その最後の頁に「おれも後につづくぞ！」と拙い文字の古い落書きがそのまま残って

いた。おそらく部落の青年が読了後に、感極まってなぐり書きしたのだろう

やがて一九六八年に復刻版（世界文庫）が出た。早速通読して、改めて大きい思想的衝撃を受けた。私のそれまでの部落問題に対する薄っぺらな問題意識を徹底的に食い破り、心底から私の心情を揺さぶった。

私は高橋について一知半解であったことがよく分かった。私たちの研究会で私は「〈山川イズム〉と〈福本イズム〉の対立」を担当し、かなり長い論文を書いていた（「日本マルクス主義の思想方法の一特質」『講座現代のイデオロギー』第二巻、三一書房、一九六一年）。その中で高橋の『日本プロレタリアートの問題』（希望閣、一九三一年）から一節を引用して、共産党解体期において官僚主義的セクト主義を批判する彼の先見性を積極的に評価しておいた。

しかしこのような運動理論に関する断片的な評価だけでは、日本の革命運動の負の遺産に根本的なメスを入れたことにならない。天皇制国家という強力な権力に、多くの若者たちがなにゆえに自らの生死を賭して立ち向かっていったのか。そして、その多くが、なぜ転向したのか。文献資料を読んで分析するだけでは、その情念と意志の出どころをつかめないのだ。

さまざまの活動家の系譜やグループの俯瞰図を頭に描いて論じることも重要だが、その中のひとりに焦点を当てて、その生きざま・死にざまを深く探り出すことも、当時の運動の真情を明らかにする一つの方法ではないかと考えた。そして高橋貞樹の短い生涯を追いながら、日本の革命運動の問題点を抉りだしてみようと考えたのは一九七〇年代に入る頃であった。

青年期の旧友を捜して歩く

それから私は、高橋のかつての友人を捜して彼の青春の時代について聞き歩いた。山川均の水曜会で

高橋と初めて出会って、まず高橋を奈良に呼んで水平社と結びつけるきっかけをつくった阪本清一郎に会いに行った。

ついで、阪本から戦後の水平社関係者を中心に一九六五年に組織された「荊冠友の会」の名簿を受け取り、それによって当時の活動家に当たってみた。だがその多くはすでに故人であり、または病床にあって聞き取りはできない状況だった。

たまたま『解放新聞』の編集長をやっていた土方鉄にその話をすると、高橋と結婚していた小見山富恵が、山口県の光市で健在であるとの情報をもたらしてくれた。光市錦町とあるだけで番地も分からず電話もないとのことだった。それでもすぐに「一度お会いして高橋貞樹についていろいろお話を聞きたい」と手紙を出した。番地も記入していないのに無事着いたようで、「すでに八十歳を超えた老齢で活動の前線から引退してかなりの時間が経っているので、親しくお話しすることはできない」と丁重な断りのハガキが来た。

それでも会えば何とかなるだろうと、翌日私は光市に出かけた。駅前で待機しているタクシーの運転手に、番地は分からないが、錦町にひとりで住んでいる老婦人に会いたいのだがと言うと、「ああ、昔の遊廓ですな。あそこに古い酒屋があるからそこで訊いてみましょう」と言う。その思惑は図に当たった。

昔の遊廓の、今は侘びしい一隅で、六畳一間の二階借りだった。殆ど家財道具はなく、壁面は全部本棚であった。二月末日の寒い日であったが、窓は開けられ暖房器具は何もなかった（一八三頁参照）。

突然の訪問だったが、にこやかに「まあ、よく来やさったのう。足腰が悪うて、外出もままなりませんの。毎日ひとりで本を読みよるだけ。目もよくないからこの天眼鏡でね」。読了した本は古里の図書館に寄付するのでと、数個のミカン箱に詰めて廊下に置いてあった。その歯切れのよい口調から、婦人運動の先駆者の若き日の姿を感じとることができた、恐らく若い頃は容姿もスマートで、才気走ったトップモダンの女性だったのだろう。若いときから婦人運動・反戦運動に参加し、何回か逮捕されて獄中にあった。戦争中は、瀬戸内海の島のハンセン病棟で看護婦として働かれた。

小見山は一八九五年生まれで、高橋より十歳も年上だった。兵庫県の加古川市生まれで、父は国鉄保線区の測量技師だったが、のち遊廓の経営者となった。なにか複雑な家庭の事情があったようで、中国地方の各地学校を転校して一九一二年に岡山の笠岡女学校を卒業し、十七歳で代用教員となった。その頃から社会主義運動に惹かれ労働運動にも参加した。西尾末広らと大阪俸給生活者組合を立ち上げたが、その西尾の紹介で、神戸市の貧民街である新川で活動していた賀川豊彦の下で、二二年五月に創刊された『覚醒婦人』の編集を担当していた。

その当時の賀川は、キリスト教社会運動家として消費組合などの社会事業を創設し、貧民救済のために労農運動とも深く関わっていた。改造社から一九二〇年に出した『死線を越えて』が大ヒットして、改造社の社長の山本実彦がよく賀川の所へやってきた。そこでたまたま小見山富恵に出会ったのだが、その才知を見込んで当時創刊されたばかりの『女性改造』の編集部に引き抜いたのである。「女性の経済的精神的自立」を掲げた知的啓蒙誌であったが、その常連執筆者であった山川菊栄との縁で小見山は水曜会に出席するようになった。

在りし日の高橋を語る小見山富恵

昔話をいろいろうかがった。数十年前のことなのに、在りし日の高橋の面影を語る夫人の目はキラキラ輝いていた。

「高橋が死んでもう四十年でしょう。あのころ共に活動した仲間たちも次々に世を去って、周りがだんだん寂しくなって――。こんな田舎に住んでいると、訪れる人も、こっちから出向くこともないの。木村京太郎さんが時たま便りを下さるのがありがたいわね」

木村京太郎は、奈良県の葛城山の麓にある小林村（現御所市）の生まれである。同じく奈良県生まれの住井すゑの大作『橋のない川』でよく知られた部落である。高橋が部落の青年を集めて定期的にひらいた研究会で鍛えられたひとりであるが、高橋らと共に全国水平社青年同盟の指導部として活躍し、二八年の三・一五事件で検挙されるまで、水平社のボル派の闘士だった。高橋が『一千年史』を執筆した際は、いろいろ資料集めに協力し、第二次大戦後に復刻されたときにはその編集と解説を担当した。

しばらく雑談してから、まず水曜会における高橋貞樹との出会いから話してもらった。水曜会の出席者はいつも三十人ほどで、ほとんどが二、三十代の活気盛りの青年だった。女性は五、六人しかいなかったから目立った。

「私なんかやはり上京したばかりの新参者でしょう。労働運動や婦人運動にはいくらか関わってきたけれど、社会主義や革命理論は体系的には勉強しとらんから、みなの議論についていけんじゃった。だから最初の間は本心では心細かったのよ」

山川均の助手役を務めていた西雅雄は岡山県出身で、その頃に同じく岡山県出身の貝原たいと結婚していた。彼女は苦学しつつ東京女子大に学び、婦人解放運動の最前線で活躍するために大学を中退して山川菊栄の門下生になった。小見山富恵は、同郷の貝原たいが水曜会の常連なので、心強かったと言う。

高橋貞樹のレーニンの『帝国主義論』についての講義を初めて聴いた時は、「まあ、まだ子どものような書生ッポなのに、頭のなんとすばらしい人じゃと思うた」が、貧弱な体にメガネの中の眼は光っていた。研究会ではいつも隅っこに坐って、普段は無口でむっつりしていた。

山川菊栄は高橋について次のように回想している。病気のせいか顔色が悪くやせていた高橋が、前衛社に住み込んで水曜会の常連になると、血色もよくなり太ってきた。そして「しだいに雄弁になり、自信満々、気焔あたるべからず、はじめは隅っこのほうでションボリしていた高橋氏をいじらしがっていたわり、はげましていた姉さん株の夫人連が、あべこべに勉強しないとか気がきかないとかいって叱りつけられ――」（山川菊栄『おんな二代の記』）。

水曜会で高橋に出会った小牧近江も「とりつく島がないようなむっつり屋であった」と第一印象を述べているし、林房雄も「学生時代の高橋は狷介《けんかい》人を容れずという性格であった」と言っている。私は率直に「本当に高橋は、水曜会に出席し始めた頃は、そんなにむっつり屋で無口だったんですか」と訊ねた。

「そうねえ、寡黙というか、人見知りをするというか――。なにか心の中で吹っ切れないものを抱えている感じでしたね。私なんかには口もきいてくれませんでしたよ。そのわだかまりがだんだん解けてきて、表情も明るくなってきた。社会運動の最前線に飛び込んで、ようやく自分の進むべき道がひらけてきたと自覚したんでしょうね。堰を切ったように雄弁になってきたんですよ」

男女出会いの場だった「水曜会」

高橋貞樹が大学を中退して前衛社に入ったのは、一九二二（大正十一）年の春である。小見山富恵が上京して『女性改造』の記者になったのは、その年の秋である。それ以来一年余にわたって「水曜会」の研究会で、二人は毎週のように顔を合わせていた。

しかし挨拶を交わす程度で、個人的に会話したことは全くなかった。なにしろ無口で人付き合いの苦手そうな高橋に、こちらから話しかけたことはなかった。

娘盛りが過ぎようとする年齢にさしかかっていた小見山にしても、お互いに好きになって一緒に暮らせる相手が欲しかったに違いない。たまたまその縁に恵まれなかっただけなのだ。

若い頃は快活で気転の利く才女として、男衆の間ではさぞかし評判になっていただろう。私が光市でお会いした時はすでに八十歳を超えていたのだが、まだ青春時代の色香の名残りが身辺に漂い、若き日の想い出を語るその眼差しはキラキラと輝いていた。

実際問題として、「男女七歳にして席を同じうせず」という儒教倫理がタテマエとして生きていた戦前では、自由恋愛に憧れるモダンな女性でも、格好の相手に出会う機会に恵まれることは稀であった。なにしろ小学校から男女別学だったし、男性に伍して働ける女性の職場はきわめて少なかった。

その点では、男女が平等に会合し討議する水曜会は、恐らく近代日本でも最も先進的な場であった。封建的な社会制度と古いモラルに反対して、新しい自由な人間関係の創造を目指す男女の集まる場である。大正デモクラシー運動や理想主義的ヒューマニズムを掲げる「白樺派」などの思想的影響が拡がり、先進的な若者たちが集ういろんなサークルができていたが、特に水曜会には、時代の先端を行く活発な女性の出席者が目立った。

それは主宰者の山川均夫人の山川菊栄が、会の世話役を務めていたからである。後でみるように、水曜会に出席したのが機縁となって、何組ものカップルが誕生した。そのことは山川菊栄の『おんな二代の記』に生き生きと語られている。

火花のように散った「赤瀾会」

社会主義的な立場から女性解放を唱えた日本で最初の婦人団体は、一九二一年四月に会員四十二名で結成された「赤瀾会《せきらんかい》」である。その綱領には、「私達は私達の兄弟姉妹を窮乏と無智と隷属とに沈淪せしめたる一切の圧制に対して断乎として宣戦を布告するものであります」とうたわれていた。世話人は堺利彦の長女である堺真柄《まがら》、九津見房子、秋月静江、橋浦はる子の四人、顧問は、山川菊栄と大杉栄夫人の伊藤野枝であった。その顔ぶれを見ただけでも、日本女性史上でも特筆されるべき先鋭な行動的集団だったことが分かる。

「赤瀾」の命名者は九津見房子であったが、その意は「(女性のいのちが)赤い波のようにきらめく」ことである。彼女は岡山高女在学中から社会主義に惹かれ、十六歳で家出して福田英子や大杉栄の門下生となり、「赤瀾会」が結成されると、堺真柄と共に行動隊長の役目を担った。その後三田村四郎と結婚し、労働運動の第一線で不屈の闘争を継続したが、ゾルゲ事件に連座して懲役八年の実刑を科され、敗戦時は和歌山刑務所にいた。

その九津見房子と堺真柄が先頭に立って、会員十数人で、二一年五月の第二回メーデーに女性として初めて参加した。黒地に赤で「赤瀾会」と印した旗を掲げてデモをやって「覚めたる婦人よ、メーデーに参加せよ」と山川菊栄の書いたビラをまいたので、直ちに全員検束された。「婦人に檄す」のビラを東京市中に撒き講演会も開催して、ジャーナリズムでも話題になっていた。

同年九月には、軍隊に反戦ビラをまいた「軍隊赤化事件」で、おもな会員が検挙投獄されたので「赤瀾会」の活動は消滅した。その実働部隊であった女学生や先進的な婦人労働者がこの水曜会に参加していたのである。

学校教育をはじめとして、労働の現場や家庭においても、女性の人権は大きく制約され、男女の間の社会的格差はひどいものであった。女性には参政権が認められなかっただけではなく、集会への参加の自由も奪われていたのであった。

明治政府は、一八九七(明治三十)年に「社会主義研究会」が結成されると、新たに勃興するであろう民衆運動に対応するために、一九〇〇年に「治安警察法」を制定した。自由と平等を目指す労働者・

農民の運動を抑圧することが目的であったが、特に全人口の半数を占める女性が運動に参加して大規模化することを極度に警戒していた。その第五条では、女子の政治結社加入禁止、女子の政談集会への参加禁止が入っていた。

この問題について、私は当時の状況をいろいろ訊ねてみたが、小見山富恵は「私が女学校の高学年の頃に政談演説会に初めて出てみたの、その際は男衆のような格好をして頭に菰《こも》を巻いて顔を隠して坐っていたのよ、女だと分かるとすぐに拘束されるのよ」と回想していた。

第五条問題を含めて、女性の団結と人権獲得を目的とする運動は、平塚らいてう、市川房枝らが発起人となって、一九一九年に「新婦人協会」が発足した。全国の婦人団体や女学校に呼びかけ二千名を超える署名を集めて議会に請願し、一九二二年四月にようやく第五条一部改正が布告された。ちょうどその頃に高橋貞樹は山川均の門を叩き、その半年後に小見山富恵が水曜会に姿を現したのである。

田所輝明・上田茂樹・西雅雄

その頃は先にみたようにアナ・ボル対立がしだいに激化する状況にあったが、ソビエト政権によるロシア十月革命を支持するボルシェビキ派のリーダーが堺利彦と山川均であった。この二人は、幸徳秋水らが先導した初期社会主義運動に参加していた。たまたま一九〇八年六月、山口孤剣の出獄歓迎会の直後に、大杉栄、荒畑寒村らの直接行動派が《無政府共産》と書いた赤旗を振り回して警官隊と衝突した「赤旗事件」の現場に居合わせたので、堺と山川も懲役二年の刑を科せられ千葉監獄に入っていた。

このため二人は、その二年後の一九一〇年に起きた「大逆事件」の難を免れた。刑務所に入っていなかったら、両者とも首謀者の一味とみなされて、おそらく死刑判決を受けていたであろう。

人間の運命をつかさどる神の思し召しだったのか、この二人が大逆事件後の冬の時代を生き延びて、社会主義運動を再興する役割を担うことになった。両者が力を合わせて、苦しい財政状況の中で国際問題の情報研究誌『社会主義研究』（一九一九年四月創刊）を出していたが、さらに国内問題を扱う理論誌として『前衛』（一九二二年一月創刊）を発行することにした。目まぐるしく変転する国内外の新情勢に対応するためであった。

そうなってくると、どうしても視野が広くてよく勉強している若手の編集者が重要になってくる。急速に変転する外国の事情をいち早く紹介せねばならないので、外国語に通じて海外の情報をキャッチできることも必要条件だった。

高橋貞樹が山川均を訪れて前衛社に入ったのは二二年五月であった。山川は、高橋ならやれると判断したのであろう。高橋は列強の植民地で激化する少数民族問題や移民問題などを担当し、そのかたわらで後の『特殊部落一千年史』の元稿となる諸論文の執筆に打込んでいた。

その頃には、田所輝明《てるあき》（一九〇〇～三四）、上田茂樹（一九〇〇～三二）、西雅雄（一八九六～一九四四）の三人の先輩が編集部にいた。いずれも苦難の青少年時代を過ごして社会主義思想に傾斜し、堺と山川を訪れて入門を志願した気鋭の若者であった。

この三人は編集者としてもすぐれていたが、ほとんど独学ながら、労働運動や社会主義理論についてかなりの著作を残している。運動においても、最前線にあって最後まで頑張ったが、いずれも敗戦時まで生き残ることはできなかった。今日ではこの三人の苦心惨憺の生涯は歴史の闇の中に埋もれて、もはや語られることはない。もうその足跡を辿ることは不可能であろうが、伝記として後世に伝えたい三人の生涯であった。

この三人の仲間とハラを割った本音の付き合いをしているうちに、高橋の無口で引っ込み思案の性格も改善されたのであろう。そして学問的にもこの三人の先輩からさまざまの刺激を受けて急速に成長していったに違いない。ひとりの若者のアイデンティティ形成においては、青春の時代に信頼できる仲間との人間的なネットワークが結ばれていたかどうかがもっとも重要である。

自由恋愛で結ばれた三組

さらに特記しておきたいのは、この三人はいずれも水曜会で出会った女性と恋愛結婚し、夫婦が共同で活躍したことだろう。

西雅雄は貝原たいと結ばれた。彼女は女子大を中退して運動に飛び込んできた。一九一八年の秋頃から東京女子大学生だった貝原たい、永倉てる、そして東京女子高等師範学校（現お茶の水女子大学）にいた山口静ら数人が、山川菊栄宅に集まって研究会を開くようになった。女子の労働者と婦人解放問題で意見を交わしたいというので、山川菊栄が労働運動の長老であった総同盟の鈴木文治に頼んで、紡績組合の女工数人と茶話会を持った。

当時では、女子大に学ぶインテリ女性と紡績女工が話し合うということ自体がニュースになったのだ。それが『東京日日新聞』で派手に書き立てられ、警察が大学にまで介入して取り調べられた。学生たちは自発的退学を余儀なくされて、山川菊栄宅に身を寄せて水曜会にも出ていたのであった。

上田茂樹は大分県出身で、同郷なので高橋と仲が良かったが、その夫人になったのが前川隼子だった。彼女はたまたま小見山と同じ笠岡女学校の出で、山川宅の隣に設けられた前衛社に飛び込んで家事を担当していた。田所輝明は、やはり運動を通じて知り合った名古屋の若い新聞記者諏訪八重子とめでたく結婚した。

この中でも貝原たいと前川隼子は同じ岡山県出身の同郷人なので、小見山とは特に仲が良かった。それが次々に皆に祝福されながら好いた男性と結ばれたのである。小見山の女性としての〈性《さが》〉も、水曜会で仲の良いカップルを目の当たりにしてうずいたに違いない。

小見山宅に忽然と現れる

私も小見山さんのお話を聞く前に、山川菊栄の『おんな二代の記』をはじめいくつかの関連資料を読んでいたので、次々に話の中に出てくる人物像も、自分なりにイメージしながら興味深く聞くことができた。それにしてもすごい記憶力だ。青春の時代の最も濃密な時間が、いまも頭の中に流れているのだろう。

水曜会でのいろんな出会いについてひとしきり話題にしてから、いよいよ高橋貞樹との馴れ初めについて語ってもらった。「まだ十八、十九の子どもじゃけんなあ、私から気を引くようなことは一切しよらん。そら彼の報告を聞いて、なんとすばらしい頭の持ち主じゃと思うたが、平常は物を言わんで無口じゃったから、こちらから話しかけたことはない。大体相手にするにしても年が違い過ぎるでしょう。私が十歳も上でしょう。頭はええかもしれんが、体は子どもじゃ思うとるけん」

今まで会話したこともなかったその高橋が、一九二三年の六月のある日、忽然と小見山宅に姿を現したのだ。その頃小見山は目黒で小さな一軒家を借りていた。当時羽振りが良かった改造社に勤め、気楽なひとり暮らしなのでそれなりの余裕があった。

びっくりしたのは小見山だった。「しばらくちょっと匿ってもらいたい」とブッキラボウに言う。理由は何も言わないけれど、なにか手入れがあったことはすぐに察知できた。当時は左翼運動に従事していてその名がバレている者には常に警察の尾行がつき、いつ手入れがあっても不思議ではない状況だった。

あとでそれは第一次共産党のメンバーに対する一斉検挙だと知ったが、運動を遠巻きに見ている新参者の小見山には、はっきりした情報は入っていなかった。

その一斉検挙で、山川均をはじめ田所輝明、上田茂樹、西雅雄など水曜会の主要なメンバーはみな検挙された。第一次日本共産党については、高橋と佐野博がソ連に密出国した事情を語る後章で再論するが、要するに水曜会のおもな会員が党の中枢にいたのである。小見山宅に逃げろと指示して、目黒のその家を教えたのは、おそらく真先に手入れを受けた上田茂樹か西雅雄の夫人であろう。上京したばかりの新参者の小見山は、まだ警察からマークされていなかった。

「それは夜でしたか」

「いや、夕暮れ時でしたよ。裏口からそっと入ってきたんよ。それでとるものもとりあえず、空いていた二階にいれたの」

小見山宅に匿われる

目黒の小さな借家だった小見山富恵宅に匿われた高橋は、じっと二階の一室に潜んでいた。夜陰にまぎれて外に出ることもなかった。小見山も『女性改造』記者として忙しい毎日だったので、朝のミルクとパン、あり合わせの昼と夜の食料を階段において出て行くだけで、毎晩遅く帰ってくるのでほとんど顔を会わすことはなかった。

日曜で出勤しないときなど、たまに階下から声を掛けて食卓を共にすることもあったが、話題にするのは新作で評判になった文学や美術の話だった。親しい仲間たちがどうなっているか、噂話をする程度で、運動の内部事情については何もしゃべらなかった。

自分が検挙されたときに、組織に入っていない小見山に累《るい》が及ばないように配慮していたのだろう。思想犯が黙秘すれば、すぐ拷問にかけて連絡網を自白させる。人権意識がない当時は、女性も酷い拷問をうけた。知っていて隠しているのか、本当に知らないのか、特高のプロはすぐ見破る。何も知らないのが一番安全な方法だった。

高橋の職場だった前衛社は警察に踏み込まれ、編集部の仲間はほとんど逮捕されてしまった。関連する会合や研究会もみな中止になっているので、出かけていく所もない。

小見山さんの話では、二階を覗いてみると高橋はいつも調べ物をしているか、原稿を書いていた。ノートをとりながら日本史の古典も熱心に読んでいた。おそらく『一千年史』の草稿を書いていたのだろう。

「自分がやらねばという使命感が強い人間だった。それに勉強が好きなのね。大震災後に大阪に移って、二年半ほど一緒に生活したけれど、運動のために出て行くときは別として、家にいるときはいつも勉強――。私も大阪では生命保険の外交員をやって毎日外回りをしていたから食事を一緒にすることはそんなになかったけれど、ご飯を食べながらでも食卓には本か雑誌をひろげて読んでるの。私が何か話しかけても上の空なのよ。ともかく凄い集中力で目標に向っていくの」

深い仲になった二人

一九二三年六月五日の一斉検挙で、党の首脳部はかなりやられたが、七月に入って捜査の手は組織の末端にも伸び、高橋も高輪署に拘留された。

高橋は大森細胞と呼ばれた「水曜会」のメンバーとして党員になってはいたが、未成年の新参者なので党の重要な会議には出席していなかった。押収された党の議事録にもその名は出ていなかったので、二十九日間拘留されただけで起訴されなかった。

小見山は差し入れなどして高橋の世話をしているうちに、病弱でありながら健気《けなげ》に頑張っているこの十八歳の少年が、しだいにいとおしいと思えるようになった。「いとおしい」には、「かわいそうでいたわしい」と「かわいくて抱きしめたい」の両義がある。おそらく小見山はこの二つの感情を同時に持つようになったのだろう。高橋が出所してまもなく、二人は深い仲になった。

どちらが先に言い寄ったのか、その辺の事情をそれとなく訊ねてみた。「そんなこと訊くのは野暮よ。ひとつ屋根の下で若い男と女が一カ月も二人で暮らしたらどうなるか、あなただって分かるでしょう」とピシャリと言われたが、その顔は笑っていた。

後日、親友の佐野博にその話をすると、「そりゃ小見山から誘ったに決まっとるよ。何しろ姐御肌の気っぷのいい気性で、直情径行の行動派だったからね」と即答された。

「ロシアに留学して二年ほど高橋と生活を共にしたが、彼は女性に関しては〝おくて〟というかピュリタンだったね。なにしろ女性解放の先駆者として〈性の解放〉を唱えたコロンタイの自由恋愛論がもてはやされた頃だったから、先進的なロシア女性に追いかけられて、留学生の間でもいろいろ艶聞があったんだ。高橋は色男風の二枚目ではなかったが、頭が切れて頼りがいのある強い性格だったから、男を見る目がある女の子にはもてたよ。だが結局は、高橋には色恋の浮いた話はなかった。生涯を通じて小見山だけだった」

アメリカ帰りの大道正治

物情騒然とした時代に隠れ住むように暮らしていたので、二人で観劇や買い物などに出かけるなど新婚気分を味わうこともなかった。

親しい運動仲間との連絡も取れないので、訪ねてくる人も少なかった。小見山の記憶では、アメリカ帰りだと自称して「水曜会」にも出ていた友人が、ひとりでよくやってきた。高橋とウマが合うらしく、やってくると二人で長時間しゃべっていた。ときどき英語とロシア語混じりの会話が二階から聞こえてきたが、おそらく国際関係の新情報について意見を交わしていたのだろう。彼が何者であるか訊ねることもできず、その実名とキャリアを知ったのはずっと後だった。

彼の本名は大道正治《おおみちまさはる》、ペンネームは大倉旭で、外国事情に通じたジャーナリストだった。大阪の薬品製造業の家に生まれ、大阪高等工業学校を中退してアメリカに渡り、ニューヨーク在住中は片山潜を中心とした日本人社会主義グループに属していた。そのグループには猪俣津南雄《いのまたつなお》、鈴木茂三郎ら十数人が参加していたが、このメンバーの主だった者は帰国後は「第一次共産党」のメンバーとなり、それなりに重要な役割を果たした。

ここに猪俣津南雄（一八八九～一九四二）の名が初めて出てくる。彼は、新潟県生まれで複雑な家庭環境の中、庶子（私生児）として育てられた。一兵卒として入営していたが、講義録で勉強して早稲田大学専門部の編入試験に合格した。さらに指定寄付の留学生としてアメリカに学び、シカゴ大学とコロンビア大学で哲学と経済学の学位を受けた。彼は在米日本人グループの理論的リーダーとなり、マルクスやレーニンの原典研究のチューターをつとめた。目黒の小見山宅を訪ねてきた大道正治は、アメリカでこの猪俣に教育されたメンバーのひとりだった。たぶん高橋は、この大道から最新の海外情報を得ていたのだろう。

二一年に帰国後、猪俣は早大講師になったが、第一次共産党では国際部と学生部を担当し、二三年三月に石神井で開かれた臨時党大会では議長をつとめた。高橋貞樹が高輪署に拘留された二三年七月に検挙され、猪俣は一年四カ月の実刑を受けた。

あとで詳しく述べるが、その後の猪俣は、「福本イズム」が主導するようになった共産党再建活動には参加せず、堺利彦、山川均らと共に「労農」派を結成した。私見では戦前のマルクス主義者としては、理論分析においても運動感覚においても最もオリジナリティのある優れた人物だった。もしも一九三〇年代にこの猪俣と高橋がタッグを組むチャンスがあったならば、日本の革命運動も壊滅ではなくてかなり違った道筋を歩むことができたのではあるまいか。もちろんこれは私の空想に過ぎないのだが……。

話を元に戻すが、大道正治は大阪人らしいザックバランな性格で、新婚家庭でありながら小見山富恵が家事が下手だと知ると、よくいろんな料理を作ってくれたそうだ。大道家は淀川河畔の資産家だったようだが、男の子三人（大道憲二、正治、武敏）は保守的な父親に反抗していずれも社会主義者となったので、その筋ではよく知られていた。大震災後、高橋と小見山は大阪に移住するが、そこは淀川河畔に近いところだった。そのルートを世話したのはこの大道ではないか、と私は推測する。

第一次共産党について

話が前後するが、ここで高橋貞樹が最初に権力に狙われたきっかけになった「第一次共産党」事件についてざっと概略を述べておこう。

二二年一月にコミンテルンの呼びかけでモスクワで「極東諸民族大会（極東地方共産主義的革命団体会議）」が開催され、ボル派から徳田球一、高瀬清、アナ派から吉田一ら計七名が参加する。植民地・民族問題との関連で、日本における革命の問題が、はじめて国際会議で論じられたのである。帰国するやボル派の徳田らは、堺、山川らの長老を説得して共産党の結成を急いだ。堺と山川は、運動主体の形成も不十分でまだ機が熟せずとみていたが、結局時の勢に乗ってしまった。国内外における政治・経済状況の急テンポの変動という客観状勢におされたといえるだろう。

二二年七月、渋谷の一民家で日本共産党創立大会が開かれた。暫定規約を採択し、コミンテルンへの加盟を決議し堺利彦委員長をはじめ中央委員を選出した。

二〇年十二月に発足した社会主義者の大同団結組織「日本社会主義同盟」は翌年五月の第二回大会で解散を命じられ、同盟も結社禁止処分を受けた。この中のボル派のリーダーたちが、コミンテルンとの連絡がついたのを契機に「第一次共産党」の結成に踏み切ったのだが、非合法組織として「治安警察法」でやられてもせいぜい一年ほどの刑期だろうと高《たか》を括っていたフシがある。

各グループごとに細胞（支部）がつくられたようだが、末端の平党員の中には本人に確認しないままメンバーにされた者もいたのではないか。まだ非合法活動に未熟で組織的訓練を受けていなかったので、タテ・ヨコのネットワークも整わず、連絡網や文書管理も杜撰《ずさん》で、党員の資格や義務もきっちりしていなかった。最も重要な宣伝広報の機関もできないうちに、結党後わずか一年足らずで壊滅的打撃を受け、実質的に解体に追い込まれたのだ。

山川らの水曜会、堺のML会、市川正一らの無産階級社、高津正道らの暁民会、赤松克麿、野坂参三、山本懸蔵らの総同盟系、佐野学、志賀義雄、黒田寿男らの新人会系、それに猪俣津南雄らのアメリカからの帰国組が主力だった。労働運動で鍛えられた渡辺政之輔、鍋山貞親などのプロレタリアートは、きわめて少数だった。

その実体は、既成の小サークルを結集し、いわば連絡機関をつくったにすぎなかった。地を這うような苦難の運動を基盤にして、労働運動や農民運動の大衆闘争から結晶した党ではなかった。コミンテルンの資金援助や、コミンテルン派遣団の大言壮語に辻褄をあわせる必要もあって、速成を急いだのが実状であろう。日本資本主義の現状分析や天皇制を核とする国家権力の問題にしてもまだ十分に手がつけられておらず、マルクス主義思想の成熟度からいっても、革命的主体の党的形成とはいえなかった。

政治的路線で議論まとまらず

このような状況下にあって、それなりの組織と政治力をもっていたのは、山川均を中心とした〈水曜会グループ〉以外にはなかった。

山川の主宰する前衛社は二三年二月に大森から麻布に移り、『社会主義研究』と『前衛』が合同して『赤旗』(のち『階級戦』)となり、事務所はこの間に京橋から神田に移転していた。その編集実務を担っていたのが、西雅雄と上田茂樹であり、高橋貞樹が編集助手であった。政治結社において最も重要なのは理論と思想の研究、そして機関誌を中心とした広報活動であるが、なにしろ体制が十分に整わないままの見切り発車であったから、前衛社が実質的にその役割を担わざるをえなかったのである。

さて、日本共産党の第二回大会は二三年二月四日に千葉県市川で開かれた。コミンテルン第四回大会で正式に日本支部として承認されたことが報告され、規約の審議と役員の選出などが行われた。そのときの党務報告には、細胞数十四、細胞員五十八と報告されている。

同年三月十五日には石神井で臨時大会が開かれ、高瀬清らがモスクワからもって帰ってきた綱領草案「二二年テーゼ草案」の審議がなされた。

この草案は、山川均ら水曜会のメンバーが構想している路線とはかなり喰い違っていた。草案は、「封建制度の残存物は今日なお国家機構において優位をしめており、国家の機関はなお大土地保有者と商工ブルジョアジーの一定部分とのブロックの手に握られている」として、「国家権力の半封建的特質」を強調していた。

そして、政治的要求のトップに「君主制の廃止」と「貴族院の廃止」をかかげ、全体としては自由主義的な資本家階級との同盟が可能であるような論調である。もちろん、目標はブルジョア革命であって、「強大となったプロレタリアートと革命的農民の出現」によってはじめてそれは可能となるから、このブルジョア革命は「プロレタリア革命の直接の序曲」となるだろうと指摘されている。この会議では、君主制の廃止については原理的には異論はなかったが、戦術上の当面の扱い方では意見が一致せず、議論沸騰して結局審議未了となった。

綱領が確定しなかったのは、コミンテルンの草案路線と山川の路線との喰い違いが最大のポイントだった。一方は《君主制》に顔を向け、他方は《帝国主義》に顔を向けていたのであるから。天皇制廃止という課題に戦術次元でどう対処するかは、たしかに容易ならざる問題であった。とくに大逆事件を経験している年輩者たちが慎重であったのは当然であろう。

病気の山川は、この市川と石神井の会議には出席していなかった。前衛社の西、上田、田所は出席しているが、高橋の名前はみえない。年少ということもあって留守居役でもしていたのであろう。ただ市川の会議ではピケ要員として参加している。ともかく、石神井会議から、党内には早くもスキ間風が吹きはじめた。その三カ月後の六月五日には、第一次共産党関係者の一斉検挙が行われたのだ。

第三章　『特殊部落一千年史』の衝撃

関東大震災下の大迫害

一九二三（大正十二）年九月一日、マグニチュード七・九の「関東大震災」が発生した。人口密度が高く、古い木造家屋の多い東京府と神奈川県を直撃した。正午前の炊事どきだったので、大火災となった。東京と横浜の両都市の全戸数の約七〇％が焼失し、死者行方不明者は十万五千余名に達した。政府は未曾有の大災害に直面して救助に軍隊・警察を動員したが、特に危惧したのは、震災による大混乱に乗じて、政治に不信を抱く下層の民衆が社会的に騒乱事件を起こすことであった。

一九一八年に発生し軍隊まで出動する大民衆運動となった「米騒動」、翌一九年三月に朝鮮で勃発し二百万人が参加した反日独立運動「三・一独立運動」――この二つの民衆蜂起からまだ数年しか経っていない。しかもその間に労働者・農民・水平社・婦人・学生の各運動は、確実にその基盤を拡大しつつあった。まだ萌芽期であった社会主義運動も、外国の勢力と手を結んで国際的に進出しようとしていた。

その日の夕方から、朝鮮人が放火し井戸に毒を投げ入れているとの噂が流れた。翌二日には「朝鮮人が各地で暴動を起こそうとしている」とデマが流され、東京府下に戒厳令が布かれた。在郷軍人などを中心に自警団がつくられ、各地に検問所が設けられて朝鮮人を狩りたてて検束した。集団的殺害事件も各地で起こり、首都圏を中心に数千人の朝鮮人が虐殺された。

朝鮮人暴動がデマと判明した後でも、朝鮮人迫害を正当化するために、軍部と警察の一部は、その背後には朝鮮民族の独立を支援し煽動した赤色分子がいるとの情報を流した。

三日から五日未明にかけて川合義虎や平沢計七らの労働運動の指導者十名が、騎兵第十三連隊の兵士によって亀戸署で殺された。七日には緊急勅令で「治安維持の為にする罰則に関する件」が公布され、在京の社会主義者が次々に検束された。隅田川東岸の江東地区は、貧しい労働者が集住していたので、労働運動の先進地区であった。十六日にはアナキズム運動のリーダーだった大杉栄・伊藤野枝夫妻らが憲兵隊に拘引されて虐殺された。

朴烈・金子文子に「大逆罪」判決

つまり政府は、大震災をきっかけに、朝鮮人の独立運動と社会主義者の革命運動が結びつくことを極度に警戒した。第一次大戦後は、世界各地の植民地で民族独立運動が盛んになったが、その新しい波が東アジアまで及んできたことがはっきりしてきたのである。

先にみた二二年の極東諸民族大会には五十余名の朝鮮人代表が出席し、「三・一独立運動」後に中国に亡命した指導者の一部は、一九二〇年に上海で高麗共産党を結成していたのであった。

次々に入ってくる新情報を分析した政府は、明治期に制定された治安警察法ではとても対応できないと判断し、新治安立法の制定を急いだ。

そして震災時に保護検束し、最初は治安警察法と爆発物取締罰則違反で起訴していた朴烈・金子文子の両名を、天皇暗殺の意図ありと大逆罪にデッチ上げ、二六年三月に死刑を宣告した。この二人はアナキストで「不《ふ》逞《てい》社」という小サークルで活動していたので、あまり名は知られていなかった。大逆罪の判決に世間は驚いた（翌四月に昭和御大典の恩赦で無期懲役となったが、金子は七月に自死し、朴は敗戦まで二十余年獄中にあった）。

先にみたように、二三年二月に開催された第一次共産党の第二回大会で「綱領草案」が提示され、当面の要求として二十二項目の行動綱領が掲げられた。その中には、外国に対するあらゆる干渉の中止、つまりロシア革命と中国革命への干渉戦争に反対し、日本帝国主義の植民地である朝鮮・台湾・樺太からの軍隊の撤退を要求し、民族の独立と解放を目指す項目が入っていた。

この綱領草案は審議未了となったが、政府は、プロレタリア国際主義の立場から〈植民地解放〉が主張されていることに改めて注目した。

大阪に活動の拠点を移す

さて、高橋と小見山は、大震災後三カ月経った十一月に東京を離れ、大阪の淀川河畔の森小路《もりしょうじ》（現大阪市旭区）に移転した。

第一次共産党の一斉検挙と大震災によって、東京では組織活動の基盤が崩壊してしまっていた。高橋もかねてから水平運動の最前線で働くことを希望していたから、活動の中心である関西へ移ることを決意した。

肺尖カタルという持病を持っている高橋にとって、関西への移住は転地療法でもあった。七月に高輪署に一カ月拘留されたことは前述したが、震災後にも同署に保護検束され、それで一時良くなっていた病状が悪化した。

小見山の回想によれば、何よりも健康の回復が大事と考えて、高橋にはあまり外出させなかった。本を読むか書き物をするか、ともかくゆったりと静養させようとしたが、それでも水平社関係の会合には必ず出かけた。

近くの淀川までよく散歩に出かけたが、辺り一面は黄色い菜の花畑で、かすかに芳香の漂う畑を歩きながら河畔に出て、人影のないのを確かめて二人でインターナショナルを歌った。その頃は革命歌を歌っただけで警察に引っ張られたのである。

二人の生活は小見山の乏しい貯金をはたいてやりくりしていたが、翌二四年二月に小見山が八千代生命に保険勧誘員として就職し、月給五十円が支給されることになった。活動家の女性は、人見知りをしないし、世間のことをよく知っている。それにおしゃべりが得意なので、勧誘員に適していたのである。

その頃の高橋は、全国水平社青年同盟の結成に全力を傾注し、機関紙『選民』（一九二四年創刊）の準備に追われていた。そして旧稿を整理しながら『特殊部落一千年史』の完成稿の仕上げをやっていた。

東京の仲間とも手紙でよくやりとりしていたが、第一次共産党壊滅後の合法的な研究雑誌として『マルクス主義』を発刊するためであった。編集発行人は親友の西雅雄がなり、共産党が二四年二月に解党した際に設けた「ビューロー」によって発行された。高橋はその創刊の五月号に「日本帝国主義の発展」を書き、同年七月号ではローザ・ルクセンブルクの『資本蓄積論』を紹介し、九月号には「国家に関する一断片」を寄稿している。

堺の舳松部落へ移る

二四年五月、森小路から大阪府泉北郡の舳松村《へのまつ》（現堺市協和町）に転居した。高橋のために住居を世話したのは泉野利喜蔵（一九〇二～四四）であった。

舳松は、中世から自由貿易港として栄えた堺に隣接している。歴史的な由緒をもつ被差別部落で、戸数も多く地場産業も盛んであった。その地に生まれた泉野は、早くから地元青年グループ「一誠会」を組織し、独学で関西大学の夜間部に進んで解放運動のリーダーとなっていた。

小見山の回想では転居の理由は三つあった。第一は高橋の病状が目に見えて良くなってきたが、根本的に治療するためには、どうしても病院に通院しなければならなかった。獣毛で作るブラシ工場の親方に泉野が話を付けてくれて、その世話で毎週病院に通うことになった。

第二は、二三年十一月に大阪府南河内郡向野《むかいの》（現羽曳野市向野）で全国水平社青年同盟が結成され、高橋は中央委員に選出され、運動の最前線で活動することになったので、運動拠点の一つであったこの部落に移ることにしたのである。

もう一つは、大阪と奈良を中心に、和歌山や兵庫からも有為の青年を集めて定期的な勉強会をやる計画を立てていたが、森小路の家は狭くてどうにもならなかった。

余談になるが、この舳松で育ったのが、映画や舞台の「王将」で有名な将棋の坂田三吉である。貧しい草履表作りの家に生まれ、小学校へも通えなかったので字が読めなかった。少年時代から将棋が強く、賭将棋で家計を助けたが、彼が世に出るために力を尽くしたのが、泉野利喜蔵だった。坂田が東京で花田八段と対局した時は、泉野の依頼で松本治一郎が立会人となった（『反骨の棋士　阪田三吉』舳松歴史資料館、一九九八年）。私の推測だが、高橋の病気を診たのは、坂田ファンの医者だったのではないか。そのおかげで目に見えて回復してきた。

若い世代の育成

その舳松の新居に親友の林房雄がやってきた。次のような回想記を残している（「高橋貞樹君のこと」前掲）。

「学生連合会」の用事で、大阪に行ったついでに立ち寄ったのであるが、材木は新しいが、壁もろくに塗れていない長屋作りの一軒に、彼は新妻の小見山女史と一緒に住んでいた。多分二十一か二の年であったろう。早い結婚である。結婚が早いだけなら、別に驚くこともないのであるが、驚くべきことは彼の人物としての成長の早さである。（中略）

学生時代の彼、大森時代の彼には、「狷介《けんかい》人を容れず」というような性格の面が確かにあった。山川均氏も、仲間と和せぬ彼のこの点を屡々指摘し、同志のものも、彼の鋭い才能を充分に認めながらも、「なにしろ高橋は天才だから困るよ」と苦笑し合っていたものである。

が、それから、数年と経たぬ大阪時代の彼は、すでに寛厚にして温容をそなえた指導者であった。はるかに年上の小見山女史も、彼の前では小娘に見えたのであるが、堺市外の彼の家に集まる、水平社、組合、青年同盟の幹部諸君、そして勿論僕も、彼にくらべるとはるかな後輩にみえるのであった。

さて、〈全国水平社青年同盟〉が大阪で結成されたのは、一二三年十一月である。同盟の中央委員長には松田喜一、中央委員には木村京太郎、岸野重春、中村甚哉《じんさい》、本田伊八らの水平社創立いらい解放運動の先頭に立っている有為の青年たちが名を連らね、高橋も委員の一員となる。

同盟の組織は、翌年三月には千余名となり、機関紙『選民』も三千部を発行するまでに発展する。この全水青年同盟は、各戦線にさきがけて結成された最初の全国的青年組織であったことも忘れてはならない。当時の状況については、木村京太郎の回想記に詳しいが、その一節を引いておこう。

当時私たちは毎週一回、高橋君宅で研究会を持ち、同君からマルクスの唯物史観、エンゲルスの『空想より科学へ』、『家族・私有財産・国家の起源』、レーニン『国家と革命』などの本をテキストにして勉強した。それらの本は当時まだ公刊されておらず……高橋君はドイツ語の原書を直訳して講座をしてくれた。この研究会には、中村、松田、岸野、泉野君らの外に地元紬松の青年諸君が参加して熱心に話しあった。……富恵夫人は、高橋君の口述をノートし、それがそのまま立派な文章になっているので、私たちはそのノートを筆写して、他の研究会でのテキストに使用して、盛んに受売りをやったものである。

（木村京太郎『水平社運動の思い出』部落問題研究所、一九六八年）

親しく付き合った人たち

「高橋さんは三十年の短い人生ですが、その生き方というか、生涯を通じて最も影響を受けた人は誰ですか」と富恵夫人に質問したことがある。しばらく考えて次のように答えられた。

「やはり山川均、佐野学のお二人でしょう。このお二人に出会わなかったら革命運動に飛び込むこともなく、たぶん歴史の研究者か未来派の絵描きになっていた。高橋は口が堅いから、他者の評価をベラベラしゃべるような人ではなかった。それでも傍《そば》で見ていたら分かるのね、このお二人を学問上の師匠として考えていたことは――。それに実直で律儀な性格だったから、ずっと筋を通したのね。（お二人の）書かれたものは、パンフ類でも必ず目を通していました。

それから親友としては中学校の先輩で同じくマルクス主義への道を歩んだ林房雄、それにやはり同郷人で一緒にモスクワに留学し、帰国してからも共に苦闘した佐野博――この二人は本音で何でも話し合える肝胆相照《かんたんあいて》らす友でしたよ」

「一九二三年の十一月から二六年の四月まで約二年半ですが、その間は大阪に居を移して水平社運動を中心に活動された。その間親しく付き合われた方は誰ですか」との問いに、

「奈良県のお宅にいつも泊めていただいて大変お世話になった阪本清一郎さん、それに堺の舳松《へのまつ》で公私ともに面倒を見てくださった泉野利喜蔵さん。このお二人はいくらか年長なのでいわば兄貴分ね。何かにつけて頼りにしていましたよ。

ほぼ同年配の仲間としては木村京太郎さんと中村甚哉さん。このお二人が水平社の本部員として苦難の創成期を支えられたんでしょう。よく家に来られましたが、運動費や通信費もない。電車賃がなくて歩いてこられたこともありましたよ。お二人とも奈良の田舎育ちで生真面目《きまじめ》、それに勉強好きで文才があって、高橋とはウマがあうのか、やってこられるといつも遅くまでよく話し込んでいましたよ」

『一千年史』を書いた時も、この二人には大変世話になったそうだ。第二編は「特殊部落の現在と水平運動」と題して、差別事件の実例が数多く紹介されているが、本部にいた二人の協力で各地から送られてくる資料をまとめることができた。その頃高橋は体の調子が悪くて、「校正もこのお二人にお願いしたんですよ」とおっしゃっていた。

執筆の動機について

『一千年史』が発刊されたのは、舳松の部落へ移った二カ月後である。泉野利喜蔵の尽力で有為の青年

たちを集めて、定期的な研究会を開き始めた時だったので、ちょうどタイミングもよく、みな熱心に読んだ。

参考文献として五十点の史料が巻末に掲げられているが、日本史研究の基礎文献がほとんど網羅されていて、そのうちの賤民史に関わる部分を読むだけでも大変な作業である。富恵夫人の回想によれば、重要と思われる箇所をノートに書き写していた。最初は一冊の書物にまとめる構想はなかった。

ともかく高橋は、日常の物事についてはきわめて鷹揚《おうよう》で、のんびり構えていた。しかし学問についてはとても丹念で几帳面だった。それでテーマごとに、何冊も「研究ノート」なるものを作っていた。林房雄の回想にあるように、将来は唯物史観の立場から新しい日本史をまとめたいと考えていたのである。

それが佐野学をはじめ周りの人びとから、折角のノートだから自分の見解も入れて、部落史の通史的なものとしてなんとか一冊にまとめたらどうかと勧められた。

つまり、最初は自分の勉強のためのノートから出発したのだ。そして水平社に関わるようになってからいろいろ書いた物を併せて、一冊に編集すれば立派な啓蒙書になる、その頃は上級学校まで進んで歴史を学んだ者は、ほんの一握りだった。史料をまとめて学ぶことのできなかった若者たちに、役立つ本になるのではないか、研究会のテキストとしても使えるのではないかと考えた。

その当時の部落史研究

部落出身の有為の青年たちが自主解放のために決起する機運がようやく盛り上がってきたのだが、自分たちがなぜ差別されるようになったのか、それはいつ頃からで、当時の社会の仕組みはどうなっていたのか。そういう問題を解明する手頃な入門書はなかった。自分たちの先祖の由緒と賤視されていた人びとの生活や民俗をわかりやすく解き明かす歴史の書は、全く出ていなかったのである。

戦前の歴史学界では、古代→中世→近世へと展開する日本の歴史において、差別されてきた賤民を対象とした研究そのものが、まことに微々たるものであった。一九一九年から発刊された個人誌『民族と歴史』（のち『社会史研究』と改題）を中心に、まとまった研究を発表した喜田《きた》貞吉《さだきち》のほかは、法制史や経済史の領域で、久米邦武、三浦周行《ひろゆき》、滝川政次郎、中田薫、佐野学などの論文が専門的な研究誌に散発的に発表された程度であった。部落出身者としては、柳瀬勁介の『社会外の社会・穢多非人』という先駆的な仕事があったが、これは高橋も参照している。

あとは民俗学の分野で、柳田國男、折口信夫、菊池山哉《さんさい》の業績が目立つが、いずれも発表当時はほとんど注目されず、学界やジャーナリズムで大きな話題になることもなかった。歴史民俗学の立場からの開拓者的論文として評価される柳田の「所謂《いわゆる》特殊部落ノ種類」（『国家学会雑誌』第二七巻第五号、一九一三年）にしても、注目されるようになったのは一九六〇年代に入ってからであった。発表時には全く話題にもなっていない。

賤民史と深い関係がある芸能史の分野でも、岩橋小弥太、能勢朝次、黒木勘蔵、森本義彰などの先進的研究がなされたが、それらの労作でも、遊芸民にまつわる卑賤観の問題、たとえば新春の千秋《せんず》萬歳《まんざい》などの祝福除災の門付芸がもっていた両義性、すなわち《ケガレ―キヨメ》にまつわる呪術性については、深く踏み込まれていなかった。それが注目されるようになったのは、やはり戦後も六〇年代に入って文化人類学が興隆してからである。

当時は発掘されていた地域史料も、まだ数が少なかった。言論・研究の自由が抑圧されていた天皇制警察機構の時代では、学問的な歴史研究でもたえず官憲の監視下におかれていた。サークルをつくって同人誌を発刊し、研究会・討論会を重ねることもままならぬ状況だった。有志が集まって活発な論議を繰り広げて、学問研究を深化させることもできなかった。

大きな反響を呼んだ『一千年史』

一九六八年に、『一千年史』の復刻版（世界文庫）が出たが、その編集と解説を担当したのは木村京太郎である。

その解説によれば、「（初版の）出版の当時、私は京都にあった全国水平社連盟本部勤めをしていたので、同僚の中村甚哉君と共にこの校正などを手伝い、本書が世に出るのをわがことのように待望し、非常な感激をもって迎えたが、不幸にして発行と同時に発売を禁止された。発禁後、訂正削除して再刊されたが、これまた発禁、三たび書き変え伏字等をなくして、名を『特殊部落史』と改め、辛うじて世に送ることができた」とある。

今、私の手元に『特殊部落史』の第五版がある。原版の重要な箇所があちこち無惨に削除されている。その五版の奥付には次のように部数が明記してある。

大正十三年五月発行（発売禁止）（一―二〇〇〇）
大正十三年十月再版（改訂版）（二〇〇〇―四〇〇〇）
大正十三年十一月三版（四〇〇〇―五〇〇〇）
大正十四年三月四版（五〇〇〇―六〇〇〇）
大正十四年十一月五版（六〇〇〇―八〇〇〇）

その後どれだけ版を重ねたのか不明であるが、一万部は超えたであろう。無名の新人の書で、日本史のオモテ舞台には出てこない被差別民を主題とした歴史書にしてはよく売れている。当時としてはベストセラーの部類に数えられるだろう。なぜ、そんなに多くの人びとに読まれたのだろうか。その理由を私なりに考えると、次の三点を挙げることができる。

（一）日本の被差別民史に関する本格的研究は、大正デモクラシー運動が活発になる一九一〇年代に入って、柳田國男と喜田貞吉を嚆矢《こうし》としてポツポツと発表され始めていた。だが、いずれも中世か近世の個別分野研究の水準にとどまっていて、賤民史全体を見通しながら現代の水平社結成に及ぶ体系的な著述は出ていなかった。本書は粗削りではあったが、最初の通史であった。

（二）十九歳の青年が著した気鋭の処女作として評判になった。序文にあるように、喜田貞吉・三浦周行・佐野学などの先学者の業績に導かれたものではあったが、当時としてはできる限りの資料を集め、全アジア的視座のもとに「部落差別の歴史的な根源」に迫ろうとした意欲作である。この問題についでは後述するが、その頃めざましい進歩をとげていた自然人類学の成果を採り入れて、日本民族成立論を第二章に据えたその理論構成にもオリジナリティがある。若さゆえに気負ってはいるが、ダイナミックで精気溢れる文体は、そのイメージ喚起力の豊かさとあいまって、多くの読者を魅了したのであろう。

（三）本書の白眉は、水平社創立に至る先覚者たちの苦闘をたどりながら、その組織結成の必然性と、水平運動の目指す「人類最高の完成を期す」という高い理念を説いた第二編にある。言語に絶する差別と抑圧の中で、自分たちの苦しみを告げる所の無い〈無告《むこく》の民〉として虐げられてきた部落民の解放を希求する著者の熱情は、部落問題について無知であった多くの読者に深い感銘を与えた。

つまりこの書は、被差別民の社会史を素描した「歴史の書」として読まれただけではなく、虐げられてきたすべての人びとの解放を目ざす「運動の書」として、そしてまた、激動する社会の只中にあって、自分はいかに生きるべきかを自らに問う「人間の書」として広く読まれたのであった。

特に『特殊部落一千年史』が戦前の運動家に強い衝撃を与えていることは、すでに引用した次のような証言にみられた。その当時は、左翼思想に傾倒していた者でも部落差別については無知であった。

高橋とはまだ大森の山川均の下に出入りしている頃会っているが、その頃の彼は、絣の着物を着てまだ子供っぽいところがあった。しかしモスコーへ来た時の彼は見違える程大人に成っていた。それも当然と云えば当然であった。彼は水平社運動に飛び込んで大いに揉まれたからだ。彼の『特殊部落一千年史』を読む者は彼の情熱に動かされずにはいられなかった。私はその本が発売禁止になる前に渋谷道玄坂の本屋で求めたが、巻をおく能わぬほどの感激を受けた。特殊部落の歴史とそれの解放運動の現状と方向がこの本によって明らかにされた。この面における彼の功績は不滅のものであろう。

（風間丈吉『モスコー・共産大学の思ひ出』三元社、一九四九年）

これは当時一労働者として「東洋勤労者共産主義大学」（クートベ）に在学していた風間丈吉の回想である。彼は帰国後、いわゆる非常時共産党時代の党中央委員長となった人物で、私が戦後に巣鴨の駅前で出会って論争したことは、すでに触れた。

「新しい若い世代」の出現

一九二二年に全国水平社は設立されたが、当時大阪時事新報社会部長だった難波英夫（一八八八〜一九七二）は、それ以来ずっとひとりのジャーナリストとして部落解放運動を側面から支援してきた。堺の舳松《へのまつ》で開かれていた研究会にもよく出席したが、次のように回想している。

そこで私は全く新しい世界を見たのでした。ここでの研究は、私が今までやっていた勉強法とは全く別のものでした。（中略）彼らは唯物史観の上に立って、日本の歴史も世界の歴史も見直していたのです。（中略）もう一つ私の心をうったのは、この青年たちが、一人のこらず月二十銭の会費をちゃんと納め、支部県連合会の組織をかため、『量から質へ』の合言葉で学習と訓練に励んでいることでありました。

（「『選民』の印象」『部落問題文献ニュース』）

研究会の中心は前記の全国水平社青年同盟のメンバーだった。その当時の高橋貞樹は若手の理論指導を担当していたので、青年同盟の機関紙『選民』の巻頭論文を毎号執筆しながら、各地の研究会に顔を出して若い活動家の育成に力を注いでいた。

大正前期の「冬の時代」の頃は、大逆事件の直後の閉塞状況の中で、進歩的な青年たちの表情はおしなべて暗かった。サークルや研究会なども影をひそめていた。

それが大正後期に入って、落ち込んでいた青年層から新たな気運が噴出してきたのである。そのことについては後で述べるが、社会経済の根底で、構造的変動が進行し、その結果として青年の生き方や意識が大きく変動してきたのだ。大正デモクラシー運動をはじめとして、明治期とは大きく異なる社会環境のもとで育った「新世代」が誕生してきたのだ。具体的にどのようなものであったのか。ここではもう一つ若者たちの研究会を紹介しておこう。

次の回想記は、私が小島克己さんから聞いた話で、聞き取りは一九七七年二月に行った。高橋より一歳年下だった小島さんは、その頃大阪外国語学校（現大阪大学外国語学部）の学生で、社会科学研究会のメンバーだった。たまたまその研究会の講師としてやってきたのが高橋貞樹だった。

その当時の大阪外語は、関西では京大に次いで多くの活動家を輩出した。欧米を中心に外国文化を学んでいたので、海外の最新情報にみな関心を持ち、新刊の総合雑誌には必ず目を通していた。したがって記紀神話を背骨に天皇を「現人神《あらひとがみ》」とするナショナリズム国家・日本、そんな思想風土に違和感を覚える進歩派学生が少なくなかった。

しかしこの外語社会科学研究会も、二六年一月に京大学連事件のとばっちりを受けてメンバーの多くが放校処分となり、研究会も壊滅状態となった。その直前まで高橋が講師としてやってきて、よく指導してくれた。その後一九三〇年代に入って、関西方面の共産党やその周辺で活躍した黒川健三、久本興次郎、磯崎巌、原田耕、服部敏夫らは、いずれも外語社研のメンバーであり、小島はその中では若手であった。このうち磯崎は伊東三郎のペンネームで農民運動の指導者となって再三投獄され、戦後も運動の最前線で活躍し、エスペラント普及運動でも多くの業績を残した。

大阪外語の社研を指導する

ところで高橋・小見山夫妻は、堺の舳松部落で約一年過ごしたが、一九二五（大正一四）年春に、大阪市内の天王寺町鶴ヶ崎に転居した。体の調子が良くなり定期的に病院へ通わなくても大丈夫と言われたので、当時の省線今宮駅の側にあった水平社本部に近い所に引っ越したのだ。

外語の社研メンバーは十人ほどだったが、研究会は週一回のペースできっちりやった。高橋は翌二六年四月に密出国して上海経路でモスクワに留学するのだが、その直前まで小島は高橋と親しくしていた。小島は英語が得意だったので、高橋に新聞や雑誌の翻訳などをよく頼まれていた。小見山は山辺健太郎の姉の節子と仲が良く一緒に英語を習いたいと言うので、天王寺町の家まで家庭教師に出向いていた。そんな長い期間ではなかったが、高橋・小見山の家に出入りし親しく付き合った数少ない貴重な証言者なのだ。

――高橋さんは一口で言って、どんな人柄でしたか。

「謹厳実直というか、いつも会議が始まる前にやってきて着座してましてね。テキストを開いて準備している。それでいて、教えるときは兄貴のように優しく、実に要領のいい教え方でしたね。労働組合や水平社の若者を連れてきたこともありました。山辺健太郎や佐川忠一もやってきて一緒に勉強した。テキストはマルクスやレーニンの入門書ですよ。だけど原理論だけではなくて、日本資本主義が直面しているいろんな問題点も教材にしました。その資料もちゃんと用意してね。比喩がとてもうまくて、具体的な事例をいろいろ入れて、それこそ噛んで含めるように教えてくれました。私らとはほとんど同年配なんですけど、学問を離れた場では悠々と落ち着いていて、とても大人《たいじん》に見えましたよ」

西浜の部落に連れて行ってもらった

――『一千年史』が出て評判になった頃でしょう。その著者が、この少人数の研究会の講師としてやってきてくれた。その第一印象はどうでしたか。

「実を言うと、最初に研究会にやってきたときには、その講師が高橋さんであることは教えられなかったし、みな知らなかった。いろんな人がオルグやチューターとしてやってくるんですが、当時のルールで運動に関わる時はみなペンネームで本名は名乗らないし、何をやっているかもしゃべらない。それで私らもたぶん京大社研の上級生だろうと思っていたのですが、どこからか漏れて『一千年史』の著者であることがしばらく経って分かった。たぶん山辺健太郎さんから聞いたんでしょう。それからは水平社関連の話もやってもらい、こちらも『選民』の発送など、いろんな仕事を積極的に手伝うようになったのです」

――しゃべり方はどうでした。

「雄弁なアジテーターではなかったが、わかりやすくて明晰なシャベクリでしたね。難しい言葉をやたら並べて理論家ぶる学者がいるでしょう。そういうところは全くなかった。西日本の皮革産業の中心地だった渡辺村――その頃は「西浜」と呼んでいましたが、そこに連れて行ってもらいました。

それからよく覚えているのは、『選民』の発送の手伝いに行ったことです。水平社本部に近い空き家で、電灯線も切られとったから、暗闇の中でロウソクの明かりで作業をやった。水平社の若手と一緒にいつも十数人でやりました。誰かが「革命前夜のような雰囲気やなあ」と言うと、みな大声で笑った。そしたら高橋さんに「そんな甘っちょろいことを言うとる場合じゃない」としかられました」

高橋節にみなしびれる

それから私は、「この文章は三田村四郎と結婚して生涯苦労を共にした九津見房子さんの回想記なんですが」と一冊の本を見せた。若い頃の高橋・小見山夫妻について次のように書かれている。

高橋貞樹さんと結婚した小見山富恵さんはあでやかな人でした。『女性改造』の記者でしたが、高橋さんについて大阪へ来て、八千代生命の保険の外交をやっていて、大変成績をあげたといいます。高橋さんも一橋出の、これもまた苦み走った美青年で、部落解放運動をやっていて、水平運動について書いた論文を読んで、みんなで泣いたのをおぼえています。煽動的な文章で、あのころはみんな注目しましたね。

（牧瀬菊枝編『九津見房子の暦』思想の科学社、一九七五年）

「その通りですね。小見山さんはなかなかモダンで、なまめかしいというか、色気があった。私はよく家へ寄せてもらったが、二人は仲がよく、見ていて妬《や》けましたね。だけど高橋が苦み走った美青年というのは、ちょっと言い過ぎですね（笑）。意志力の強そうな男性的な魅力は確かにあったが、分厚いめがねをかけていた。

二階建ての小さな借家だったが、本がたくさんあってよく借りて読みました。洋書も多かったですよ。英語とドイツ語が上手で、フランス語も読めました。ロシア語は勉強中とのことでした。高橋さんが『世界の資本主義戦』（白揚社、一九二五年）を出される時、あの本は外国の研究者のいくつかの論文を編集した本なのですが、私もその一部の下訳を依頼されました。ここに持ってきたこの本は、それができあがって出版された時に、高橋さんから手渡された現物ですよ」

――『一千年史』は、みなさん熱心に読んでおられましたか。

「私らが読んだのは改訂版ですが、みな感激してましたよ。高橋さんの文章のうまさにみないかれてました。あの独特のリズム感とパンチ力――当代の若手では随一の名文家でしょう。誰か高橋節と名付けていましたね。

社研のメンバーでも、その当時は部落問題の歴史なんか知りませんでした。いや、部落に入ったことのある者もいません。そのことが研究会で話題になって、それで西浜に連れて行ってもらったのです」

――それで高橋さんが、モスクワに出かけるという話は、もちろんみな知らなかったわけでしょう。

「ええ、何のテキストか忘れましたが、一区切りついた時から姿を見せなくなった。私は天王寺町の家まで家庭教師に通っていたから、家でよく顔を合わせたが、そこでも見なくなった。東京かどこかへ出かけていると思っていたんですが、ある時に小見山さんから果物籠を持ってきてほしいと頼まれた。高橋さんが寝込んでいて、その病気見舞いということで――。ああ、これは長期不在のカモフラージュだとすぐ分かった。

門前にはいつも警察の張り込みがいて、それが何の用かと訊ねる。家から出てくると高橋の状況を尋問される。こちらは、やはり具合が悪いようで寝込んでいますよと答える。そういう具合に果物籠を三回ほど買っていった記憶があります」

――どこへ行っているか、小見山さんからも聞いてないんでしょう。

「もちろん小見山さんもしゃべりません。これは国内ではなくて外国へ行っているんだなと直感した。その当時は朝鮮の衡平社と水平社の交流の話がよく出ていましたから、釜山か京城（現ソウル）に行っているんじゃないかと――。モスクワに行っていると聞いたのは、ずっと後からですよ」

『一千年史』が靴になった話

小見山さんからいろんなエピソードを聞いたが、ここでは『一千年史』にまつわるこぼれ話を一つ紹介しておこう。あの本が出て三〇〇円だったか稿料が入った。当時の三〇〇円は、定収入のない高橋にとっては虎の子だった。小見山さんが保険会社の外交員をして、家庭生活を支えていた。高橋はあちこちオルグに走り回っていたが、もちろんまとまった収入は何もない。高橋はその原稿料で高価な原書を何冊か買うのを楽しみにしてメモ書きしていた。ご飯を食べながらでも、ドイツ語やロシア語の原書を読んでいるほどの勉強好きだった。

ところがある日、靴屋をやっている水平社の活動家の弟がやってきた。彼は運動をやっていなくてテキ屋か何かやっていたのだが、うまいこと口車に乗せられてその虎の子の三〇〇円を持って行かれてしまった。高橋さんに貸してもらう約束をしていると言って――。

高橋が帰ってきたのでその話をすると、約束したというのは全くデタラメで、だまされたのだった。高橋は一瞬残念そうな顔をしたが、すぐに普段の表情に戻って、一言も愚痴をこぼさなかった。小見山さんの話では、高橋が他人の悪口を言うのは全く聞いたことがなかったそうである。

この話には後日譚がある。その話を聞いた活動家であるその兄がやってきて両手をついて懸命に詫びた。だけれど弁償するゼニが手元にないので、せめてもの償いにと、高橋夫妻のために靴を造って「これで勘弁して下さい」と持ってきた。最高級の牛革で精一杯手間をかけて造った立派な靴だった。高橋は履き心地のよいその靴を大事に愛用した。

――その靴を履いてモスクワへ行かれたわけですか。

「そうね、それから靴を新調しなかったから、そういうことになるわね。何年も大事に履いていましたよ」

「水平社」発足時の問題点

一九二三年秋から、モスクワに留学する二六年春までの約三年間、高橋貞樹は大阪を中心に活動をつづけた。実践面では、第一に「全国水平社青年同盟」を基盤としての初期水平運動の革新、すなわち〝第二期〟への進展、第二に政治研究会や無産政党組織準備委員会による無産政党結成への取り組み、第三に各地で澎湃《ほうはい》として起こってきた青年運動を統一して「全日本無産青年同盟」の結成をはかる――この三つの分野で活動を展開した。

理論面では、部落解放理論のテキストとしての『特殊部落一千年史』を完成すると、新たに発刊された理論誌『マルクス主義』を中心として帝国主義論研究、世界各地の少数民族問題と、植民地の民族独立闘争について論考を重ねた。さらに各地で結成されつつあった〈労・農・水〉の青年運動を全国組織に一本化するための運動にも力を入れた。そのために高橋は多くの論文を書いたが、特にパンフ『無産青年運動』（労働問題研究所、一九二五年）は版を重ねよく読まれた。

二二年三月、全国水平社は綱領・宣言・決議を採択して発足したが、「則」（規約七カ条）に示されるように、全国的に展開される社会運動体としての組織体制はまだ整備されていなかった。

本部役員、地方委員、全国大会など組織の根幹が定められたが、各地水平社は綱領・決議・宣言に基づいて自由に行動するとされ、各府県水平社の規約は任意とした。加盟した同人の権利・義務については何も規定されていない。運動にとって重要な財政についても明記されていない。

このごく簡単な「則」だけでは、対政府闘争を中心に広汎な諸課題に取り組まねばならぬ全国組織としては十分に対応できなかった。高邁な理念を掲げた綱領・宣言は、長年にわたって迫害されてきた被差別の少数派集団としては画期的なものであった。だが、それが基本方針に据えられたとしても、政治経済、文化教育の各分野におけるさまざまな実践的課題を一つ一つ具体的に解決していくためには、より精密な運動方針の立案が差し迫った急務だった。

決議三項目はいかに実践されたか

さて全国水平社の基本的運動方針決議は、次の三項目であった。

一、吾々ニ対シ穢多及ヒ特殊部落民等ノ言行ニヨッテ侮辱ノ意志ヲ表示シタル時ハ徹底的糾弾ヲ為ス
一、全国水平社京都本部ニ於テ我等団結ノ統一ヲ図ル為メ月刊雑誌『水平』ヲ発行ス
一、部落民ノ絶対多数ヲ門信徒トスル東西両本願寺ガ此際我々ノ運動ニ対シテ抱蔵スル赤裸々ナル意見ヲ聴取シ其ノ回答ニヨリ機宜ノ行動ヲトルコト

この決議はほぼその通り実行に移されたが、いくつかの問題点がすぐ見えてきた。糾弾闘争は一挙に激増した。その多くは「エタ」「新平（新平民）」「特殊部落」などの発言や、指四本で部落を表示する、あるいは「ヨツ」と呼んで露骨に差別する行為に対してであった。それまで部落民が自ら卑下し、言い知れぬ怒りを覚えながらも黙って見過ごしてきたのだった。糾弾闘争が実行に移されると同時に「差別的言行」が一挙に顕在化してきたのだ。しかも小学校などの教育現場に多発した。最初の一年間は三百十六件であったが、次年度からは一千件を超えた。

だが糾弾の方法については統一的見解が出されないままに各地でバラバラに対応したので、改めて第二回大会で論議された。言論によって差別的言動の解決をはかる方針でほぼ一致したが、直接行動に訴えるべきだという見解も少なくなかった。そして二三年には奈良の「水国争闘」をはじめ約十五件の糾弾が刑事事件に問われ、運動の発展に大きな打撃を与えた。糾弾そのものを否定する声はあがらなかったが、差別が発生する社会的基礎を見据えての新しい闘争形態の模索が課題となってきた。

決議第二項の『水平』の発行は、財政上の行き詰まりから二号で停止した。財政についての組織的基盤の未整備がはっきり露呈してきたのであった。

第三項については、創立大会の翌日に選出された中央委員が東西両本願寺を訪れて意見を問うた。表向きは水平運動への「理解」を表明したが、教団内における堂班《どうはん》制などの仏教徒としては考えられないような家父長的な差別的体制についての改革の意志は全くなかった。そこで本部としては募財拒否の運動方針を提起して批判闘争を強めたが、両本願寺は内務省が推進する融和運動と連携しながら、水平社からの批判を無視した。

結局第三回大会以降は、運動は急速に衰退していったのだが、親鸞の革命的教説と全くかけ離れて幕府の統治機構に組み込まれた江戸時代以来の、両本願寺の体制順応的な保守的体質を変革することはできなかった。そのためには何よりもまず部落大衆の宗教的信仰の根源に問いかけ、部落差別の起源・歴史・実態を広く明らかにする教化啓蒙を先行させること、つまり部落民ひとりひとりの思想的な覚醒を促して、各部落における大衆運動の主体形成から始めねばならなかった。

「アナキイ的思想」をめぐって

なぜそうなったのか、いくつかの理由が考えられる。

第一は有志の発起人で、運動方針と組織体制を十分に具体化するまで、綿密に討議する時間がなかったこと。発足の熱意が溢れるままに組織結成が加速化されたこと。そして当初に想定されていた組織規模をはるかに上回って、水平社運動が国政上でもジャーナリズムでも看過できぬ運動として一挙に全国化したこと。

第二は、長年にわたる社会的な差別によって、約六千もあった全国各地の部落の相互のネットワークが、ほとんどなかったこと。皮革製造や履物業、竹細工など部落固有の産業領域を除いて日頃の交流や流通がほとんどなかったこと。中学・高校・専門学校へ進学し市民社会の第一線で活躍する者が増えればこの隘路を切り拓くこともできたが、上級学校へ進み得た者はごく少数だった。したがって部落《ムラ》から外へ出て相互に交流を深め意見を交換する機会もなかったので、自分が住んでいる部落《ムラ》の外には友人がいなかった。全国水平社が結成されても、その組織を点から線へと深化拡大するには大変な努力と時間を必要とした。

第三は、発足時の同人の間に、中央集権的な組織に対する、すなわち「上から支配される」ということに対して本能的ともいうべき警戒感があった。それは国家の制定した身分制によって長年にわたって差別され、維新後も市民社会から疎外されてきたところから発したもので、〈反・権力〉の意識は、そのまま〈反・組織〉の感覚に連なっていたのである。

平野小剣はその当時の状況を、「規約は不必要だと云ふ人が多かつたほどそれほど相互の心が密着し、そしてアナキイ的思想が濃厚に創立者の人々を動かしてゐた」と回想している（「水平運動に走るまで」『同愛』第三五号、一九二六年六月）。その「アナキイ」的思想とはどういうものだったのか。

その当時は、社会運動の組織理念としては、アナ派では「個人の意志に基づく自由な連合」が理想とされ、ボル派では「中央集権的な組織による強固な団結」が対権力闘争の必須の課題とされていたのである。そして初期の水平社では、こむずかしい理屈は抜きにして、アナ派に心情的に共鳴するものが多かった。

もっとはっきり言えば、水平社創立時の同人たちが思想体系としてのアナキズムに深い影響を受けていたと言うよりは、大杉栄と荒畑寒村の『近代思想』を中心とした一連の新思潮運動に大きい関心を抱いていたのであった。西光万吉、阪本清一郎の二人は、上京していた若い頃に、大杉栄のところへ出入りしていたことがあった。平野小剣が働いていた信友会など、その頃で最も先進的だった印刷工組合は大杉の活動の最大の基盤であった。水平社成立の前史時代、すなわち一九一〇年代は、アナ・ボル対立はまだ先鋭ではなく、後述するように大杉にしても堺利彦らと親しく交遊しロシア共産党の動向を注視していたのである。

『近代思想』の先駆性

明治後期の初期社会主義運動は、幸徳秋水らの硬派と呼ばれた「直接行動」派と、田添鉄二らのいわゆる軟派の「議会政策」派に分裂した。大逆事件後の「冬の時代」、幸徳らの硬派の流れを受け継いだのが一九一二（大正元）年に大杉栄と荒畑によって発刊された『近代思想』であった。

幸徳らが死刑に処せられた一年半後であり、明治天皇が死去し大正と改元された二カ月後であった。弾圧を避けるために文芸雑誌という体裁をとりながら、勇敢にも〈反逆〉と〈解放〉の火の手をあげたのである。

その頃、後にボル派のリーダーとなる堺利彦・山川均らは、まだ鳴りをひそめ、一四年に『へちまの花』と題する小さな風刺的雑誌を発行するにとどまっていた。一五年には『新社会』として新時代らしく改題するが、故郷の岡山に引っ込んでいた山川が論壇に再び姿を現すのはその年からである。

堺は売文社の看板を出して文章代作の仕事でなんとか生活を維持し、「隠忍して時機を待つ」方針であった。しかし血の気の多い二十代の大杉と荒畑は「時機はむしろ自らの手で作るべきだ」という主張だった。一四年には大杉と荒畑は月刊『平民新聞』、さらに一八年には『労働新聞』、大杉は翌一九年に第一次『労働運動』を創刊し、文芸運動からさらに進み出て労働者の決起と団結を呼びかけた。この年に堺と山川はようやく『社会主義研究』を創刊し、マルクス主義の旗印の下にボル派としての旗幟を初めて鮮明にした。

大杉栄と荒畑寒村

このようにみてみると、明治期社会主義者によってはぐくまれた革命的情熱を継承し、他の主義者に先駆けて運動の再生、いや新生へと踏み込んでいったのは大杉と荒畑であった。

まだ嵐の静まらぬさなかに先頭を切って突っ走るこの二人を、堺利彦らのボル派になる連中も傍観していることができなかったのであろう、堺も毎号のように寄稿している。創刊号には「大杉と荒畑」と題する興味深い人物評を寄せている。その一文を簡単に紹介しておこう。

「年は大杉が二十八、荒畑が二十六、丁度新しい仕事をはじめるのにふさわしい年格好である」と切り出す（大杉は明治十八年生まれ、堺は明治三年の生まれだから十五歳も若かった）。大杉は陸軍幼年学校を中退し、軍人教育を受けかけた後に東京外語に転じたので、外国語をよくこなし数カ国語でドモリながら演説する。その文は「直截簡明、理義透徹、正々堂々」たるものである。「大胆、強情、押の強い男」であるが、「愛嬌もあり、イヂらしいところもある」。

横浜の遊郭に育ち小学校しか出ていない荒畑は、「涙もろい、激し易い、詩人肌の男」である。獄中で英語と露語を独習し原書が読める。「才気縦横、奇抜にして巧緻、天成の文人」である。情にまかせてやる路傍演説は「ホレボレするほど名調子」である。
風采は「大杉は白皙《はくせき》長身のハイカラで、洋服もネクタイもすこぶる渋く凝っている」。荒畑は「その目と眉はすこぶる婦人の心をひくに足る」が、服装はいつも「薄汚いナリ」をしている（今見ても二人とも大正期モダン青年を代表する好男子である）。
大杉はクロポトキンのアナキズムから出発しながら、フランスのサンディカリズムの手法を学び、さらにM・シュティルナーのあらゆる外的権威を排してもっぱら自我に拠る個人主義に傾倒した。そして自我の解放と社会革命を結合する「独特のアナルコ・サンディカリズム」を説いていた。

「自我の解放」「自由連合」「奴隷根性からの脱却」

大杉が心血を注いで書いた毎号の論文は、暗い時代の閉塞状況に苦悩する青年たちに衝撃を与えた。彼が心底から発した――「自我の解放」「自由連合」「奴隷根性からの脱却」の主張は、新時代を切り開くメッセージとして受け取られた。たとえば次の「美は乱調にあり」の文章は、たちまち若者の間に広がった。それから三十年後の私が戦時中の高校生時代でもよく知られた名文であった。

征服の事実がその頂上に達した今日に於いては、階調はもはや美ではない。美はただ乱調に在る。階調は偽りである。真はただ乱調にある。
（「美は乱調にあり」『生の拡充』所収、一九一三年七月）

荒畑寒村も『近代思想』では多くの小説を発表し、労働者文学の先駆者として登場した。今では忘れられた作家であるが、荒川義英の名も挙げておかねばならない。「廃兵救慰会」（一九一三年七月号）など時代の深部を鋭く刺す短編風刺小説を得意とした。高橋貞樹は「予審訊問調書」で、中学生の時に社会問題に深い関心を抱くきっかけになった書物としてこの荒川義英の名を挙げている。

『近代思想』は、三十二ページ、十銭の薄い雑誌だったが、一四年九月の廃刊号を出すまで合わせて二十三冊を出した。原稿料はなしで、意外に支援があった広告収入によって、青息吐息の状態でも何とか経営を維持してきた。資金繰りや広告取りに大杉が駆け歩き、実務経営は妻の堀保子がひとりでやった。寒村の回想によれば、部数は三千部前後、返本は一年分を合本にして売ったが、これは比較的よく売れ

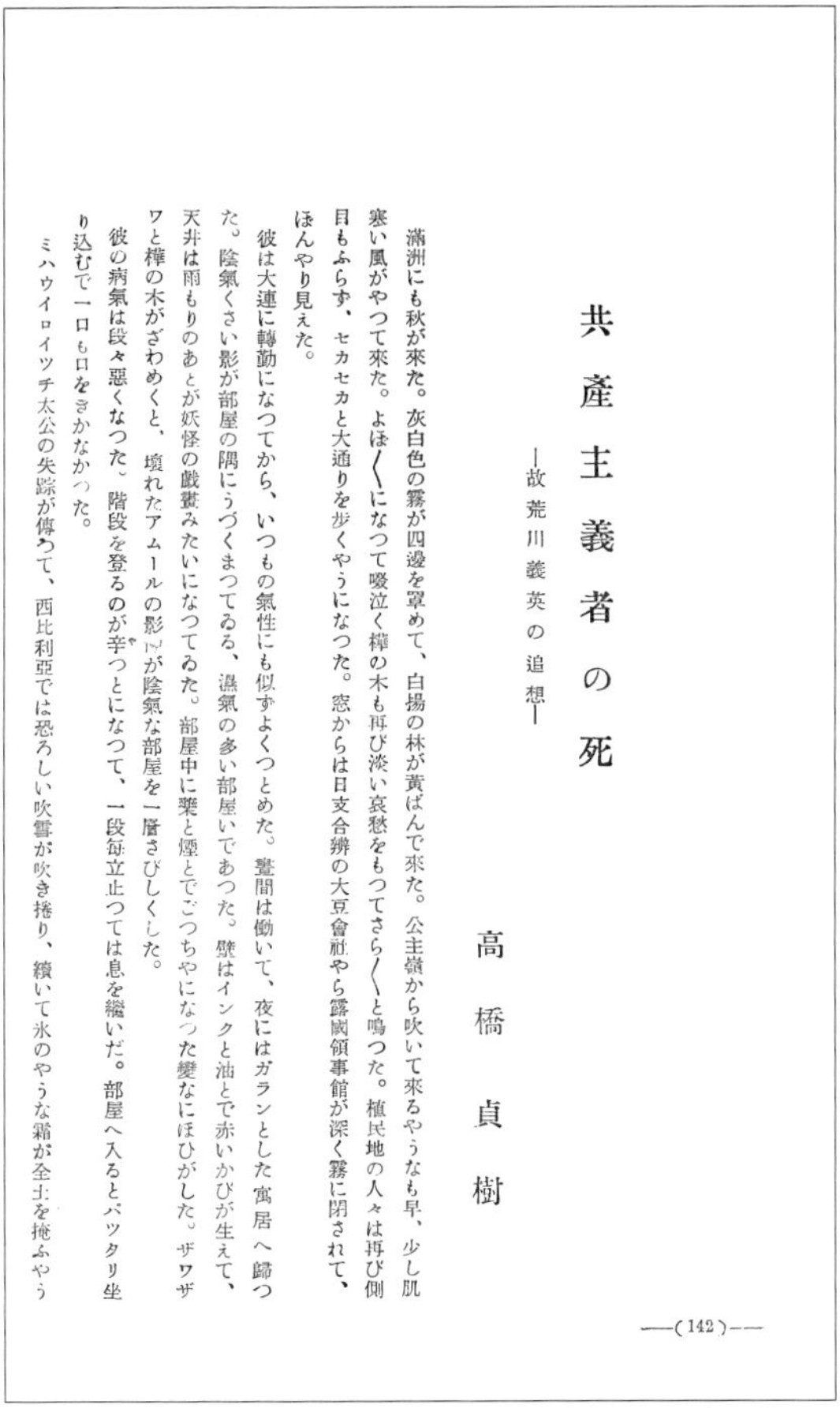

共産主義者の死

—故荒川義英の追想—

高橋貞樹

満洲にも秋が來た。灰白色の霧が四邊を罩めて、白揚の林が黃ばんで來た。公主嶺から吹いて來るやうな冷たい風が早、少し肌寒い風がやつて來た。よほ〳〵になつて啜泣く樺の木も再び淡い哀愁をもつてさら〳〵と鳴つた。植民地の人々は再び側目もふらず、セカセカと大通りを步くやうになつた。窓からは日支合辦の大豆會社やら露國領事館が深く霧に閉されて、ほんやり見えた。

彼は大連に轉勤になつてから、いつもの氣性にも似ずよくつとめた。晝間は働いて、夜にはガランとした寓居へ歸つた。陰氣くさい影が部屋の隅にうづくまつてゐる、濕氣の多い部屋いであつた。壁はインクと油とで赤いかびが生えて、天井は雨もりのあとが妖怪の戲畫みたいになつてゐた。部屋中に藥と煙とでごつちやになつた變なにほひがした。ザワザワと樺の木がざわめくと、壊れたアムールの影[illegible]が陰氣な部屋を一層さびしくした。

彼の病氣は段々惡くなつた。階段を登るのが辛つとになつて、一段每立止つては息を繼いだ。部屋へ入るとパツタリ坐り込むで一口も口をきかなかつた。

ミハウイロイツチ太公の失踪が傳つて、西比利亞では恐ろしい吹雪が吹き捲り、續いて氷のやうな霜が全土を掩ふやう

—(142)—

「故荒川義英の追想」と副題のある高橋の文章。『一橋』第十一号（東京商科大学一橋会、1922年２月）に掲載された。

た。

一九一五年十二月の第二次『近代思想』からは、十三人の同人会を組織しその同人費によって継続することになったが、荒川はその同人に加盟し、それが第四号で潰れてからはその後を継がんと『世界人』（一九一六年二月創刊）を発刊している。

少年期に影響を受けた人物として荒川義英を名指ししているということは、高橋貞樹も『近代思想』を愛読していたのである。もちろん旧弊打倒を唱え因習破壊を鋭利な文章で説いた大杉栄の論考も読んでいたに違いない。いろんな意味で大杉は、名実ともに「大正時代の寵児《ちょうじ》」であった。「自由恋愛」をドラマティックに実行した神近市子、伊藤野枝――この二人の才女との女性遍歴も大きな話題となった。

全国水平社青年同盟の結成へ

全国各地から水平社に参加する部落民はしだいに増えていった。結成後一カ年が経過した一九二三年三月に開催された第二回大会の時には、近畿地方を中心に約六十の支部が成立していた。しかし全国約五千の地区数からすれば、当初の組織率はきわめて低かった。だが、二三年末には三府二十一県で約三百の支部になった。

各支部で最前線に立ったのは、血気盛んな二十代の青年層が多かった。第二回大会で「全国少年少女水平社設立」と「全国婦人水平社設立」の件が可決されているが、十代の少年少女と婦人の参加が目立って増えてきた。その中でも、長年にわたる賤視や迫害に抗議するだけではなく、進んで新しい水平社会を創造しようとする積極的な若者が、各地での講演会や研究会を通じて交流し、しだいにサークル的な結集を固めていった。

彼ら青年有志が最初にその姿を現したのは、全国水平社第二回大会であった。「少壮水平社」として

「長旒を高く靡かせて」参加し、満場の注目を惹いた。それから半年後の十一月一日に大阪で数十名が集まって「水平社の青年組織」の結成について討議し、簡明に趣意書をまとめたが、その結語の部分で次のように言う。

特殊部落の青年諸君！　吾々は自己の使命に目醒めた青年の組織的訓練を必要とする。而もそうして自覚に基づく吾々の運動が、やがて新しき文化の上に如何に美しき光を放つかは、容易に想像し得らるるものである。
吾々は諸君と握手し相語らんことを希望する（中略）吾々の兄弟よ、部落の青年よ速やかに本同盟に参加せよ。

とりあえず五名の創立委員を選び、組織規約の起草を委任し、さらに数度の会合を重ねてから創立大会を迎えた。このようないきさつは「青年同盟の生まれるまで」と題して『選民』第一号（二四年二月十五日刊）で紹介されている。

人間性の覚醒と時代変革の意欲に燃える彼ら部落青年は、一九二三年十二月一日、大阪府埴生村向野（現羽曳野市）の糸若柳子宅で「全国水平社青年同盟」の発会式をあげた。

大阪・奈良・京都・和歌山の各府県を中心に三十数名が出席した。十八条から成る規約を定めたが、その第二条で「本同盟は特殊部落民の解放と、新らしき文化の建設を目的とする部落の青年を以て組織する」と目標を明記する。

彼らの中には、トルストイやロマン・ロランの理想主義的ヒューマニズム、あるいはクロポトキンのアナキズム、マルクスの社会主義への志向性を持つ者も少なくなかったが、まだ未来社会のイメージが定まらず星雲状態のような思想状況なので、「新らしき文化の建設」でまとめたのである。

そして各種の研究・調査や講習会、演説会などを具体的活動として提示し、大会、中央委員会、府県委員会、専門部委員会など、全国組織としての骨格を整えた。毎月二〇円の同盟費の納入を義務づけ、月刊紙『選民』を発行することを定めた。

創立大会に向野にある自宅を提供した糸若柳子は、食肉産業で栄えた向野部落の富裕な家に生まれ、大阪でも由緒ある名門校である清水谷高等女学校へ進学したが、そこでの被差別体験から水平社運動への参加を決意した。向野水平社を立ち上げて、糾弾闘争や演説会でも先頭に立っていた。

羽曳野市向野は私が住んでいる河内平野の中心部にあり、この原稿を書いている二階の書斎から羽曳野丘陵が遠望できる。その周りには、古代の河内王朝時代の遺跡が点在している古い町だ。奈良や和歌山にも近いので、会場に選ばれたのだろう。そして水平社運動内部での「青年同盟」と「婦人水平社」の連帯をさらに強めるために、糸若宅で創立大会を開いたのであろう。

内側から水平社の変革を目指す

青年同盟の中央委員長には、大阪の西浜部落に在住している松田喜一が選出された。『選民』の編集は岸野重春、高橋貞樹、中村甚哉、木村京太郎が担当することになった。木村が発行名義人となり、その在所である奈良県小林部落を発行所とした。定期刊行物の発行には保証金を供託せねばならなかったが、奈良県は保証金が安かった。それでも二五〇円の調達ができなかった。

それを聞いて援助したのが、三重県で農民運動をやっていた河合秀夫だった。富裕な酒造家に生まれ東大農学部在学中に新人会に入り、卒業後帰郷して社会主義サークルを組織し、農民運動と水平社運動を支援し、両者の合同機関誌『愛国新聞』の編集人であった。

青年同盟の本部は大阪の西浜北通りに置かれ、近畿各府県を中心に次々に支部が結成されていった。その実状は各号の「地方通信」に報じられているが、西浜支部では『選民』第一号が発刊されると、名物の夜店で支部員十余名で路傍演説をやり、三日間で二二七部を売り、新たに十二名の加盟者を得た。

西浜は西日本一の皮革の町として知られた旧渡辺村の通称であって、「うまいもん」の屋台や皮革製品・竹細工などの小店が出る夜店は、いろんな物が安く手に入るので有名だった。釜ヶ崎の木賃宿からも近いので、そこに泊まっている諸国流浪の遊芸民、演歌師、そして「ガマのアブラ売り」の香具師《やし》も出ていた。私は小学校低学年の頃、西浜に近い紀州街道沿いの下町に住んでいたので、父に連れられて、人出で賑わっている夜店を、飴細工をしゃぶりながら歩いたかすかな記憶が残っている。

このように「全国水平社青年同盟」発足時の事情をたどってみると、水平社運動の内部から自発的に立ち上がってきた組織であることが分かる。水平社を外から批判するのではなく、内部から改革しようとする運動であった。『選民』の「発刊の辞」では、次のように述べて水平社成立の歴史的意義を高く評価している。

　過去一年半に亘る水平運動は、無智、無自覚であった吾々の兄弟に団結の偉力を知らしめ、部落民の解放の上に空前の成果を納めしめた。
　然しながら吾々は初期以上の決死的信念を以て、その成果の上に前進せなければならぬことを知る。
　第一歩は量より量へと進んだ。第二歩は教化と訓練によって質的に猛進せなければならぬ。……

大阪と奈良を拠点に、京都・兵庫・三重・広島・福岡・熊本などに次々と支部が結成された。一年後には同盟員も千名を超え、機関紙『選民』の発行部数も三千部に増えた。近畿圏に次いで、強い組織力を持っていたのは九州だった。関東はアナ派の勢力が強かったので、ボル派的色彩の濃い水平社青年同盟はあまり伸びなかった。

どのような目的で結成されたのか

しかし一部には、次のような批判的評価もある。例えば『部落問題・人権事典』（解放出版社）の「全国水平社青年同盟」の項ではこのように書かれている。

「（この青年組織は）全国水平社内の青年活動家を日本共産党の指導下におくことをめざして、全水組織とは別につくられた青年組織。23年10月、共産党員高橋貞樹・岸野重春らにより結成が計画」

この項の執筆者は京都大学人文科学研究所で近代日本社会運動史を専攻し、すぐれた研究を数多く発表していた渡部徹である。いろんな研究会で顔を合わせて私とは親しい間柄だったので、この問題をめぐって意見を交わしたこともあったが、結局意見が合わなかった。彼が世を去ってすでに十余年、もう討論する機会がないのが残念だが、そのときの私の意見はこうだった。日本共産党と関わっていた高橋と岸野が指南役だったことは確かであるが、日本共産党の差し金で動いたわけではない。その発火点となったのは、まだ漠然とした理念にすぎなかったが、新しい未来社会への志向性を持って、水平社に参加した有志青年の自発的な行動である。

もう少し具体的にみてみよう。この青年同盟の結成が計画されたのは一九二三年三月から十月にかけてであるが、その発足の起動力になったのは、各府県の水平社がうまく進展せず、研究活動や啓蒙運動も停滞しているという危機感だった。

日頃から反差別闘争や啓発活動に取り組んでいて、日常闘争を積み重ねていたならば、水平社運動の各支部も円滑に動いたであろう。しかし規約も整わず、加盟費も徴集しない「無組織の組織」だった。

実際問題として各府県の加盟人員もはっきりしていなかったのだ。本部の指導体制も不十分なまま急発進したので、機関誌『水平』の代金回収もままならず、財政難で二号で発行停止、本部員の活動を支える交通費や食費にも事欠いた。

創立大会の「決議」の第一項に定められた「糾弾闘争」も、各府県で行き当たりばったりに行われて、明確な指導方針に欠け、その後の展望を明示することができなかった。

組織的結集力もその場限りだったので、事件がないとすぐ開店休業の状態になってしまう。質量ともに高い指導力と団結力を備えた全国組織でないと、強大な国家機構と対峙しながら、差別のない社会を目指す運動体に発展することは到底無理だろう——血気にはやる青年たちはそのような見通しを持たざるをえなかった。

そういう危機を乗り越えて進むためには何をなすべきか。部落民としての連帯感に頼るだけでは、運動は進展しない。「決議」の第三項にあるように、「吾等は人間性の原理に覚醒し、人類最高の完成に向かって突進す」という大目標は、このような組織状態では到底達成することはできない。第一次大戦後の激動する世界情勢を見据えて、新しい理論・思想をもっと学んで運動の質を高めなければどうにもならない。そういういらだちとあせりが先立っていた。

したがって、「共産党の支配下に水平社をおくことをめざす」という目的で水平社青年同盟が結成されたという評価は的外れである。この二三年の段階では、そもそも共産党の本隊そのものがほとんど解体状態で、革命政党としての指導体制がなかったのが実状であった。

日本共産党に指導力はあったのか

この当時における日本共産党の動向を年譜的に見てみると次のようになる。一九二二年七月に創立大会が開催され、堺利彦が最初の委員長となった。翌二三年二月に第二回大会が、同年三月には石神井で臨時大会が開かれた。しかし「天皇制」問題と目前に迫る「普選」にどう取り組むかという戦略的課題で意見が一致せず、運動方針を定めることができなかった。

同年六月には治安警察法によって百余名が検挙された。そして九月の関東大震災で亀戸事件をはじめとする白色テロによって大打撃を受けた。指導部の大半は獄中にあり、一部は海外に脱出することを余儀なくされた。

このような厳しい状況のもとで、党内ではまだ運動の基盤がない、時期尚早であるなどの理由で解党するという見解が多数となった。荒畑寒村ひとりを除いての賛成で二四年二月に解党が決定された。この通知を受けたモスクワのコミンテルンは解党に反対し、ただちに再建を指示したが、すぐ軌道修正して再結集を図ることは無理だった。

解党決議の際に残務整理のために設置された委員会を「中央ビューロー」として再組織して、徳田球一・佐野学・渡辺政之輔・市川正一らが中心となって再建運動を進め、二四年五月には合法的な理論機関誌として『マルクス主義』が創刊された。

全国水平社結成にしても、先に述べたように佐野学の「特殊部落民解放論」の影響を強く受けたことは確かであるが、発表されたのは二一年八月であった。その頃は日本共産党はまだ結成されず、その後も党からの組織的な支援を受けたことはない。

「全国水平社青年同盟」の中心的メンバーをみても、共産党創立時に入党したのは高橋貞樹ひとりで、しかも十七、八歳の年少だったので、大会のピケ要員に動員されただけで枢要な会議には出ていない。

もうひとりの岸野重春は、大阪の貿易商の家に生まれて大阪薬科専門学校別科を卒業すると、上京して堺利彦宅に寄食して勉強し、山川均や荒畑寒村など社会主義者に知人が多かった。二二年六月の第一次共産党検挙の際に検束されたが、すぐ釈放された。大阪に帰ってから西浜に近い今宮の市場前で薬局を営んでいた。「訊問調書」によれば、大阪にやってきた徳田球一の勧誘で、共産党再建の一翼を担うために入党したのは二三年の十二月であった。

木村京太郎も「訊問調書」によれば、日本共産青年同盟（ユース）に加盟したのは一九二七年で、その二カ月後に春日庄次郎の勧誘によって共産党に加入している。福本和夫「社会の構成並に変革の過程」や山川均「方向転換論」、レーニンの著作、雑誌『マルクス主義』や『無産者新聞』などを読んで、しだいに共産主義に共鳴するようになったと陳述しているが、全国水平社青年同盟の結成時にはまだマルクス・レーニン主義を体系的に勉強していなかった。

中村甚哉も全国水平社青年同盟の中央委員として活動していたが、日本共産青年同盟に岸野重春の勧誘によって加盟したのは一九二六年十二月である。二八年一月に京都の伏見工兵隊に入営したが、翌月に脱走して反軍活動をやり、軍法会議で懲役一年の刑を受けた。

全国水平社青年同盟中央委員長になった松田喜一にしても、父を早く失い家が貧しいために小学校五年で中退し、西浜の皮革工として働いていた。独学で社会主義思想を学び「日本社会主義同盟」にも参加し、全国水平社結成に尽力したが、共産党に入党したのはずっと後である。「訊問調書」によれば、一九二七年一月頃に国領五一郎の推薦によって入党している。

このようにみてくると、全国水平社青年同盟の結成時には、日本共産党の指示や指導はなかったことが分かる。再建された党の影響が強く及んでくるのは、一九二五年頃からである。

行き詰まった初期の糾弾闘争

初期の水平運動は、組織がまだ整備されないままに急発進した。規約は各地の水平社で任意に作成し、綱領・決議・宣言に基づいて自由に行動するとされていた。「徹底的糾弾」が運動の中心で、件数は年間で一千件を超えた。だが、各地でバラバラに対応し、その後の展望を明示する指導方針も不十分だったので、二年目にして早くも運動が進展性を失った。

先にそのように書いたが、本書の雑誌連載中、読者から「なぜ発足早々に危機的状況になったのか、当時の糾弾闘争の実例を挙げて説明してほしい」との要望が寄せられた。

私の手元に高橋貞樹の署名入りの「ノート」がある。当時の新聞記事、ビラ、議案書など水平社関連の資料の「切抜帳」であり、メモ帳である。全国解放教育研究会の事務局で資料集成を編集していた中村拡三が、四十年も前のことだが、未使用の書類束の中からこのノートを見つけコピーを送ってくれた。すでに知られている資料がほとんどだったが、私が高橋貞樹に深い関心を寄せて資料を集めていると聞いたからである。このノートは、たぶん高橋貞樹が執筆や研究会の参考資料用に作成したのだろう。その切抜帳に、初期糾弾闘争の「謝罪状」の現物が何枚かあるので紹介しておく。

謝罪状

畏多クモ明治天皇陛下ガ明治四年八月二十八日発セラレタル御詔勅ヲ無視シ差別的言辞ヲ弄シタルハ上《かみ》陛下ニ対シ奉リ申訳無之《これなく》ト共ニ天下ノ水平社諸賢ニ謹デ謝罪仕候

偶《たまたま》水平社同人御方々様ノ御親切ナル御高説ニ感ジ（水平運動趣意書）聊《いささ》カ謝意ヲ表シ度如此《たくかくのごとく》ニ御座候也

全国市民ノ御方々様モ若《も》シ私ノ様ナ誤ツタ因習的差別観念ノ有ル人々ハ一日モ早ク撤廃セラレン事ヲ幾重ニモ御願申マス

「人間ハ元来剿ハル可キモノジヤナク、尊敬スベキ事ヲ自ラ覚ツテ下サイ」
大正十二年十月十八日　紀伊郡深草町川崎〇〇〇
東七条水平社御中
全国婦人水平社御中
全国水平社御中

天皇の「聖旨」に背いたとする謝罪状

初期の糾弾闘争は、差別した者が非を認めるまで話し合って、新聞に謝罪広告を出させるか、謝罪状を書かせて二千部ほど印刷し近隣に配布させるという解決方法が主だった。一九二三年からは、謝罪講演会を開かせ大衆に公開する方法も取り入れられた。差別者の賤視観念を改心させれば、部落差別は解消していく、すなわち差別は無知蒙昧な遅れた観念から生じると単純にとらえられていたのである。

この引用例にみるように、解放令を出された明治天皇の聖旨に背いて申し訳ないという趣旨の謝罪状が多い。こういう糾弾は、どうみても的外れであって、身分制度の歴史的な本質を見誤っている。そもそも身分制度は、王権を中心として賤民差別の対極にある貴種王権を賞讃することになってしまう。そして「血統」「家柄」に基づいて人為的につくられた秩序であって、「〈貴・賤〉観や〈浄・穢〉観による人間集団の分類体系」であった。

部落差別の根源を明らかにするためには、そういう事実の歴史的な解明が先行せねばならないのに、この種の謝罪状を書かせていたのでは、そこのところにフタをして天皇制ナショナリズムへ民衆を誘導することになってしまう。

こういう「善導」法は、政府が政・財・官の名士を動かして、一九一四年に創立された全国的融和団体「帝国公道会」の方針と同じである。帝国公道会は、会長に自由民権派の板垣退助を据えた。維新直後の一八七一年に「穢多非人廃止建白書」を新政府に提出し、波乱に富んだ人生の晩年には立憲自由党の代議士となった大江卓が活動の中心となった。この公道会は、明治天皇への報恩を力説し、国民に部落大衆への同情融和を説いていた。

政府は大正年間に入ると、にわかに融和的啓蒙運動に力を入れるようになる。その一つのきっかけは、「大逆事件」で逮捕された主義者には、部落問題に関わっていた者が少なくないことを知ったからである。そこが発火点になって、神聖な天皇を戴く国家体制にヒビが入ることを怖れたのである。

この種の謝罪ビラや新聞広告をみて、水平社内の革新的な分子はみな眉をひそめた。身分差別の根源である天皇主権といかに対決するかを考えねばならないのに、「聖旨」による英断を讃えていたのでは、天皇制国家の支配秩序内での改善にとどまり、水平運動は一歩も前に進まない。

ところで次に掲げる謝罪状には、天皇の「聖旨」の文言は全く入っていない。革新グループの拠点だった水平社青年同盟西浜支部がこの糾弾闘争に関わっていたからだろう。

謝罪状

驚く可き多くの無産者は、飢と寒さに泣いて居る。全国七万の私達姉妹は紅燈の影を呪詛して居る。かうした社会が健全な社会と云へるであらうか。暗黒の社会！　さうだ暗黒の社会！

人間の世は光あれ熱あれ、と、最も勇敢に、解放戦の第一戦に戦はるる水平社同人の方々に対し差別的な言辞弄したる私は身の程知らぬ者でした。今、水平社同人の方々の同情ある、熱誠なる御高説により初めて更正の憶を得ました。
茲に深く水平社同人の方々に謝するとともに誤つた因習的観念にとらはれた人々の猛省を希ひます。
大正十三年一月廿一日　大阪市西区松島遊郭高砂町
金伊楼内
源氏名　小三事　阿部〇〇

大阪府今宮水平社
大阪府難波水平社
大阪府木津水平社
大阪府水平社本部
全国水平社本部
全国水平社青年同盟西浜支部　　御中

新興の遊郭だった松島で働いている一遊女に対する糾弾としては大がかりである。どのような差別的言動があったのか当時の資料にも出ていないので不明だが、「紅燈の影を呪詛」する「暗黒の社会」という言葉からも、懇切に指導したことがうかがえる。

「第二期」水平運動への転換を説く

それでは、高橋自身は、水平運動のあるべき方向をどのように考えていたのか。その点で重要なのは、「水平運動の革命的意義」（『階級戦』一九二三年七月号）と、同時期に発刊された『特殊部落の歴史と水平運動』（前掲）である。大学を中退して山川均の前衛社に参加してから一年目にあたり、水平社結成後一年三カ月が経過していた。

それから『解放』『新人』『進め』などの多くの紙誌に矢継ぎ早に部落解放理論を発表した。それらを母体にして『特殊部落一千年史』の第二篇「特殊部落の現在と水平運動」をまとめたのだが、水平社同人だけではなく、部落問題に無知無関心であった多くの人々にも読まれた。そして理論面だけではなく水平運動の実際においても、その断固たる主張と熱烈な文体は「高橋理論」として大きな影響を与え、水平社内部の革新運動として「水平社青年同盟」を産み出すきっかけとなった。

高橋は水平社結成から二年後に発行された『選民』第二号（二四年三月）の巻頭論文で、水平運動は「第二期」に入るべき転換点にあると提案した。これまでの各地水平社の「バラバラの野戦」から、統一的な大方針を持った「攻城戦」に移るべきだと次のように主張した。

「今や水平運動は初期たる部落民の『人間的自覚の時代』を経て『質的に結合』せんとする第二期に入っている。宣伝のための運動から組織、教化、訓練の時代に移っている」。そういう状況認識のもとに、「熱情の横溢、思想の新鮮、行動の敏活」――この「青年の強み」を生かして「新文化建設の使徒たるべき水平運動の最前線に立とう」と檄を飛ばしたのである。

次いで第四号の「第二期運動の戦術」から連載された論説は、水平運動の方向を全体的に展望し、新しい指針を提示した画期的なものであった。

①〔組織方針〕従来の「バラバラな極めて漠然とした」無組織の組織を、集中的組織に改革すること。「下から積み上げられた集中的組織とは、真に大衆の意志を代表した、幹部専断の余地のない戦闘力集中の組織である」。そのための当面の急務は、各地方から選出された中央委員会を設置し、その元で日常的に活動できる専任役員を選ぶ。そして「大衆自身との接触、有機的な連絡を遂行する」（『選民』第

四号、一九二四年五月十五日)。

②〔主体形成〕自然発生的な高揚の段階をこえて、「旧い思想的支配から脱して、吾々独自の純乎たる思想に訓練されねばならぬ」。「組織と訓練のない運動の末路ほど哀れなものはない。それは外から潰されるか、内から崩れるのが常である」(同第五号・同年六月十五日)。つまり、教化と訓練を通じての解放運動の文化的・思想的向上の問題であり、各種の調査、研究、講習、演説会等の強化である。

③〔活動方式〕すべての運動は「先駆者」を必要とするが、「運動は前衛ばかりでは何にもならぬ」。「大衆との接触がないとき、少数者のみの独断的行動に終るとき、運動は必ず行き詰る」。大衆の要求を大胆に組織し実行する運動に発展せねばならぬ(同第八号、同年九月十五日)。

運動の「方向転換」と「徹底的糾弾」の進化

新しい第二段階への突入は、運動方針の「方向転換」であるが、それはまた従来の「徹底的糾弾」の進化を意味する。これまでの糾弾闘争の行き詰まりをいかなる方向に突破するのか。

水平運動の進展にともなう戦線拡大は、「当然徹底的糾弾を部分闘争より政治闘争へ進化せしむる」。このような全般的闘争への方向転換とともに、「徹底的糾弾も色々の意味において進化する」。「支配階級に対する全部落民の大衆的抗議、これが吾々の糾弾行為の最後の帰着点である」(同第九号、同年十月十五日)。

このような方針のもとに、水平社青年同盟は組織面でも、理論面でも第二期水平運動の中心となって、各地方でその活動を拡げてゆく。

そして二四年末に発生した「遠島スパイ事件」によって、従来のルーズな組織形態と幹部の指導性があらためて問われる。社会運動の情報誌を経営していた遠島哲男が、水平社幹部に通信費の名目で金を出し、そこから情報を得て警視庁に流していたことが発覚した。南梅吉委員長ら幹部は責任をとって辞任し、本部も大阪に移転した。

この反省をもとにして組織改革が進められ、二五年五月の全国水平社第四回大会では、規約改正を岸野重春が、大会宣言案を松田喜一が青年同盟を代表して提案する。その草案は高橋の書いたものであるが、次のように言う。

「吾等は同胞を覚醒させるための団結と、差別観念を糾弾する『徹底的糾弾』以上に進出して、差別の根本組織に向かって眼を開かねばならぬ」

「吾々は今まで封建的資本主義的観念に対する闘いを続けて来たが今やかかる差別的観念の基礎に対して闘わねばならぬ。そしてこの闘いは資本に対する労働者階級の闘争を度外視しては不可能である。従って又政治的戦線へ、即ち無産階級の政治運動に進出せずしては真実の解放を得ることは出来ぬ」

諸思想の混合体だった初期水平運動

草創期の水平運動は、下から盛り上がった大衆的な差別反対闘争の前史もなく、十分な準備期間もないままに急発進したので、全国的な統一組織としての体制が整っていなかった。

大阪・京都・奈良・福岡などは、パワーのある地方組織も結成されて独自の活動ができた。だが、他の各府県では人数も少なく財政的基盤もなかったので、連絡通信費にも事欠いた。京都に設置された本部には各部門の専門委員やオルグも配置されず、中央執行委員会の指導力も脆弱であった。

結集した部落民も、思想的潮流としては実に雑多であって、特定のイデオロギーや党派が主導権を握っているわけではなかった。

トルストイやロマン・ロランなどの「理想主義的ヒューマニズム」。〈一切衆生平等往生〉〈悪人正機〉を唱える法然や親鸞の「仏教的平等思想」。すべての権力や強制を否定して、組織に拘束されない個人の自由の実現を目指す「無政府主義」。無産者の結集によって資本主義体制の変革と被抑圧民の解放を唱える「社会主義」――これらの諸潮流の漠然とした混合体であった。

そして差別と貧困のゆえに勉学する機会を奪われ、心情的に天皇制ナショナリズムにからめとられたまま、「差別は絶対に許せない」の一点で水平社に結集した部落民も少なくなかった。

水平運動に参加した部落大衆にしても、組織的な訓練を受けることがなく、歴史や社会問題について体系的に学習するシステムも組まれていなかったので、運動体としての理論水準が全体として高まることもなかった。

三つの潮流による組織内抗争

そのような混沌とした情況の中から、急速に変動する社会情勢に押されて、水平運動の主潮流はしだいに三つの流れに収斂《しゅうれん》されていった。

第一のそれは、西欧の先進資本主義国における革命論を体系化したマルクスと、新興のロシア革命を指導したレーニンの理論を指標とする社会主義派だった。主に二十代の若い世代が多かったが、彼らを主体にして「ボル派」が結成されていった。

このグループの中核が「全国水平社青年同盟」だったが、大阪と奈良を拠点に近畿一帯に根を張り、福岡と熊本など九州にも勢力を拡げて、全国で約三千人の青年を組織した。後述するように一九二五年の第四回大会からは、この派が全国水平社の主導権を握ったが、その中の精鋭な活動分子は、後に共産党に参加し、二八年の三・一五事件でその主力部分は検挙された。

第二の潮流は、幸徳秋水の直接行動論の系譜を受け継いで第一次大戦後に大杉栄によって主導されたアナルコ・サンディカリズムである。一部には無政府共産主義を唱えたクロポトキンや徹底した反国家思想を説いてマルクスと袂を分かったバクーニン流のアナキズムも含まれていた。

静岡・名古屋など東海地方と長野・群馬・東京など関東の一部を拠点とする反ボル派は、急速に台頭してきたボル派に対抗するために純水平運動を標榜して、静岡の小山紋太郎の主唱で、一九二五年五月、名古屋で「全国水平社自由青年聯盟」結成準備会に結集した。

そして同年九月にボル派が「全国水平社無産者同盟」を結成すると、共産党一派の排除と政治運動排撃を掲げて一九二六年九月に「全国水平社解放聯盟」を結成した。労農諸団体と協力して無産政党を結成し、政治の第一線への進出を急ぐボル派に歯止めをかけるべく、アナ系の全国組織を立ち上げたのである。主要メンバーは朝倉重吉、小山紋太郎、北原泰作、深川武らのアナ系の錚々《そうそう》たる論客を含む各地の活動家で、それぞれの地元で運動拠点を築いた。

しかし個人の意志を重んじる自由分散的な組織論に依っていたがために、第二期水平運動への飛躍を唱えるボル派に対抗して全国的な展望を切りひらく新しい運動方針が提出できなかった。

後述するように、アナキズムやサンディカリズムの潮流は、西洋諸国においてもしだいに退潮し、日本の労働運動においてもその勢力は凋落《ちょうらく》しつつあった。そういう流れの中で、水平運動内部のアナ系でも、ボル派や社会民主主義派に転進する者も多く、水平社内部においてもその勢力は大衆組織として拡大できなかった。正確な数字は分からないが、最盛時で数百人程度であった。

第三の潮流は、天皇制ナショナリズムの下での部落問題の解決を掲げる右派である。草創期の旧幹部の一部が中心であったが、若い青年層に影響を及ぼすことはできなかった。先述した遠山スパイ事件で全水委員長を罷免された南梅吉は、二府十五県の右派系有志を集めて一九二七年一月に「日本水平社」を創立し、明治天皇の聖旨を奉じる国家主義を基調とし反左翼を標榜する新組織を立ち上げた。関東水平社など一部に影響力をもったが、しだいに形骸化していった。

大転機となった全水第四回大会

一九二二（大正十一）年の結成時から昭和時代に入る一九二七年に至るまでの、全国水平社の思想的な流れを簡単にまとめてみたが、三派対立がはっきりと表面に出るきっかけになったのは、一九二五年五月の第四回大会だった。

この大会は沈滞していた水平運動を大きく活性化させる画期的な大会となった。先に詳しく述べたが、ボル派の拠点であった全国水平社青年同盟によって、水平運動の方向転換を意味する二つの重要な問題が提出された。一つは「これまでの無組織の組織」を「下から積み上げられた集中組織」に抜本的に改革する規約改正であった。

もう一つは、「従来までの差別事件に対する個別的糾弾」から「差別的観念の基礎に対する全面的闘争」に進出すること、つまり無産階級の政治戦線へ積極的に参加するという画期的な運動方針案である。大会宣言草案として提出されたが、高橋貞樹が書いた草案は、大会参加者全員に配布されていた。

この新しい案は一口で言えば、労働者階級を中心に〈労・農・水〉の三者連帯によって、大衆の日常的な要求を組織して政治の最前線へ進出すること、その新路線によって社会変革に連なる水平運動の第二期に飛躍することであった。

当面する課題としては、無産政党の結成によって、国政上初めて実施される「普通選挙」に全国水平社として打って出ることを意味した。

そのために「新しい思想による教化と訓練」を重ね、激化する労農運動の諸部隊や普選を目指して各地で結成された市民運動と交流しつつ、日常的に権力と闘える組織主体を形成しようと呼びかけたのである。

多くの問題点を抱えた草創時代の第一期運動を乗り越えて、新しい第二期への突入を告げるこの二つの提案は、かつてない昂揚した雰囲気の中で白熱の討論が展開されたが、その議事録をみても高い水準での理論闘争であった。

この二つの提案は、まさに全国水平社のこれまでの運動方針の「大転換」を明確に提示したものだった。この二つの案件は激論の末にアナ派と右派の総力を挙げた反対で、委員会付託となった。そして第一の規約改正は、大会後に夜を徹して開催された法規委員会においてほぼ原案の骨子通りに決定された。しかし新運動方針を定める大会宣言案は委員会付託のあと廃案となった。

何から何への方向転換か

結論から先に言えば、創立大会ではアナキズムが唱える「個人の自由な意志によるゆるやかな連合組織」が優勢であった。財政的基盤もなく、常任的執行委員体制や教育・調査・研究・出版などの専門委員会も設置されていない「無組織の組織」として出発した。その当時は労働運動においても政治運動への参加を否定するサンディカリズムが優勢の時代であったから、教育条件の向上や就労など、生活環境の改革のために、「大衆的要求を組織して政治闘争を組み上げる」という運動方針を定めることができなかった。

生活環境の改善のための対行政闘争や差別解消のために市民社会に訴えるという日常行動の展開のためには、やはりボル派の主張するように、大衆運動を基盤とした明確なリーダーシップをもつ集中的組織への転換が必須の条件であった。

さらに言えば、議会選挙に関わることをブルジョア的改良主義として批判し、政治との関わりをすべて拒否していたサンディカリズム路線との対決が必至であった。かくして、これまで水平社内部で燻《くすぶ》っていた〈アナ・ボル〉対立がこの大会で一挙に表に出たのであった。

毎月会費を納める「維持費」制度による集中的組織の結成は、個人の意志によるゆるやかな自由連合を目指すアナ派にとって妥協できない改革案であった。支配階級が実権を握る議会などすべての政治機関への参加を否定するサンディカリストにとって、「無産政党の結成」や「普選への参加」は原理的に認められない改良主義であった。

「アナ・ボル論争」の国際的な背景

一九一九年に創設されたコミンテルンは、急進展するアジア情勢に即応するために、翌年には極東ビューローを設置し、日本にも働きかけはじめた。当初は、片山潜を中心とした在米日本人共産主義グループが、橋渡しの役目をになった。最初の働きかけとして、ボル派のリーダーである堺利彦と山川均に、一九二〇年十月に上海で開催される極東社会主義者会議への出席を求めてきた。だが両者とも断ったので、結局大杉栄が出向く。二一年一月には、大杉は、近藤栄蔵、高津正道らとともに極東部長のヴォイチンスキーから受けとった二千円を資金に週刊『労働運動』（第二次）を創刊する。二〇年末の社会主義各派の共同戦線組織である「日本社会主義同盟」の結成にみられるように、アナ・ボル対立はまだ顕在化していなかった。

コミンテルンからすれば、日本の社会主義グループは、ほとんど組織らしい組織もなく理論水準も低い、思想的にも成熟していないとみていたから、ボル派とアナ派の抗争もそんなに重視していなかった。十月革命の成功で新興社会主義国家として世界の脚光を浴びていた頃であるから、モスクワにやってくれば、アナ派でもやがてボル派に転進するだろうと楽観していたのだ。

だが、二一年五月の社会主義同盟の第二回大会を契機として、両派の衝突がはっきりと表面化する。その思想的底流にあったものは、アナ派のロシア革命についての評価の転換であった。

最初はアナ派もロシア革命に好意的であった。周知のように、アナルコ・サンディカリズムは、労働組合《サンジカ》を唯一の組織とみなし、ゼネストなどの直接行動によって「生産の管理権」を手中にし、自治的な「自由な連合」の下からの創出による国家機関の廃止を主張していた。支配階級が掌握している議会を通じての体制変革は改良主義に外ならずとして、普選運動に反対していた。また、個人の自由を圧迫する上からの統制は官僚主義の温床になると断じていた。

ところで、革命後のロシアでは、労働組合による自治的な工場管理というサンディカリズム的理念は、最初は革命路線にむしろ積極的に包摂されていた。しかし戦時共産主義に至る過程で、「全工場の国有化」と「商品経済の国家統制」というソビエト政権の路線転換に直面して、サンディカリズム的主張は、少数の〈労働者反対派〉のスローガンに転落してしまっていた。

二一年三月の第十回党大会の真只中で勃発したクロンシュタット反乱は、この派の最後の抵抗であった。「労働者・農民の自治」と「言論・出版・集会の自由」を要求する闘争は、ソビエトを批判する反革命路線として徹底的に鎮圧され、この派の息の根が止められた。このような状況が日本にも伝えられ、大杉らのアナ派は、しだいにボル派批判の構えをとり始めたのである。

なぜアナルコ・サンディカリズムは衰退したのか

十九世紀後半のフランスで、古くからの伝統的職種の熟練工を中心に、サンディカリズムの潮流は、企業を超えた職能的組合が基礎となって形成されていった。

彼らの組合は、労働条件の改善についても政治による法制的改革に期待せず、企業家との直接交渉に依った。彼らは、議会を通じての改革や、全国的産業別組合の結成による政府との交渉を否定した。そして労働組合による直接的な自治や各地の組合の立場を尊重する地方分散的方式を主張するアナキズムと結びついていった。

この「アナルコ・サンディカリズム」の思想は、スペイン・イタリア・アメリカ、さらに日本の労働運動にも強い影響を与えた。だが、二十世紀に入ってからの多様な分業の発展と機械化で工場における大量の不熟練工の雇用という新産業時代に直面して、思想的にも時代遅れになり、運動理論としても適合しなくなっていった。

社会変革を目指す場合の重要な同盟軍である農民の問題との接点がなかったことも大きな問題であった。旧体制を動かす先鋭な前衛部隊となる若い知識人・学生との結びつきが弱いことも、急速に衰退する一因となっていた。

パリ・コンミューンの再生と新しい労働者国家、そして自立した自由な個人の未来像を語る――そういう夢は持っていたが、そこに至る現実的なプロセスが明らかにされないままに、国家権力の重圧の前に対抗するパワーを構築できなかった。そしてイタリアなどにみられた工場の生産管理闘争の失敗などもあって、急速に衰退していった。個人の自由を語る美しい幻想だけでは、凶暴な牙をむきだしにする資本主義国家とは闘えなかったのである。

しかしプロレタリア独裁を掲げて国家権力を握ったボル派の社会主義勢力が、やがて「スターリニズム」という巨大な圧力装置と国家官僚組織を生み出したことを考えれば、彼らアナルコ・サンディカリズムの思想も、また違った角度から改めて見直す必要があるのではないか。

政治の最前線への進出を目指す

一九二五（大正十四）年五月の全国水平社第四回大会は、水平運動が第二期へ飛躍する大きい画期となった。

高橋貞樹が執筆した新しい運動草案は、「アナ派」の強硬な抵抗で、結局は決議に至らなかったが、大会の討議では全国水平社青年同盟に結集する若い世代の「ボル派」が終始優勢であった。

しかし組織の分裂を避けるために、草案は委員会付託とすることで決着した。だが、規約は全面的に改正され、本部・専門部の役員も大幅に一新され、実質的には「ボル派」が主導権を握った。そして新指導部は、部落大衆の諸要求を組織して政治の最前線へ進出すること、すなわち「無産政党」の結成に参加し、初めて実施される「普通選挙」に打って出る方針に転じたのだ。

この第四回大会の四か月後の九月一八日に、全国水平社青年同盟の二周年大会が大阪で開かれた。そこで、全国水平社青年同盟の各府県の支部体制はそのまま持続しながら、新しく結成される「全日本無産青年同盟」に参加すること、『選民』は『青年大衆』と改題して新全国組織の機関紙とすることが提案された。また同時に、部落内の労働者や貧農層をより広く結集した「全国水平社無産者同盟」を結成することが発表され、いずれも満場一致で可決された。当日、この動議を提出し、新しく出発する全国水平社無産者同盟の宣言を発表したのは高橋貞樹であった。

一見唐突にみえるこのような組織の改変は、水平運動の発展の内的必然性という性質を超えて、実は国際的な政治状況の転換過程とからみあっていたのである。

この点については後述するが、これは水平運動だけではなく、労働運動、農民運動など大衆運動全般に関わる新路線であった。すなわち支配階級が主導する政治舞台への参加を拒否していたアナルコ・サンディカリズム路線を乗り越えて、ブルジョア政党政治に積極的に介入して民主主義的要求を達成しようとする新路線であった。それは普選を契機とする全国的無産政党結成の動きとして具体化したものであった。

さらに注目すべきは、この新路線が、コミンテルンの働きかけをうけて共産党再建のために結集された新たな「コミュニスト・グループ」の動きと関連していることである。再建活動は二四年末から始められるが、再建が軌道にのりだしたのは二五年八月の「コミュニスト・グループ」の結成とその翌月からの『無産者新聞』の発刊であった。予想を超えて一万部も発行できたのであった。新たな運動方針に基づく組織結成が急ピッチで進められた。

「普選」運動に背を向けていた「ボル派」

〈労・農・水〉の三大運動の中では、先にみたように労働運動はサンディカリズムの影響が強く、政治運動への参加の問題では足並みが乱れていた。大正デモクラシー運動の中心的課題だった「政治的自由の擁護」と「普通選挙」運動でも、労働運動は先陣を形成する推力にはならなかった。労働者や貧農を結集する「無産政党の結成」を提唱した者もごく一部だった。

それどころか労働運動のリーダーの多くが、労働組合のゼネストによって一挙に資本主義社会を転覆させるという直接行動論に共鳴し、今やその前夜であるという幻想にとりつかれていたのであった。

山川均にしても、もともと幸徳秋水の唱えたサンディカリズムに共鳴するところから社会主義への道を歩み始めた。ロシア革命の成功に深く感動して日本における「ボル派」形成の先達になったのだが、「普選」については否定的であった。したがって山川が指導する水曜会が中心となって結成された第一次共産党のメンバーの多くは、普選運動に積極的な姿勢は示さなかった。

大杉栄と共にアナルコ・サンディカリズムの主導者だった荒畑寒村は、すでにボル派への転換を表明していたが、「普選」運動には反対だった。そして合法無産政党を結成しても、せいぜいブルジョア急進主義を助長するだけであって、都市農村の無産階級には「ソビエトの組織を宣伝し、政治的同盟罷工を鼓舞すべきである」と主張していた（荒畑寒村「政治運動に関する一考察」『前衛』一九二二年三月号）。

第一次共産党の常任幹事となり、綱領起草委員長となった佐野学も、普選はブルジョア自由主義者に有利なだけであって、かえって無産者の「革命的気勢を減殺する」ので普選は有害無益と断じていた（佐野学「普選大害論」『鉱山労働者』一九二三年二月号）。

このように「ボル派」の中核である共産党系が、一九二三（大正十二）年の段階でも普選運動に反対であったから、そのことは労働組合にも大きく影響した。総同盟は二三年一月の中央委員会で「議会主義は妥協的であり、改良的である」との声明を発表した。実際問題として、大正後期に高揚した第二次護憲運動でも参加したのはごく一部の労働組合だけだった。

資本主義の安定化と世界革命戦略の転換

そういう政治情勢が大きく変化する兆しが現れてきた。第一は世界資本主義の安定化である。世界大戦後の欧米各国では階級闘争が激化し社会的不安が増大し、左翼勢力が伸張し「革命近し」の主調音が高まった。だがそれも戦後の三年間で、一九二〇年に勃発した戦後恐慌を機にブルジョアジーは反攻に転じ、当面の危機は回避された。この間におけるアメリカ資本主義の発展によって、資本主義世界体制は複雑な内部矛盾を抱えながら安定度を増した。

第二に、このような世界経済情勢の推移もあって、各国における革命運動の高まりも沈静化していった。プロレタリア政権を樹立するためには、民衆社会の中でもっと力を蓄積して、労農諸勢力の土台を固めることが課題となった。コミンテルンは一九二二年三月の第三回大会で、「大衆の中へ！」のスローガンのもとに新しい「統一戦線」戦略を提案した。

レーニンは、それぞれの国の革命は各国の特殊性に応じて異なる戦略をとるのであって、ロシア革命を無条件に模倣してはならないと主張した。翌二二年の第四回大会では、レーニンは革命の退潮期には後退作戦も必要であると説き、すべての国における統一戦線のもとに労働者農民の政府の樹立の可能性を探るべきであると訴えた。

日本の政界でも二二年から二四年にかけて大きな転機がやってきた。一九二四年六月、第二次護憲運動の所産で、憲政会・政友会・革新倶楽部の「護憲三派内閣」が成立した。外交面では「英米協調」「中国への内政不干渉」「日ソ国交回復」を決定し、内政面では「陸軍軍縮」「男子普通選挙法」などの新政策を展開しつつあった。

「第一次共産党」の解党と再建

第一次共産党は、一九二三年六月の一斉検挙と九月の大震災後の大弾圧によって崩壊した。そして、翌年二月の森ヶ崎会議で荒畑寒村、徳田球一、市川正一ら五名の残務委員会《ビューロー》を残して解党することを決議した。解散反対を主張したのは荒畑ひとりで、再建への手がかりとなる委員会を残したのも荒畑の提案によった。

荒畑が解党の報告に上海まで赴いてコミンテルンの極東部長ヴォイチンスキーと会うが、解散は誤謬であると説得される。荒畑が持ち帰った意見を検討したが、なかなか結論がまとまらなかったので、ビューロー全員で上海に出向くことになった。

そして二五年一月に、ヴォイチンスキーを中心に荒畑、佐野学、徳田、佐野文夫、青野季吉が上海で会議を開き、組織再建の新方針を定めた。これが「上海会議一月テーゼ」である。さらに五月には、同じく上海で佐野学、徳田、渡辺政之輔、それにプロフィンテルン極東部長ヘラーが入って労働運動全般に関する方針書を作成する。これが「上海会議五月テーゼ」である。

帰国後、代表団は、当時コミンテルンとプロフィンテルンの代表として東京のソビエト大使館にいたヤンソンと協議して党再建の基本政策を討議した。それを土台として、再建を具体化するビューロー会議が開かれたのは二五年八月である。コミンテルンの一般的規約にもとづく暫定規約、党費の徴収、細胞の組織化などを決定した。実質的には第二次共産党結集へのまさに第一歩であった。

そして徳田（書記長・組織部長）、佐野学（『無産者新聞』主筆）、渡辺政之輔（労働組合部長）、北浦千太郎（青年部長）など指導部の分担が決まる。堺利彦、山川均らの明治期に育った社会主義者は後陣に退いた。彼らはコミンテルンとの直接的な接触に積極的ではなかった。それに代わった若い世代は上海やモスクワにもしばしば出かけ、新しい国際的動きを体感してきた連中だった。荒畑は関西オルグとなったが、激務の連続で神経衰弱気味だったのでしばらく休養した。

かくして、無産政党組織準備委員会による無産政党結成への積極的な参加、評議会を中心にした労働運動の発展、全日本無産青年同盟を軸とする新しい青年運動の結集など一連の政策が決定された。そして各戦線から新しいメンバーを補充しながら組織活動が一斉に開始される。先にみた「全国水平社青年同盟」の「全日本無産青年同盟」への発展的改組、ならびに「全国水平社無産者同盟」の結成という組織転換は、以上のような「コミュニスト・グループ」の新政策と深く関連していた。

再建共産党の青年部長になった北浦千太郎の訊問調書は、その間の事情に詳しい。非合法組織の「共産青年同盟（ユース）」も再建され、北浦を責任者として、岸野重春「機関誌」、片山久「組織部」の三名が担当することになる。水平社結成以前から堺利彦のもとに出入りしていた岸野は、関西に主力がある水平運動と東京を中心とするコミュニスト・グループをつなぐパイプ役を担った。『選民』を『青年大衆』に改編して全国組織の機関紙にしたのは、彼の提案によるものであろう。岸野はユースのメンバーとして松田喜一、木村京太郎、高橋貞樹の三名を推薦する。全水青年同盟の主力はユースに入り、ビューローの線で動き始めたのだ。

北浦は大阪に行って高橋と会う。そのときの印象を、「同人は当時全水青年同盟で一大勢力をもっていた。だが理屈ぽくて困るように感じたので私はその時は青年運動の事は話さずに別れた」と述べている。

ただ徳田球一の調書によれば、「同年八月のコミュニスト・グループ確立と共に全水青年同盟より二人のグループ団を獲得し、これが水平社内のコミュニスト・フラクション」となり、水平社左翼の指導力となった。そして、八月下旬頃に高橋貞樹が「水平運動の徹底的無産階級化」の問題を提出し、ビューローにおいては同人の提案を採用し、同年九月に全水無産者同盟が成立したと述べている。

北浦と徳田の証言はすこし食い違っている。山川均が主宰する「水曜会」の時から、高橋と面識があって、その実力を知っていた徳田は、高橋との間に独自の連絡をもっていた。徳田は小岩井浄、細迫兼光、水谷長三郎と共に全国水平社青年同盟の顧問弁護士を務め、『選民』にも寄稿している。だが、当時のビューローは、水平運動を理論的に指導するだけの力量はなかった。先の方針は全水青年同盟の中央で決めてもってきた路線であろう。

それはともかく全水青年同盟の主力メンバーが以上のように急速に再建共産党の組織路線に結びついて、「普選」運動をはじめ、政治運動に乗り出していった理由はなにか。それには三つ考えられる。第一は、水平運動組織において、農民運動の比重がきわめて高かったことである。第二は、コミンテルンが「政治的自由擁護」「普選運動」を含めて、日本の革命が当面する課題は民主主義的課題であると明示してきたことである。第三は、社会変革の戦略構想における部落解放運動の位置づけに関連する問題である。この三つの問題は、いずれも日本社会の変革の道筋に関する重要な課題なので、もう少し詳しく論じなければならない。

全国水平社と農民運動

普選運動に消極的な労働運動とは違って、農民運動は普選運動賛成派が多かった。なぜか。全国水平社とほぼ同時に結成された「日本農民組合」は、創立当時は二五三人の組合員であったが、一九二五年末には九五七組合、組合員約七万三千人まで急成長した。

小作零細農を主体とする日農は、地主に対してゼネストでもって搾取に対抗することができない。それで労働運動にみられるようにサンディカリズムに走ることなく、地方選挙・国政選挙などの議会を通じての農政改革に力点を置いていた。第一次大戦後の不況下で階級的戦闘的体質をしだいに強め、一九二五年末には日農の提唱で「無産政党組織準備協議会」がひらかれた。

ここで付言しておかねばならないのは、日農の戦闘的左翼化の一端を、水平運動に参加していた農村の被差別部落が担っていたことである。全国に散在する部落は、一九二一（大正十）年の内務省の統計によれば全国の部落総数四八九〇地区で戸数一五万四二八七戸である。これはきわめて不十分な調査で洩れた地区も多い。戸主の職業を示した職業別の統計は次のようになっている。

農――――七万四八七二戸　（四八・五％）
工――――一万三三五八戸　（八・三％）
商――――一万八七六五戸　（一二・二％）
漁――――――四〇四二戸　（二・六％）

力役——二万三〇九二戸　（二五・〇％）
官吏————一七五戸　（〇・一％）
雑————二万五八三戸　（二三・三％）

ところが中央融和事業協会が一九三四年二、三月に行った全国調査によれば、地区総数五三七五、戸数一九万二一九七戸、人口一〇〇万三二九〇人である。そしてそれぞれの地区の主要職業によって地区の職業業態を示した統計によれば、主として農業で生活している地区数は四三二二地区でその比率は八〇・四％である。しかし耕地面積では部落は一戸あたり全国平均の四〇％であり、しかも小作比率が高かった。

「大衆の中へ！」「政治闘争へ！」

一九二五（大正十四）年五月の水平社第四回大会は、水平運動が第二期へ飛躍する大きい画期となった。「ボル派」が主導権を握った新指導部は、部落大衆の諸要求を組織して政治の最前線へ進出すること、すなわち〈労・農・水〉の共同闘争に参加し、初めて実施される「普通選挙」に打って出る方針に転じたのだ。

一見唐突にみえるこのような転進は、水平運動だけではなく、労働運動、農民運動など大衆運動全般に関わる新路線であり、実は内外の政治状況の新局面と密接にからみあっていたのである。

すなわち支配階級が主導する政治舞台への参加を拒否していたアナルコ・サンディカリズムを乗り越えて、議会や行政の現場でブルジョア政党政治と直接対決し、それを突破口に社会の変革を目指そうとするボル派の新路線であった。その方針は大衆の日常的な諸要求に立脚して、普選を契機として全国的無産政党を結成しようとする動きと連動していた。さらに注目すべきは、「大衆の中へ！」「政治闘争へ！」をスローガンに掲げたこの新路線が、コミンテルンの働きかけをうけて日本における共産党創立のために結集した新たな動きと関連していたことである。

先にみたように一九二二（大正十一）年は、日本の社会運動史において大きい転換点であった。すなわち〈労・農・水〉の三大戦線において初めて全国組織が結成された。三月に全国水平社、四月に日本農民組合、九月には労働組合総連合の結成大会が開催された。一九一八年の米騒動の結果、それまでの藩閥官僚内閣に代わって原敬の政党内閣が成立し、一九年以降から各地の市民運動を基盤として再び普選運動が高揚し、第二次護憲運動が始まった。

このように急速に推移する政治状況の最中に、社会主義者の各グループの大同団結組織として、二〇年十二月に「日本社会主義同盟」が結成された。しかし翌年五月の第二回大会で早くもアナ・ボル両派の対立が激化して同月二十八日に結社禁止処分になった。

二二年の九月に大阪で開催された日本労働組合総連合結成大会でアナ・ボル対立は頂点に達し、労働組合運動だけではなく社会主義運動も八方ふさがりの状況だった。政局は急速に推移し、大衆運動は高揚していくのだが、社会変革の方向を指南する肝心の指導グループが四分五裂の状態だった。そのような時代閉塞《へいそく》の状況の中で、一つの炸裂弾的な論文が発表された。

時代状況を動かした一つの論文

一つの論文が世の中の動きに大きな影響を与えることがある。この大正末期の危機の時代にその炸裂弾的役目を果たしたのは、山川均が一九二二年七月に突如発表した「無産階級の方向転換」（『前衛』一九二二年七・八月合併号）であった。

第一次共産党はいくつかの小グループに分散していた社会主義者をにわかに寄せ集めて、一九二二

（大正十二）年七月十五日に結成された。党員は六十名そこそこで、思想的にもバラバラな小秘密結社だったが、それぞれが日本社会運動史にその名を残すことになる気鋭の活動家であった。

この人びとが、その後の日本の社会運動のあり方を左右するキーパーソンになるのだが、どのような運動路線で進むのか、山川の理論的指導の如何《いかん》に大きくかかわってきた。山川の〈水曜会〉グループがこのメンバーの半数を占めていたからである。

ところで山川が「方向転換論」を書いたのは、七月中旬以降で、共産党結党直後である。山川の回想によれば、この論文を「書いたのも発表したのも突如だった」。夜遅くなって急に思い立って書いて、翌朝印刷屋に駆けつけて他の論文と入れ替えた。山川は『社会主義研究』と『前衛』の二誌を発行していたが、助手として編集に当たっていたのが上田茂樹、西雅雄、田所輝明で、山川門下の三羽烏と呼ばれていた。山川の自宅のそばの前衛社にいたのだが、そこに飛び込んで来たのが高橋貞樹で、二二年五月だった。

急遽原稿の入れ替えを知らされたのは田所だけで、編集担当の上田茂樹にも話すひまがなかった。もちろん前衛社で共同生活をしていた新参者の高橋はゲラで初めて読んだのであろう。

先にみたように水平社第四回大会において高橋貞樹が提唱した運動方針――「支配階級に対する全部落民の大衆的抗議を基礎にして、無産階級の政治戦線に積極的に進出する」という新路線は、実は山川のもとに馳せ参じた直後に読んだこの方向転換論に胚胎していたのであった。そしてその間に、三年の歳月が経過していた。

「方向転換論」の画期的な意義

さて山川の「方向転換論」は、何から何への方向転換だったのか。その骨子は、次の三点に要約される。

第一、明治中期からの社会主義運動は少数の精鋭な前衛分子を生み出した。そのことは評価できるが、その第二歩は、大衆運動のなかへ引き返し、大衆の日常的要求を基礎として運動を構築することであった。しかし、無産階級の大衆を動かすというこの第二歩を踏み出せなかったのは明らかに「誤謬」であった。

第二、今日重要なのは無産階級の全政治的戦線への進出である。明日にでも革命が起るような観念的ラディカリズムを捨てて、長期的な階級的対抗戦のなかで社会変革の戦略構想を確立していかねばならない。

第三、だが前衛は、「資本主義の精神的支配の下にある大衆のなかに分解してしまってはならぬ」。前衛の溶解は、日和見主義、改良主義への転落である。

この「大衆の中へ！」「政治闘争へ！」という山川の主張は今からみれば何の変哲もない意見のように思えるが、当時としては画期的な提言であり、社会運動の各分野に大きな反響を呼んだ。大衆運動に基礎をおき、日常的諸要求の組織化を中心とした政治闘争の構築から再出発し、支配権力が直接現れる政治の場で積極的に闘うべきこと――これが提言の要旨であり、一揆主義的な反政治主義を主張するアナルコ・サンディカリストとの論争に、決着をつけることにその眼目がおかれていた。そしてかつてはサンディカリストであった山川自身の自己批判としてこの論文が書かれたのであった。

改めて読み直してみると、一晩で書いたせいだろうか、いろんな所で粗雑さが目立つ。なぜ少数の先進分子の運動が大衆から浮いてしまったのかという歴史的な総括がなく、方向転換を目指す具体的な戦術にも言及されていない。普選問題についても、まだ曖昧である。それにもかかわらず大きい影響力をもったのは「大衆の中へ！」「政治闘争へ！」というスローガンの響きそのものが、きわめて新鮮な運動方針として受け取られたからである。

「直接行動論」と「議会政策論」との対決

ここで少し時計の針を巻き戻すことを許していただきたい。なぜならこの山川論文の画期的意義を明らかにするためには、どうしても明治中期以来の社会主義運動の二大潮流――「直接行動論」と「議会政策論」の対立について言及しておかねばならないからだ。「直接行動論」は、一口で言えばアナルコ・サンディカリズムである。すでにその問題について少し触れたが、なにゆえにサンディカリズムが日本の労働運動に根付いて強力な潮流になったのか、そこのところを明らかにして欲しいと本書連載中に読者から要請があった。

一九〇六（明治三十九）年六月、幸徳秋水は八カ月ばかりの滞米であったが、新しい知識と大きい刺激を得て帰って来た。その五日後に、日本社会党主催で、帰国歓迎演説会が開かれたが、「世界革命運動の潮流」と題したその第一声は、集まった同志たちに大きい衝撃を与えた。

この帰国第一声で、これまでの日本社会主義運動の方針であった、「労働者階級の普通選挙権獲得→議会への進出→平和的・合法的な社会変革」というコースに根本的な疑問を提出したからであった。

ドイツ社会民主党を例に挙げながら、「立憲的、平和的、合法的運動、投票の多数、議席の多数なる者は、今の王侯、紳士閥が頤使《いし》せる金力、兵力、警察力の前には、何等の価値を有する能わず。是《こ》れ近時欧米同志の痛切に感ずる所也」と指摘した。そして、議会中心主義的政策を批判して、労働者階級の「直接行動」（direct action）を対置したのであった。

この「直接行動」とは何を意味したのか。テロや一揆的蜂起については、幸徳は「爆弾乎、匕首《あいくち》乎《か》、蓆旗《むしろばた》乎。否な是等は皆な十九世紀前半の遺物のみ」とはっきり否定し、具体的には、「総同盟罷工《ゼネラルストライキ》」を提案したのであった。

幸徳の思想的転換は、これまでの議会中心政策が、強力な軍隊・警察機構をもった天皇制国家の強圧の前にいかに無為無力であったか、という痛切な自省に基づいている。そして一八九〇年代からの欧米の労働運動がゼネストを武器として上昇線をたどりつつあったこと、そして労働者のゼネストを契機として、ロシアにおいて革命への突破口が開かれたという事実に裏付けられていた。

ところで、日本における社会革命の路線問題で、本格的な論争が行われたのは、一九〇七（明治四十）年二月、神田の錦輝館で開かれた「日本社会党」第二回大会である。幸徳秋水のサンディカリズムによる「直接行動論」と田添鉄二の「議会政策論」との激突である（この論争については、沖浦『近代日本の思想と社会運動』あすど文庫、一九八二年、で詳論している）。

この大会はわが国の革命運動史に残る重要な会議であり、三時間に及ぶ議論の末に採決されたが、堺利彦と森近運平が起草した評議会原案（苦心の妥協案）が二十八票、田添案二票、幸徳案二十二票であった。

今日からみれば、この論争はきわめて初歩的なもので、日本資本主義の科学的分析もなされておらず、天皇制についてては棚上げされ、軍閥・官僚勢力などの国家権力の実態についても論議されていない。また、変革の主体たるべき労働者・農民などの現実の状況を踏まえて具体的に戦術の問題を深化するという方向で討議がなされたわけでもない。もちろん、階級的自覚をもった近代的プロレタリアートもまだ少数で、民衆運動との組織的なつながりもほとんどなかった。

日本革命運動史に残る重要な会議

そのころは記録を残すのは、速記によった。だが速記者を雇う金もなかったから、田添の演説を深尾詔が、幸徳の演説を山川均が筆記するように手筈が決められていた。『平民新聞』にのった当日の演説記録は、この両者の要領筆記による。

歴史に残る大演説で、田添も幸徳も熱弁をふるった。黒髪黒ひげの田添は、宗教者のような落ち着いた態度で理路整然と自説を主張した。幸徳はノートを片手にその目は電光を放ち、その口は火焔を吐くという大熱弁で満場を酔わせた。それを筆記していた山川は、ついにその熱弁に聞き入ってノートをとることをあきらめた。

その夜帰ってから記憶を頼りにあわてて原稿をつくったが、「幸徳の演説は、私の記憶と印象の中から再生した全くの私の作文だった」（『山川均自伝』）。幸徳の「直接行動論」が多数の賛同を得たが、特に決定的だったのは演説の末尾の次の一節であった。

田中正造君は最も尊敬すべき人格である。今後十数年の後と雖《いえど》も斯《か》くの如き人を議員に得るのは六《むつ》ケ敷《しい》と思う。然るにこの田中正造翁が二十年間議会に於いて叫んだ結果は、どれだけの反響があったか。諸君、あの古河の足尾銅山に指一本さすことが出来なかったではないか。然して足尾の労働者は三日間にあれだけのことをやった、のみならず一般の権力階級を戦慄せしめたではないか。（拍手）暴動は悪い、しかしながら議会二十年の声よりも三日間の運動に効力のあったことだけは認めなければならぬ。

よく知られているように、田中正造は足尾鉱毒反対運動の指導者として衆議院で抗議活動を行ったが、一九〇一（明治三十四）年十二月には遂に議員を辞職して天皇への直訴を決行した。その直訴状は、決行の前夜に幸徳秋水に見てもらっていた。そのことは、この大会の出席者はよく知っていたのである。

この大会での論争を一言で評するなら、理において田添が優り、情において幸徳が優っていたと評すべきであろうか。だが両者ともに、その思想的骨格を荒削りに提示したに過ぎず、抽象論の域を出なかったこと自体が、当時の運動力量の限界を示していた。

にもかかわらず、この論争は、体制変革の展望を模索しながら社会主義への道について論究した最初の本格的な論争であった。そして、この論争の骨子は、それ以後何回も形を変えて、日本の革命戦略の最重要課題として再燃することになる。そのころ、直接行動論に傾いていた山川均は、その若き日を回想しながら、次のように書き残している。

……青年分子は、多くは、直接行動派であった。そして青年は、いつでも力であった。そこで直接行動派が圧倒的につよかった。党内のこういう空気のなかでは、議会政策論を主張するためには少なくとも直接行動論をとなえるばあい以上の確信と勇気とを必要とした。あの十七日の大会の空気のなかで、ただ一人（議会政策論者と思われる西川は、足尾事件のために宇都宮監獄に拘禁されていた）議会政策論のために闘った田添の態度にたいして、私はいまも尊敬を払っている……。（『山川均自伝』）

おそらく山川は、十五年前のこの論争の現場を思い浮かべながら、「方向転換論」を執筆したのであろう。翌一九〇八年三月に田添は赤貧の中で肺患で死んだ。幸徳も四年後の一九一一年に刑場の露と消えた。山川はあれやこれやを想起して断腸の涙を流しながら、この論文を書いたのではないか。

山川の『自伝』の中でも、幸徳と田添の激論のくだりは迫真の描写で心を込めて書かれている。おそらく高橋を含めて山川の門下生も山川からその話を直接聞いて、深く心に刻み込んでいたであろう。

第四章　上海・ウラジオストック・シベリア鉄道

「無産政党」の結成へ

一九二五（大正十四）年春から夏にかけて、〈労・農・水〉の三大運動において画期的な路線転換がなされた。議会への参加を否定し、工場の生産管理とゼネストによる社会革命を主唱していたアナルコ・サンディカリズム路線が、国際的にも国内的にもしだいに退潮していった。それに取って代わって、全国的無産政党を結成して政治舞台に積極的に参加し、正面から支配権力と対決しようという動きが主流になってきた。

一九二三（大正十二）年の山本権兵衛内閣の普選実施声明から、無産政党の組織化は避けられない現実的課題となっていた。労働組合と農民組合は、「組合」と「政党」の関係をどうするかという新たな課題を抱えながら、それぞれが対応策を練った。

先にみたように「ボル派」内部でも議会進出反対論者が強く、労働運動全体でも普選運動はあまり盛り上がらなかった。

ところが農民運動は、対応が異なった。工場管理やストライキという闘争戦術を持たない農民組合は、労農無産政党による議会進出に積極的だった。

「日本農民組合」が結成後急速に発展したことは先述したが、一九二五年六月には、日農が「単一無産政党」の樹立を、全国三十一団体に呼びかけた。

ところで水平社の路線転換はどのように遂行されたのか。一九二五年の第四回大会後、「政治戦線に積極的に進出する」という新路線に転じたが、特にその中心的な推進力となった全国水平社青年同盟は、無産政党の結成に全力を注いだ。進歩的なジャーナリストや研究者を中心に二四年六月には「政治研究会」が創立され、綱領・組織などの原案が討議され始めていたが、二五年七月には青年同盟を中心に政治研究会大阪府評議会を結成した。

当時の青年同盟の機関紙『選民』を読むと、社会変革を目指す運動にとって議会進出が重要な課題であり、「利権のための議席を狙う議会主義者と、社会変革を目的とする議会進出は根本的に違う」といった啓蒙的記事が目立って多くなる。

水平運動の第一期は「差別事件に対する糾弾闘争」が中心であったが、第二期は「差別の基礎に対する全面的闘争」、すなわち無産階級の政治闘争に積極的に参加し〈労・農・水〉の三者連帯によって新社会への突破口を切り拓く方針で動き始めた。

といっても部落民は大企業では雇用されなかった。厳重な戸籍調査によって徹底的に身元調べがなされていたのである。したがって水平社は、近代的プロレタリアが働く工場に活動基盤は持っていなかった。各地方の零細な地場産業や衰退する伝統産業で働く部落民を組織するだけで精一杯だった。なにしろ都市部に住む部落民でも、学歴があって近代的雇用で生活している者は、ほんの一握りであった。

それで各府県の水平社は、農民組合の結成に努力した。先に統計でみたように部落民の多数が農村に住んでいた。その大半は小作農で、みな高率小作料に苦しめられていたから、掛け声がかかると組織化は急速に進んだ。三重県・奈良県などでは水平社が先頭に立って農民組合を組織し、激しい対地主闘争を展開していた。福岡、岡山、和歌山、埼玉の各県でもそれに続いた。

高橋の身辺に継起した三つの難関

一九二五年八月十日、大阪中之島公会堂で「無産政党組織準備会」の第一回協議会が開かれ、綱領及び規約委員会が設けられた。〈労・農・水〉の主だった団体が参加したが、全国水平社青年同盟は「政党組織案、綱領について」という文書を提出し、同月十七、十八日の第一回綱領規約委員会には、高橋貞樹が青年同盟の調査委員として出席し積極的に発言している。

第二回、第三回の委員会には高橋は出席していないが、奈良・京都・和歌山など各府県の部落では農民組合の組織化に全力を傾注していた時なので、高橋もオルグに回っていたのではないか。

ところで「無産政党組織準備会」では、それまでのアナ・ボル両派の対立に代わって、新たな対立構図が表面化した。労働組合評議会に代表される「ボル派」と、総同盟主流の「右翼社会民主主義派」との対立である。左傾しているという理由で総同盟は準備会からの脱退を声明し、評議会も「単一無産政党」をなんとか樹立するために自主的に退会した。

二五年十二月一日、なんとか「農民労働党」の結成式までこぎ着けて、書記長浅沼稲次郎以下の役員を選出した。もちろんこの大会には高橋も上京して出席した。しかし結党後わずか三時間で、政府は治安警察法第八条第二項によって即時解散を命じた。

二五年五月の水平社第四回大会から約一年間、高橋は無産政党の結成と農民組合の組織化のため獅子奮迅の活躍をした。富恵夫人も「あの頃が一番充実した活動期でしたね。幸い病状もかなり安定して元気に飛び回って、家に帰ってこられない日も多かった。たまに夕食を共にしても、資料や記録に眼を通しながらで、ゆっくり話し合う時間もなかったですよ」とおっしゃっていた。

ところでその一年間に、高橋の身辺にいろんな事件が相次いで起こった。いずれも高橋の人生の命運に関わるような問題であった。事の顚末だけを先に述べておく。

第一は、ボル派のめざましい進出を拱手傍観するだけで、もはや打つ手がなくなったアナ派が、高橋は実は部落民ではない、その家系を偽って水平社員になっているとして、運動からの排除を企てた。水平社は部落民のみで構成されると綱領に明記されていたので、アナ派はそこに目をつけたのである。

第二は、降って湧いたような話だが、モスクワへの留学の話が「共産党再建ビューロー」からもたらされた。先にみた「農民労働党」の結成大会に出席するために高橋は上京したが、その際にビューローを代表してコミンテルンとの連絡にあたっていた徳田球一から打診された。研究者としての外国留学ならば、喜んで即答しただろう。だが、内実は共産党幹部養成のための任務を帯びたコミンテルンへの派遣である。病の身にモスクワの酷寒の冬が耐えられるかどうか。高橋もいろいろ考えたであろう。

第三は、山川イズムと福本イズムの抗争が、ボル派内部で突如発生したことである。「方向転換論」と後に提唱する「共同戦線党論」を二本柱として、ボル派の主導的理論としての「山川イズム」が形成されていったのであるが、二四年末から二五年にかけて『マルクス主義』誌への投稿論文によって突然登場した新人が、この山川イズムを「俗学主義であり折衷主義である」と批判して論壇に一大旋風を巻き起こした。「分離結合論と理論闘争主義」を基軸とした「福本イズム」の登場である。この〈山川イズム〉と〈福本イズム〉の対立は、当時の運動の根幹に関わる大問題となり、当然高橋もその論争の渦中に巻き込まれ、モスクワ留学後もその問題に直面することになる。そのことについては後で詳しく触れる。

アナ派が高橋の排除を企てる

まず第一の問題。そのようなボル派の運動論にもとづく階級闘争が急速に水平社の各支部に浸透していくにつれて、当時の水平社内のもう一つの有力グループであったアナキスト系は、組織的な対抗を開始した。といっても理論ではもはや劣勢は明らかなので、そのリーダーである高橋を組織から放逐しようとしたのである。そして警察からもたらされた情報を利用するという禁じ手を用いた。

アナ派は二五年十月に「全国水平社青年聯盟」を設立すると、その第一回協議会において、高橋貞樹は実は部落民ではない、部落民でない者が入っているのは水平社綱領に反すると、その戸籍を示して水平社からの追放を提議した。

翌二六年三月、全国水平社中央委員会でこの問題が議論された。『水平新聞』によれば、その席で、「高橋氏は『断じて部落民である』と高橋一家の系統を鮮やかに述べて弁明した。結局中央委員会に於いて再調査することになり調査委員に松本議長及び小山紋太郎氏を選んだ」(『水平新聞』第五号、一九二六年三月十五日)。

だが結局は、調査もされないまま五月の第五回大会に議題としてアナ派が提出し、本人はすでに入露していて不在であったがゆえにこれに抗弁することもできず、そのまま採択された。そして「高橋貞樹氏の水平運動に対する功績に賛辞を呈する件」が九州水平社の一員から提案されたが、反対論もあったので撤回された。

なお、これには後日談がある。『山川均全集』第六巻(勁草書房、一九七六年八月)の「月報」に、当時のアナ派の闘将であった北原泰作が一文を寄せている。

この回想によると、北原はその後ボル派に転じて当時は松本治一郎の秘書をやっていたが、一九三六年に彼が山川に会ったとき、直接「かねて疑問をいだいていた高橋貞樹のこと」について質問したそうである。「山川均が水平社に潜りこませた」という噂に対して、山川さんは、「そういう事はなかった」

「ただ高橋が、自分も部落出身だから水平社運動に参加したいというので、阪本清一郎に紹介してやったにすぎない」と答えたそうである。北原はつづける。「平野〔小剣〕は、ダラ幹として排斥された報復手段として、高橋貞樹を水平社から追放しようと画策した。……高橋本人は、複雑な家庭事情を説明して部落民であると弁解につとめ、青年同盟はあくまで高橋を庇ったが、結局高橋は追放された。その裏面に警視庁の特高が介在しているといわれた」。

モスクワ留学を決心する

「尋問調書」によれば、高橋は二六年四月中旬に神戸から出帆し、さらに上海からウラジオストックへロシアの貨物船で渡り、そこからシベリア鉄道で五月中旬にモスクワ入りしている。これは当時の非合法入露ルートとしてはおきまりのコースだった。

高橋のモスクワ留学は、当時の「共産党再建ビューロー」の窓口として、コミンテルンとの連絡に当たっていた徳田球一がすべて手配してくれた。高橋の留学先は、同年九月開講予定でブハーリンが所長となる「レーニン研究所」〔「レーニンスキー・クルシ・ブリ・インスチチュウタ」〕であった。

この新しい研究所は、理論研究の最高の政府機関である「マルクス・エンゲルス研究所」に新しく付設される施設で、各国から若い研究者を選抜し、将来の指導的な理論家に育成することを目的としていた。初級クラスの活動家育成を目的とした「東洋勤労者共産主義大学」〔「クートベ」〕の外国部は、ソビエト共産党が運営しアジアの植民地からの留学生が中心で日本からも数十名の労働者が入学している。だが、新設される「レーニン研究所」は、欧米出身者が大半で、日本から入ったのは高橋と佐野博の二名だけである。

徳田から留学を勧められても高橋は即答しなかったようだ。「東洋勤労者共産主義大学」の場合は、運動組織から推薦があり、労働者出身で勉強する気があるならば、ほとんど無条件で入学を許された。しかし「レーニン研究所」は、理論研究だけではなく、将来の運動を担う幹部養成機関なので、政治・経済を主とする厳密な入所テストと歴史・文化・国際状勢に関する口頭試問がある。しかも年齢は二十代で運動経験があるかどうかも入所資格として問われた。なお所員は各国から選抜されてやってくるので、ゼミや講義は英語を中心に独・仏・露語が用いられる。

このような厳しい条件が課せられていることを聞いて、推薦の責任者である徳田も苦心した。ビューローの幹部とも相談したのだろうが、結局は高橋と佐野博の二名が候補者となった。両者とも外国語に通じているし、高橋は水平社、佐野は労働運動でそれなりの運動歴がある。偶然であるが両者ともに大分県人なので、お互いに気心も通じるだろう。そういう配慮もなされたのではないか。

それらの条件を聞いて、高橋は自分の体調なども考慮しながらじっくり考えた。人生を左右することになる重要な決断をせねばならない。もちろん運動上も極秘事項なので、誰にも相談できない。しかし何事につけても思い切った決断力のある高橋は、翌日「行きます」と徳田に伝えた。

突然吹き荒れた「福本イズム」旋風

独仏で二年半の研究生活を終えて帰国した福本和夫が、雑誌『マルクス主義』への連続投稿によって一躍論壇のスポットライトを浴びるようになったのは、一九二四（大正十三）年末から二五年にかけてである。その一年間に、経済学方法論、唯物史観の体系、階級政党組織論の三つの領域にわたって、十五篇の論文を立て続けに発表した。

「経済学批判のうちに於けるマルクス『資本論』の範囲を論ず」と題する第一論文が郵送されてきたとき、未知の書物や用語を駆使した難解な論文だったので、編集部の西雅雄が没にしようかと迷っていたのを、手伝いに来ていた林房雄が拾い上げたのは有名な話である。その原稿はヘーゲル、フォイエルバッハ、マルクス、レーニン、スターリン、ブハーリン、バラノフスキー、ローザ・ルクセンブルク、ルカーチ、クララ・ツェトキンらの引用文で埋められていた。林房雄は次のように回想している。

引用されている文章は私などは一度も読んだこともない重大な章句ばかりだ。堺も山川も猪俣津南雄も佐野学も佐野文夫も青野季吉も引用してくれたことはない。日本のマルクス主義者がいかに無学であったかをいやでも思い知らされる新鮮な内容を持っている。……完全に圧倒された形で私は無条件で発表するように西雅雄にすすめた。

（林房雄『文学的回想』新潮社、一九五五年）

しばらくたってくると、福本の尖鋭な論文は、三つの対象の批判を意図していることが明らかになってきた。

第一に、河上肇、福田徳三らを中心に展開されていた旧来のマルクス経済学派を、方法としての弁証法、体系としての唯物史観を理解しない俗流経済学とキメつけたのである。

第二は、当時の運動の主導理論であった山川イズムの骨格を成していた「方向転換論」と「共同戦線党論」に対する全面的批判だった。それを糸口に福本独自の革命戦略を展開しようと目論んでいたのであった。

第三は、レーニンの革命論の根幹だった新しい党組織論を強く前面に押し出したことである。ドイツで実地に見聞してきたローザ・ルクセンブルクの組織論の挫折に言及しながら、『何をなすべきか』に代表されるレーニンの組織論を、福本はマルクス主義の党組織論の新地平として紹介した。レーニンの党組織論は、特殊ロシア的なものではなく、普遍的適応性がある理論として日本への適用を強力に主張したのであった。

これらの問題については先に詳論したことがある（沖浦「日本マルクス主義の思想方法の一特質」『現代のイデオロギー』第二巻、三一書房、一九六一年）。ここではごく大雑把に問題点だけを指摘しておこう。イエナ大学でコルシュに学び、ルカーチの『階級意識論』に傾倒して帰って来た福本の思想的志向性が、これらの初期論文にはっきり出ている。そしてこの論点が、福本の運動論のカナメとなった「分離・結合論」の理論的支柱であった。

この「洋行帰り」の新進評論家の斬新な学説は、まず知識階級に大きな衝撃を与えた。福本が二五年の秋に京大で河上批判の講演を行ったとき、壇上の福本のさっそうたる燕尾服と、黙然とそれに聴き入る河上の和服姿がいかにも対照的であったというのは有名な話である。まもなく京大の学生社会科学研究会は、これまでの指導者河上に対する決別を宣言した。

山川均も、周囲からしきりに反批判をすすめられたが、かたくなに沈黙を守った。ヨーロッパ最新と称する哲学や運動論に裏付けられた福本理論を、論破することは容易ではなかった。原典研究の上に蓄積された体系的な歴史理論を十分に持ち合わせていなかった山川は、その理論偏重のラディカリズムの本質をいちはやく察知できたとしても、当分の間は拱手傍観するより手がなかったのである。

〈冬の時代〉以来の辛酸をなめてきた古い世代を一刀両断にすることによって、福本は新世代の旗手として、一躍論壇の寵児となった。しかもひしひしと迫り来るプロレタリアートの跫音を背景に、知識階級の「デモクラシー運動」もしだいに退潮し、若い人たちに広汎な影響力を持っていた「白樺派」の理想主義的ヒューマニズムも色あせてきた段階であった。

かくして「福本イズム」は、時代の最先端をいく思想のニューファッションとなった。最初は学生と知識人の間で読まれたが、しだいに労働運動にも影響を及ぼし始めた。にわかに表面化した「山川イズム」と「福本イズム」の対立という複雑な状況の中で、高橋は今後の運動の方向をどのように構想していたのだろうか。

富恵夫人も知らなかった「高橋のモスクワ時代」

高橋貞樹の夫人だった小見山富恵さんが健在であると伝え聞いて、山口県光市まで会いに行ったのは一九七六年二月、粉雪の舞う寒い日だった。すでに八十歳の坂を越えているが、古い色町の元遊郭の四畳半の一室で、本に囲まれてひっそりと暮らしていらっしゃったことは先述した。

高橋の短い生涯について、何時間も聞かせていただいたが、話題の中心は東京の目黒での新婚時代と、大阪に移転してからの二年間だった。だが、彼の少年時代と、そのモスクワ留学時代については、富恵さんも語りようがなかった。

高橋はもともと無口で、冗談を言ったり、愚痴をこぼすこともなかった。よほど鬱屈した想いがあったのか、自分の複雑な家系の由来について、富恵夫人にも話さなかった。富恵さんも事情を察知して、問いただしたことはなかった。だから幼少期については、お互いに話題にしなかった。中学校の同窓で仲のよかった林房雄や、水平社の運動仲間である阪本清一郎や木村京太郎にだけ打ち明けていた。

「モスクワ時代もよく知らないの。旅券なしで密出国してのモスクワ滞在でしょう。非合法で留学しているのだから、手紙を出すわけにもいかないのね。結局二年半もお互いに便りなしですよ。モスクワから帰ってくる活動家から間接的に元気にしていると聞くだけ。一度だけ三田村四郎さんが生活費の足しにしてくれと、高橋からお金を預かったと持ってきてくれました。

モスクワでは給費生だったから、お金を貯める余裕などなかったんですが、後から聞くと、東洋勤労者共産主義大学（クートベ）で学んでいる労働者出身の日本人学生に講義をしに行って、それでいくら

小見山富恵。自宅にて

かの報酬をもらっていた。それを貯めて私に送ってくれたんですね」

高橋は、一九二八年の「三・一五」の大弾圧の直後に、壊滅した運動再建のために急遽帰国したが、半年あまりで逮捕された。帰国してから富恵夫人が会ったのは、たった一回きり。地下に潜って指導部として活動しているから会うチャンスもなかった。

高橋の主要任務は、教育宣伝（アジプロ）部で、休刊していた理論機関誌『マルクス主義』の再刊も担っていた。彼は四つのペンネームを使って二百数十ページある機関誌に毎号、精力的に執筆した。当局はこれらの論文を見て、誰か有力なリーダーがモスクワから帰国していると睨んだ。そしてその文体の分析から、高橋貞樹に違いないと見当をつけた。もちろん高橋が密出国して大村の名でコミンテルンで活動していることは、いち早く察知されていた。

高橋は帰国すると、林房雄らの世話であちこちのアジトを転々としながら活動を続けていた。

「三・一五」の大弾圧でほとんどの党員が検挙され、活動している党員は全国でも数十名程度だった。タテの指令系統はまだどうにか保持されていたが、ヨコの連絡網はもはや機能しなかった。富恵夫人は続けて語る。

「そんな厳しい状況でしょう。逮捕され公判中の党の幹部クラスは、無期懲役か懲役十年以上の判決が出ると噂されていた。私みたいな党員でもない活動家でも、労働運動に関係しているだけで尾行が付くんですから。高橋が帰国していると分かっても、会いに行くこともできないのね。それがきっかけで所在がバレたら、取り返しのつかないことになりますからね」

佐野博に会いに行く

帰り際に富恵さんは、私にこう言われた。

「モスクワ時代の高橋のことを聞きたいなら、是非とも佐野博さんに会いなさい。高橋と同年だからもう七十歳をいくらか越えてられますが、まだお元気ですよ。私が手紙を出しておいてあげますから……」

私は富恵さんに訊ねた。

「早速会いに行きます。ところで佐野さんはどんな人柄ですか。気さくに何でも話せるタイプですか」

「ええ、とても闊達で話し好き。高橋は最初の印象ではクールに見えるが、根はホットなタイプ。佐野さんはホットに見えて、本当にホットな熱情家。理論家タイプではないけれど、オルガナイザーとしてはとても有能な活動家。あなたとなら、きっと話がはずみますよ」

佐野博は、高橋と同郷の大分県人で、高橋と一緒にモスクワに留学し二年半起居を共にした仲である。しかも一九〇五（明治三十八）年三月生まれで、二週間ちょっと違うだけの同年である。

高橋は大分中学から東京商科大学予科入学のため上京した。しかし大学にあき足らず予科一年で中退して山川均の「水曜会」に入り、そこで鍛えられてから水平社運動に飛び込んだ。

佐野博は杵築《きつき》生まれだが、母を五歳で亡くしたこともあって叔父を頼って上京し、精神科医として有名だった佐野彪太の家に下宿して神田の錦城中学校へ通っていた。そこから鹿児島の第七高校を経て京大へ進学した。

佐野博は中学校時代から、彪太の弟でやはり叔父になる佐野学の影響を受けて、明治国家体制に批判的な自由主義者となり、大杉栄なども愛読した。高校に入る頃には社会主義の本を熱心に読むようになった。七高時代に数人の学友と「鶴鳴会《かくめい》」という研究団体を組織し、学生社会科学連合会の結成に努力した。大学に入っても学業はそっちのけで、労働運動に飛び込んだ。上京して大手出版社博文館の労働組合の書記となり、それ以来労働運動一筋でやっていた。

私は早速佐野博に手紙を出した。すぐに電話で返事が来て「上京したついでに寄って行きなさい。もう記憶も薄れてきているが、資料を改めて読み直して、できるだけ正確にお話ししますよ。もう当時の仲間も大半がこの世にいなくて、青春時代の話をする機会もないから、いい聞き手が現れたと喜んでいますよ」とのことだった。

モスクワ留学を指示される

それから一カ月後の七七年四月に、市ヶ谷の堀端にある小さな事務所を訪れた。しばらく雑談してから本題に入ったが、何でも本音でしゃべる磊落《らいらく》で気さくな人柄である。声も大きい。私もそういうタイプなので、すぐに打ち解けた。

――ところで、モスクワ留学の話は、いつどこで、誰に指示されたんですか。

「野坂参三が所長をやっていた『産業労働調査所』ですよ。一九二六（大正十五）年の春でしたが、突然野坂に呼び出された。野坂は三年ほど友愛会の特派員としてヨーロッパに派遣され、一九二二年三月に帰国してから総同盟の調査部に入っていた。第一次共産党の創立に参加して検挙されたんですが、保釈後に産業労働調査所を創立し『産業労働調査時報』と『インタナショナル』の二誌を発行してました。まあいわばコミュニスト・グループの合法的な調査機関で、ぼくたち左翼青年のたまり場になっていた」

――そこでモスクワ行きについて聞いたんですね。

「そうです。突然の話で、しかも一週間後に出発すると言うから驚いた」

まず最初に、留学先はモスクワに新設される研究教育機関で、期間は二年間と告げられた。入学資格はかなり厳しく、社会主義運動の活動歴があり、理論・思想について基本文献はマスターしている者と指示されていること、さらに露・英・独・仏の四カ国語を用いてセミナー中心の教育が行われるから、そのいずれかに精通していることなどの条件が伝えられた。「これは大変だな、モスクワに行けるのは夢のような話だが、おれでやれるかな」と思いながら聞いていた。佐野は二十一歳の誕生日を迎える直前だった。

そして日本から二人が派遣されるという。ロシアでは二年間一緒に生活することになるから、相方が誰か、それが一番の問題だと考えた。高校時代からずっと組織活動をやってきたから、どういう気質の相方とコンビを組むか、仲間とのコミュニケーションがうまく行くかどうかが、事の成否にとって決定的に重要であることはよく分かっていた。だが、その名がなかなか出てこない。

「それで、もう一人は誰ですか」と訊ねた。

「いま大阪にいる高橋貞樹だよ」

高橋と会ったことはなかったが、叔父の佐野学から高橋のことは聞いていた。その頃佐野学は兄の彪太の下落合の別荘を借りて住んでいて、甥の佐野博はそこに下宿していたのだ。

先にみたように高橋は二一年七月に佐野学が書いた「特殊部落解放論」を読んで部落問題と正面から取り組む決意をし、この同郷の先輩に何回か会いに行って『一千年史』を書くきっかけを得たのだった。そのことは『一千年史』の序文に詳しく書かれている。佐野学も甥の博に「同郷人でやる気のある若い青年がやってきたよ」と話していたのであろう。

「高橋貞樹の名を聞いた時は？」

「いや、驚きました。ぼくは当時結成準備中の無産青年同盟に、専従として入ることが決まっていた。そうなると水平社青年同盟のリーダーだった高橋と組まねばならん。そう思っていた矢先に、彼とのモスクワ行きを突然指示されたんです。

まだ高橋とは会ったことがなかったんですよ。もちろん運動仲間では『特殊部落一千年史』がよく読まれ、シャープな理論家として知られていた。同じ大分県人であることも聞いていた。その名を聞いたとたんに、『彼となら一緒にやれそうだ。これはいい相方に恵まれたな』と咄嗟に思った。それで、行かせていただきますと答えたんですよ」

次の部分は私の推測だが、新設のレーニン研究所の第一期生として二人を送ることになったが、その一番手の高橋については早くから決まっていた。というのは前年の十二月に、高橋は徳田球一から留学を指示されてすでに大阪で待機中であった。だが入学資格が厳しいので、どうやら二番手がなかなか決まらなかったようである。

レーニン研究所は、各国から優秀な若手を選抜して研究教育水準のレベルアップを図るだけではなく、次代を担う党幹部の養成を目指していた。したがって帰国してからも地下に潜って運動の最前線に立たねばならない。つまり生涯を通じて革命運動に従事することをあらかじめ覚悟し、しかもそれにふさわしい実力を持ち、とりあえず外国語にも精通していなければならない。

そういう条件で何人かの候補者に当たってみたが、みな自信がないと辞退したのではないか。結局ギリギリになってから佐野博にお鉢が回ってきたのだ。彼が野坂参三から留学を打診されたのは三月初旬だった。おそらく党の中央委員をやっていた佐野学に相談して、その推薦があったのではないか。

高橋貞樹と大阪で会う

佐野博は、帰宅するとすぐに叔父の彪太に打ち明けた。極秘事項だったが、実父母を亡くした博の後見人になっていた叔父に黙って、家を出るわけにはいかなかった。彪太は、「頑張って勉強してこい」と言って、父が残した遺産の一部を渡した。

リベラリストの叔父は、その当時は御茶の水の明治大学の前で神経科の佐野病院をやっていた。東京でも指折りの精神科医としてよく知られていたが、いつも「一回きりの人生だから、何でも思い切ってやれ」と言っていた。根っからの自由放任主義だった。その実子の佐野碩もメイエルホリドの演劇を学ぶべく、後にモスクワに留学し、その後トロツキストに加担したとソ連当局に疑われてメキシコに渡った。

上海までの旅費として二百円が党から支給されたが、財政状況が厳しいのはよく承知していたので、自分の分は辞退し、高橋の分だけもらって、とりあえず大阪へ出発した。

上海まで渡って、そこでコミンテルンの極東部にいる連絡員と接触し、その指示通りに上海からウラジオストックまで貨物船に乗り、シベリア鉄道でモスクワに入る。そのようにコースを指定されていた。大阪に着くと高橋の家に直行した。富恵夫人は不在だったが、高橋は自分で食事を作って待っていてくれた。一晩語り明かした。

――第一印象はどうでしたか。

「やはり評判通り、明晰というか、頭脳緻密な研究者というタイプでしたね。最初は人見知りのようにも思えたが、しゃべり出すと止まらない。お互いにだんだん熱してきてね。根はやさしい情熱家なんだとすぐ分かった。理論問題でもいろいろ討議したが、私は一カ月ぐらい年下なんですが、高橋のレベルが高く、とても歯が立たないことがよく分かった。いやむしろ、これは有難いことだった。なにしろ理論研究がモスクワでの第一の任務でしょう。ところがぼくなんかオルグには向いているが、学術的なものは何も書いてないし、どうみても研究者タイプではない。だが、高橋と一緒なら、なんとかなると思いましたよ」

北浦千太郎から指示された渡航ルート

ここで註を入れておくが、当局の作成した「佐野博聴取書」によれば、モスクワ留学を指示されたのは、一九二六年三月十日頃で、北浦千太郎からであると陳述している。つまり野坂参三の名は全く出ていないのだ。そして二百円の旅費と、党から派遣されたことを証明する信任状（マンダート）も北浦から渡されたと述べている。

この聴取は赤坂警察署で一九三〇（昭和五）年六月十九日になされたもので、佐野博はソ連から帰国後、党の中枢で活躍していたが、三〇年四月に逮捕された。この聴取書が作成された時はまだ非転向の共産党員だったから、野坂の名を秘匿したのだろう。

北浦千太郎（一九〇一〜一九六二）は、長野県生まれだが、大阪の浪速区難波小学校を卒業してから、印刷工になった。大阪朝日・毎日の優秀な文撰工であって、その後上京して東京印刷工組合連合会の青年幹部として日本社会主義同盟に加入し、最初はサンディカリストとして活躍した。一九二二年には東洋勤労者共産主義大学（クートベ）の第一期留学生として、モスクワで学んだ。ロシア事情にも通じ、文才もオルグ能力もある活動家として知られていた。

クートベから帰国後はボル派となり、二五年二月には荒畑寒村の使いで当時上海にいた佐野学との連絡に行き、帰国後徳田球一方に起居して活躍し、共産党再建のためのコミュニスト・ビューローの青年部の責任者になっていた。

この「聴取書」と私の聞き取りとではいくらか食い違っているが、私は次のように判断した。最初にモスクワ留学を指示されたのは野坂参三からで、その後北浦千太郎に会って旅費と信任状をもらい、モスクワに渡る経路についても北浦から教示を受けたのだろう。「聴取書」は私が佐野博からもらった現物のコピーであるが、佐野博の記憶は、このあたりでいくらか混線していたのではないか。

それはともかくとして、大阪での二人の打ち合わせで、官憲の監視の目をくらますために、高橋は神戸から、佐野は長崎から乗船することを決めた。日本の船よりアメリカの船が安全だと北浦に教えられていたので、カナダ太平洋汽船の「エンプレス・オブ・エイシャア」（「アジアの女王」号）に乗ることになった。

佐野は長崎に行く途中で故郷の杵築に寄った。実母は五歳の時に亡くなって、その妹が養母となって、医者だった父亡き後の家を支えていた。その養母に、叔父の彪太からもらった父の遺産を渡し、それとなく別れを告げ、高橋と落ち合うべく長崎へと向かった。

モスクワ留学——もう一つの任務

高橋貞樹がモスクワに新設されるレーニン研究所への留学を打診されたのは、一九二五年の十二月だった。労農党の結成大会に出席するために上京したが、その際に当時コミュニスト・ビューローの委員長をやっていた徳田球一からその話を聞いた。

ところで徳田が高橋に依頼したのは、研究所への留学だけではなかった。もう一つの重大な任務があった。そのことは、これから述べるモスクワへ同行した佐野博への聞き取りではっきりするのだが、当時モスクワのコミンテルン本部で日本のコミュニスト・グループの代表として執行委員の重職にあった片山潜の補佐役だった。

片山潜（一八五九～一九三三）は、一九〇一年にわが国最初の社会主義政党として結党された「社会民主党」の発起人のひとりで、一八八四年に渡米して苦学を重ね、帰国後はキリスト教社会主義の立場から労働運動・社会主義運動のリーダーとして活躍した。日露戦争の真っ只中の一九〇四年八月、アムステルダムで開催された第二インタナショナル大会に日本代表として出席し、ロシア社会民主労働党代表プレハーノフと共に副議長に選出され、大会壇上で固く握手を交わして帝国主義戦争反対・日露プロレタリアの団結を表明して、世界各国の新聞でも大きく報じられた。

当時の片山は六十五、六歳であったが、長年の持病のため足腰を痛め目も耳も不自由になっていた。生涯において四回も渡米し、休養をとることもなく激務を重ねてきたため急速に老化が進んだのである。

コミンテルン執行委員として多忙をきわめたが、国際会議でも十分にその力を発揮できなくなっていた。それに日本を離れてすでにかなりの歳月が経過し、一年ごとに激しく変動する日本の国内情況をつぶさに確認することもできなくなっていた。

しかもコミンテルンでは、日本問題は緊急な解決を要する最重要課題とされ、新しいテーゼの作成が急がれていたのである。日本問題となれば片山潜が立役者となって討議をまとめねばならないが、それを乗り切ることは傍目からみても不可能だった。その補佐役となれば、実質的には片山の代理で任務を果たさねばならない。

一九二二（大正十一）年に第一次共産党は結成され、翌年三月にコミンテルンで作成された「二二年テーゼ」が党大会に提出されて、綱領草案として討議された。だが、君主制の廃止の項目など早急に結論を出せない問題も多く、結局は正式な決定に至らなかった。規約や運動方針を定めたとしても、それを実践する組織体制がまだ整っていなかった。

それから三年が経過し、一度解体した組織も「コミュニスト・ビューロー」として再建され、その間に労・農・水の三運動を中心に大衆運動も発展した。日本を取り巻くアジア情勢も中国大陸と朝鮮半島を中心に急激に変動し、日本帝国主義の海外進出も際立ってきた。風雲急を告げる国際情勢のもと、日本革命に関わるトータル・ビジョンも改めて検討されねばならない。コミンテルンでは、日本問題に関する新しい運動テーゼを作成せねばならないという認識で一致していた。

あとで詳しく述べるが、新しいテーゼとは日本革命の基本方向を定めた運動方針として世に知られる「二七年テーゼ」である。各国の党代表が参加する国際会議でその討議がまもなく始まるので、体が不自由な片山潜を補佐する有能な人物がどうしても必要だった。

当時の日本国内では、「山川イズム」と「福本イズム」の対立もあって革命派内部の運動方針も大きくゆれ動いていた。そういう複雑な内部事情を考慮して補佐役を決めねばならない。しかもモスクワに常駐してコミンテルンの会議に常時出席できる人物でなければならない。もちろん理論面でも運動面でも、それなりの実績がなければとても務まらない。

そこへレーニン研究所を新設するから有為の青年を二人派遣せよという指示がコミンテルンからきた。徳田は、これは渡りに船だ、その一人を片山潜の補佐役にすればよい、と考えた。そしてあれこれ候補者を思い浮かべたが、高橋貞樹の名がすぐ出てきたに違いない。

徳田は高橋のことはよく知っていた。ふたりは山川均の主宰する「水曜会」のメンバーで、よく顔を合わせていた。高橋が大阪に転居して水平社青年同盟で活躍するようになってからも、徳田は青年同盟の顧問弁護士になり、機関紙『選民』にも原稿を寄せていた。先学に導かれた著作であるが、高橋はすでに『特殊部落一千年史』と『世界の資本主義戦』という二著を出し、理論機関誌『マルクス主義』をはじめいろんな雑誌に多くの論文を発表している。外国語もできるし、国際大会で臆せず発言する度胸もある。

「セツルメント四恩学園」の一室を借りる

先にみたように、徳田の依頼に高橋は即答しなかった。レーニン研究所で世界的に知られた社会主義運動のリーダーのもとで勉強できるのは、夢のような話だったが、片山潜を補佐して日本問題の新しいテーゼ作成に関わるという話は、まだ二十歳の青年にとっては、あまりにも大役だった。それで返答をためらったのだ。

結局は徳田に説得されてモスクワ行きを承諾するのだが、四月初旬頃に出発する予定だったから、その三カ月間に猛勉強して十分に準備せねばならない。天皇制をはじめとする国家体制、日本資本主義の現状、労働者階級や農民層についての詳細な統計資料などなど、討議の素材となる克明なノートも用意する必要がある。

そのためには運動からしばらく離れて準備に没頭しなければならない。その点についてはビューローも配慮してくれた。高橋が運動の拠点にしていた全国水平社の本部があった今宮駅に近い釜ヶ崎に、準備資料の作成に集中するための一室を確保してくれた。

その場所は「セツルメント四恩学園」だった。今どきの人たちには「セツルメント」という言葉はあまりなじみがないが、戦前では貧民救済の社会事業の活動としてよく知られていた。

セツルメントは、貧民が集住する地区に宿泊・託児・診療・授産などの施設を設けて、窮乏に喘ぐ人たちの生活向上を目指す社会事業である。有志の寄付金を資金としボランティア活動を主とするが、西洋ではキリスト教が早くからこの運動を始めていた。明治期にこの思想が日本にも導入され、宗教各派の先進的グループがセツルメント活動を始めた。片山潜も、セツルメント「キングスレー館」の開設から社会運動を始めた。

大阪在住の浄土宗の革新的有志が中心となって、一九一五（大正四）年に全国でもよく知られた釜ヶ崎（当時西成区東入船町）に、「セツルメント四恩学園」が設立された。十二月の酷寒期に市内の各所に「奉仕鉄鉢」を置いて、人びとの喜捨を受け、窮民に供したのがこのセツルメントの端緒となった。釜ヶ崎は一九一八年の「米騒動」の大阪における発端の地だったが、その余燼《よじん》がまだくすぶる同年九月に、そこに土地を購入し本格的なセツルメント活動が開始された（社会福祉法人四恩学園編『四恩学園の創立事情』同学園刊、一九七五年）。

その四恩学園に一九二五（大正十四）年に主事として着任したのが、宗教大学（現大正大学）で社会事業科を卒業したばかりの林文雄だった。

当時の宗教大学は、浄土宗の元祖である法然の教えの原義に立ち返り、「一切衆生平等往生」の精神によって、無産者や被差別民の解放の問題に取り組む革新的な教師が多かった。全国水平社が結成される際、仏教各派の中で最も熱烈に支援したのはこの浄土宗であった。

その影響を受けた林文雄は、仏教社会事業を学び、社会主義の本を読み、大杉栄などの講演会にも参加していた。水平社の運動にも関心を持ち、講演会にも出席した。四恩学園の主事になると、消費組合、保育組合、医療組合、宿泊アパートなどの新しい運動理念を次々に実践して、四恩学園の事業を社会的大衆運動として展開した。

是枝恭二の紹介状を持ってくる

一九二六（大正十五）年の正月の頃だったが、林文雄さんあての紹介状を持って、ひとりの見知らぬ青年が四恩学園にやってきた。紹介状には是枝恭二《これえだきょうじ》の署名があって、「これを持参した青年にしばらく部屋を貸して欲しい。学問的な仕事をするだけなので貴殿にはご迷惑をかけることはない」旨の丁寧な添え書きがあった。全国でも最大のスラム街として知られた釜ヶ崎にあるセツルメントだから、いろんな運動関係者がやってくる。林さんがそのことをよく覚えていたのは、当時の活動家の中ではよく知られた是枝恭二（一九〇四～一九三四）の名があったからだ。

是枝は鹿児島県生まれで、第七高等学校時代から社会主義者となり、東大文学部に入ると直ちに新人会に参加した。関東大震災の労働者救援活動をはじめ、二五年の軍事教練反対運動の先頭に立ち、その雄弁と文才でたちまち頭角を現した。

東大新人会は関東大震災救援事業に積極的に参加したが、この救援に結集した学生達が中心となって、一九二四（大正十三）年六月に本所柳島にセツルメントを建てた。調査部、労働者教育部、医療部、児童部、法律相談部、託児所などが設けられた（東利久「東大セツルメントの歴史」、石堂清倫・竪山利忠編『東京帝大新人会の記録』経済往来社、一九七六年に所収）。

東利久は医学部の学生で新人会員として最初のレジデントのひとりとなったのだが、後にロシアで悲劇的な最期を遂げる国崎定洞も、医学部助教授としてこのセツルメントの医療部創立の指導役をになっていた。

新人会としてこの柳島セツルメントの募金活動を各地で行ったが、九州地方の担当は林房雄で、各校を回って四千円を集めている。もちろん是枝恭二もこのセツルメントに深く関わっていた。そういうルートがあったので、四恩学園あてに高橋の紹介状を書いたのである。

二六年一月の一斉検挙、三十八名が起訴された日本学生運動史上の最初の大事件として知られている「京都学連事件」で是枝も起訴された。学連事件の一審判決は比較的寛大で重い者で禁固一年だったが、この学連事件の被告の多くが一九二八年の「三・一五」事件でも逮捕された。そして学連事件と三・一五事件の公訴事実を連続犯とみなすと当局は認定し、是枝恭二らのリーダー格には最高刑である懲役七年の刑が科された。その根本意志は「国体の変革にあり」とされた。

学生運動の高揚

ここで当時の学生運動の情況について触れておく。アジア・太平洋戦争前の大正末期からの学生運動の高揚は、戦後の一九四七年に私たちが結成した「全学連」運動の先駆的な流れであったと言えよう。

一九二二（大正十一）年は、三月に全国水平社創立大会、四月には日本農民組合が結成され、九月には日本労働組合総連合の結成大会が開催されるなど、社会運動史からみても一大転換期となった時期だった。時を同じくして、一時沈滞していた学生運動も高揚期を迎えた。大正時代中期は「デモクラシー」が結集の合言葉だったが、後期はすっかり様変わりして、「社会変革とマルクス主義」が基軸となった。

林房雄は当時の情況を次のように述懐している。「大正十年の暮か十一年の春の頃、黒田寿男、志賀義雄、友岡久雄、伊藤好道などを加えた一行が九州に遊説に来て、五高と七高に芽生えかけていた学生社会主義団体を煽動した」（林房雄『文学的回想』）。林房雄は当時熊本の五高生であり、鹿児島の七高には是枝恭二、村尾薩男がいた。

この黒田、志賀らの東大新人会員による働きかけが導火線となって、一高をはじめ各地の高校の社研との連絡網ができて「高等学校連盟」（H・S・L）と称する協議会が結成された。

ここに結集していた精鋭分子が一九二四（大正十三）年四月に東大に進学して、大挙して新人会に入ったから、低調になっていた新人会も一気に活発になり、「労・農・学の提携」を合言葉に、社会運動の最前線に飛び出した。先にみたセツルメント活動もその一環だった。

東大の新人会、早稲田の建設者同盟、京大の労学会などが中心となって、全国各地をオルグして次々と各校に社研を結成した。その連絡組織を「学連」と称したが、一九二四年九月には東京で全国代表者会議を開き、正式名称を「学生社会科学連合会」と定め、加盟団体は四十九校で会員は千五百人と発表した。

「学連」は軍事教練反対、治安維持法反対などの活発な運動を各地で起こした、普選運動にも積極的に参加した。一部の先進的分子は、全国的組織として結成される全日本無産青年同盟の準備会にも関わった。是枝恭二と高橋貞樹が知り合ったのは、この準備会だったのではないか。

二五年五月五日には、学連主催で「マルクス生誕百年記念祭」を東京の協調会館で開催し、山本懸蔵、浅沼稲次郎、西雅雄、猪俣津南雄らが講演したが、学生を代表して是枝恭二が「マルクスを思うに際してレーニンを偲ぶ」と題して講演している。

「学連」の第二回全国大会は京都大学で代議員八十名が出席して行われたが、懇談会の名目で開かれた秘密会で、学連テーゼなどが検討され、「学生運動を無産者階級解放運動として認識し」「マルクス・レーニン主義を指導的精神とする」などの基本方針を定めた。

このことが当局に洩れて翌二六（大正十五）年一月十五日、京都学連事件の大検挙が始まった。岩田義道、石田英一郎、淡《たん》徳三郎、逸見重雄などの京大生が主であったが、野呂栄太郎（慶大）なども含まれ、この学連テーゼの作成に関わった東大新人会会員も是枝恭二、村尾薩男、後藤寿夫（林房雄）、松本篤一の四名が、この年に施行された治安維持法の最初の違反事件として検挙された。

是枝は、保釈出獄後に共産党に入党して『無産者新聞』の編集主任をやっていたが、佐野・鍋山の転向後、自らも転向を表明した。三四年六月に、京都学連事件の服役のために入っていた堺刑務所で獄死した。死因は肺結核であった。

前述のように、佐野博も七高の出身で、一年生の時に学内で社研の「鶴鳴会」を立ち上げた。そのリーダーが三年生の是枝恭二だった。私は佐野博に会った際に是枝恭二についても訊ねた。

「いやあ、懐かしいねえ。ともかく目立つ人柄だった。弁舌がうまかった。七高でも雄弁会の会長もやっていましたよ。それに頭が切れてね。理論面でも学生仲間では傑出していた。私も多くの活動家と一緒に仕事をしたが、時代の次の一歩は何かを読める点では、この是枝と高橋が群を抜いていたと思う。是枝は大学に入っても講義など出たこともなかったんじゃないか。全国を股に掛けて走り回っていましたよ。だから関西でもその名は知られていたんでしょう」

一枚のハガキが舞い込む

その是枝の紹介状を持ってやってきた青年は、ほとんど部屋にこもりきりで、机の上にたくさん本を並べて何か一心に勉強していた。時々夜陰に紛れて外出しているようだった。林文雄さんから話しかけることはしなかったが、二回ほど食卓を共にしたことがあった。林さんが浄土宗の末寺の生まれで本来は僧侶になるつもりだったと言うと、「ほう、そうでしたか」と青年は膝を進めて、法然を中心に鎌倉仏教の話になった。是枝の友人だから西洋かぶれのマルクス・ボーイだろうと思っていたが、意外にも日本宗教史に詳しく、法然や親鸞についても「日本仏教史上の革命家」と積極的に評価してだんだん乗ってきたのに驚いた。

約三カ月近く四恩学園にいたが、いつのまにか外出していると思ったら、そのまま何日も帰ってこないままだ。それで部屋を覗いてみると、室内はきれいに片付けられていた。それからしばらく経って、一葉のハガキがきた。「長い間お世話になって有難うございました。お礼も述べないまま黙って部屋を空けまして申し訳ありません。いつか晴れてお目にかかれます日がきましたら、改めてお礼を申し上げに参ります」とあった。そして一番最後に「高橋」とあった。高橋はありふれた姓なので名がなければ誰だか分からない。そのまま林さんの記憶からも薄れてしまっていたのである。

私がたまたま四恩学園の歴史資料の収集を頼まれたのは一九八五年頃であった。私の大学時代の後輩で運動仲間であった金戸述《かねとのぼる》が縁あって四恩学園に勤めていたので、そのルートで私に依頼されたのであった。林文雄さんの聞き取りをやることになって、大正末期から昭和初期にかけての「釜ヶ崎と四恩学園」というテーマでいろいろ想い出話を聞いた。釜ヶ崎には当時官憲に追われた人物が隠れ潜んでいたという話題について訊ねたときに、そのハガキが林さんの記憶の底からフッと蘇ったのだ。

「その高橋というのは高橋貞樹ですよ。それに間違いありません」

「いやもうこの歳ですから、大正年代のことはほとんど記憶が薄れてしまいましたが、そういえば水平社に高橋という活動家がいましたね。その青年でしたか。何しろ六十年も前の話ですから、すっかり忘れていました。ところで彼はその後どうなりましたか。結局改めてお礼にくることはなかったのですが——」

「ええ、ここにお世話になった直後にモスクワに渡り、二年半後に帰国しますが、非合法運動ですぐに逮捕されて、結局獄中死に近い最期でした。まだ三十歳そこそこでしたが——」

「そうでしたか。釜ヶ崎の周辺も戦火で焼け、戦後の激動もあってそういう想い出もほとんど消えてなくなりました。しかし歴史の片隅でよいから、どこかに記録を残しておきたいですね」

上海に到着する

高橋貞樹と佐野博が乗船した「エンプレス・オブ・エイシャア」号は、アメリカ大陸西岸と中国大陸を結ぶ太平洋横断航路である。その途中で日本の横浜・神戸・長崎に寄港するのだ。

この航路では、一、二を争う快速船だったから、長崎から上海までほぼ一昼夜の航海だった。東シナ海を東から西へ一直線に横断するのだが、この時期は台風シーズンではないので、ごく平穏な航海だった。

長江の河口あたりにさしかかると、中国独特の構造をした木造帆船があちこちに見え始めたようで、甲板に出た乗客たちが「ジャンクだ、ジャンクだ」と騒いでいる。もちろん二人も初めての海外旅行だったから、客室からデッキに出て大陸の風景をじっくり見たかった。だが、日本の官憲が乗客に紛れ込んで、密航者を見張っていることもあると聞いていたので、じっと船室でがまんしていた。

高橋貞樹と佐野博の二人は下船すると、指示されていたとおり、すぐに「共同租界」に直行した。一九二〇年代当時の上海の人口は約百三十万人だったが、共同租界の人口は約五十万人で、そのうち外国人は約七万五千人だった。イギリス人が一番多く、日本人は二番目に多かった。

共同租界には各国の商社や銀行の支店、ホテルやレストランなどが軒を並べていた。日本の資本が関わる施設の大半もこの地域にあったので、上海に上陸した日本人はまず共同租界に向かった。

共同租界の中心地域である黄浦江岸のバンド一帯は、外国資本の中国進出の拠点となり、西洋式の都市計画に基づいて銀行・ホテル・教会・公園などが建ち並び、国際都市上海を代表する象徴的景観だった。ゆっくり見物しながら歩きたいところだったが、その余裕はなかった。

二人が宿泊するように指示されていたのは、共同租界の中でも豪華ホテルの一つだった「永安ホテル」だった。貿易業務でやってきた商社マンを装うために、一流商社御用達のホテルを予約してあった。

高橋はすぐにでもホテルを飛び出して共同租界を歩きたいと言ったが、佐野が制止した。かねてから高橋は、帝国主義諸国による植民地支配に深い関心を抱いて、いくつかの論文を書いていた。折角この上海までやってきたのだから、短いレポートでも書いておきたいと考えていたのだろう。だが目的地のモスクワに着くまでは、日本の官憲の目を避けるためにもウロウロすることは許されない。

共同租界を歩きたかった

「租界」は今日では死語であるが、戦前にはよく用いられた。特に上海の「共同租界」は、学校のテキストにも何回も出てきた。名目上は外国人が土地を借りて自分たちの居住地を設定することだが、借地権だけではなく、しだいに行政権と警察権を手に入れて、実質的には直轄地にしてしまうのだ。言ってみれば植民地支配の新方式である。

佐野の回想によれば、船中にいた時から高橋は次のように言っていた。

「共同租界をじっくり観察したいね。租界を通じての政治権益の拡大、通商の拡大は、植民地支配の新しい手口だよ。英・米・仏・独などが競って中国各地の主要都市に租界を結成しているが、中国進出を狙う日本も、上海の共同租界を拠点にして次の手を打とうとしている。帝国主義間の競争の最前線だよ。この目で租界の実際の姿をよく見たいね」

上海は長江デルタの先端に位置し、黄浦江を少し遡った沖積平野に形成された都市である。町の原形は、すでに秦・漢時代に形成されたと伝わる。唐代から元代にかけて、天津から杭州までを結ぶ「大運河」が開通すると、大陸内部へ入る要港になった。長江を下って外洋に出ればアジア各地へ、さらにずっと南下すれば印度洋を経て西洋に通じる。この位置は、上海が世界有数の国際都市となるのに最適であった。

明代の中期に外国との交易は禁じられたが、清代になると一六八四年から広州・泉州・寧波《ニンポー》・上海の四税関を設置して外国との通商を認めた。このときが、上海が近代史に大きく登場するきっかけとなった。だが一七五七年になると、広州をのぞいて三税関は閉鎖されることになった。

アヘン戦争後の一八四二年、清とイギリスの間で締結された南京条約で、清国は香港の割譲と広州・廈門《アモイ》・福州・上海・寧波の開港を強いられた。そして翌年から、交易に従事する外国人の居住が始まった。

五つの開港場を中心に、外国人が行政権と警察権を握った地区が次々にできた。そこが「租界」と呼ばれるようになったが、各国が共同で管理する「共同租界」と、一国だけで行政権を行使する「専管租界」があった。

将来予想されるアジア進出において、香港とともに最も重要な都市になるだろうと、最初に上海に目をつけたのはイギリスだった。一八四六年に上海の県域の北の低湿地を租借してイギリス人居住区を設定した。これが上海における「租界」の端緒となった。アメリカとフランスもこれに続いた。一八六三年にはイギリス租界とアメリカ租界が合併して「公共租界」（共同租界）となった。

日本資本の上海進出

その頃の日本は幕末の大動乱時代に直面していたので、西欧列強の中国進出を横目で見ているしかなかった。一八六二（文久二）年に、江戸幕府は高杉晋作、五代才助らも乗せた千歳丸を上海に派遣して、中国との交易の将来性を調査させた。当時の上海は、太平天国軍と清朝・欧米連合軍の戦いが続いている最中だった。

明治新政府は、維新直後の一八七一（明治四）年に「日清修好条規」を締結したが、一八九四（明治二十七）年からの日清戦争に勝利すると、一八九六年の「日清通商航海条約」で、領事裁判権・協定関税などを含む条約を結んだ。これは清国に不利な不平等条約だった。そして日本は上海・天津・漢口など主要な都市で、租界開設の権利を得た。

だが、上海では、共同租界の拡張の中に含められ、独立した日本租界はなかった。だから日本領事館をはじめ、横浜正金銀行や台湾銀行などの金融資本の支店、三井物産、日本郵船、大阪商船などの支店はすべて共同租界にあった。

このように二十世紀初頭から、上海は各国の領事館、商社、銀行が軒を並べる東アジア最大の国際都市であり、主権者の清朝が直接的には統制できない自由都市であった。一九一一年の辛亥《しんがい》革命で、清王朝は倒れた。新しく成立した中華民国を本当に近代国家にしようとする「新文化運動」は、北京では挫折したが、上海が中心となって続けられた。

この「租界」を拠点としての外交特権や交易機関の設置は、まさしく植民地支配の新手であった。その反面で、租界は新しい思想と文化を導入する窓口となった。いろいろな意味で、上海の租界は混沌《カオス》そのものであった。

第一次大戦後の日本の二十一カ条要求に反対して始まった一九一九年の「五・四運動」は、労働者・学生・民族資本家が中心となって、上海では大ストライキとなった。一九二一年には、中国共産党が上海で結成された。コミンテルンの東アジア諸国への働きかけの拠点となったのも上海だった。

研究所に入る準備をする

あちこち歩き回っていて日本の官憲に誰何《すいか》されて旅券を見せろと言われるとヤバイから、二人とも大半はホテルにいて本を読んでいた。なにしろモスクワでは研究所に入る資格があるかどうか、まずその実力を検定する入学試問があると聞いていたから、それを突破することが第一の関門だった。

高橋はロシア語の会話練習もやっていた。負けん気の強い佐野も努力してみたが、なかなかモノにならなかった。文法は一応はマスターしていたが、ごく初歩の日常会話が出来る程度だった。

レーニン研究所では、学生はロシア語、ドイツ語、フランス語、英語の四コースに分かれて勉強することになっていた。私はそのあたりの事情について、佐野博に訊ねた。

――レーニン研究所では英語専修コースを受けるつもりだったんですね。

「そう、私も高橋も、英語は何とかなった。私は七高では英語専修の文甲で、大学は法学部の英法だった。高橋は中学時代から英語は得意科目だったと言っていた」

――それで高橋貞樹の英語力はどの程度だったんですか。

「専門論文の読解力はかなりのものだったが、会話は九州訛りというか大分訛りで、いわゆるジャパニーズ・イングリッシュ……」

――それでコミンテルンの会議なんかでも通じたんですか。

「各国の代表も、英語かドイツ語だった。ロシア語をしゃべれるのは主に東欧からやってきた人たち。会議ではそれぞれのお国訛りでしゃべるから、みんな流暢ではない。

だから、国際会議でも割合に気安くやれたね。そういうときの高橋は度胸が据わっているから、堂々と自説を述べて丁々発止とやり合っていた。何百人も集まる国際会議では、同時通訳のシステムが機械化されていたんだ。ロシア語、ドイツ語、英語、フランス語、この四つが公用語でね。そのボタンを押せば発言者の言葉がすぐに訳されてイヤホーンで聞ける。今日のような精巧な装置ではないけれど……」

――日本の代表団で外国語が上手でよくしゃべったのは誰ですか。

「やはり佐野学だな。能弁というわけではないが、なにしろ知識量がすごかった。彼はドイツ語もよくできたからね。モスクワへやってくる外国の共産党員は、ドイツ人が一番多い。マルクスとエンゲルスの母国もドイツだし……。

党組織でもロシアの次はドイツだった。ついでフランス人、英米出身が三番目かな。各国の代表団もほとんどがロシア語が得意でないから、ドイツ語が幅をきかしていたんだ」

上海からウラジオストックへ

東京を出発する際に、次のように指示されていた。上海に着いたら、共同租界に隣接するフランス租界で、ロシア人が経営する協同組合を訪れる。そこでビルデワイルドという人物に会って、これを渡せばすぐにコミンテルンの出先機関から連絡があると北浦千太郎に教えられていた。

そのときに渡されたのが「信任状」だった。三センチほどの絹の布に、日本のビューローからの正式の派遣者であると、その氏名を書いた確認証だ。ぐるっと巻けば爪楊枝ほどの大きさに縮まってしまう。それをポケットの内側に縫い込んでいけば、官憲に身体検査されても分からないようにできていた。

ビルデワイルドとは首尾よく連絡が付いたが、それから先どうすればよいのか、二、三日経っても指示がこない。しびれを切らして二人でソ連の領事館に行って、モスクワのレーニン研究所に留学する予定でここまできたが、まだ連絡が来ないのだと伝えた。

領事館ではすでに承知していたのだろう。部長クラスの人物が出てきてウラジオストックまでどうやって行くか指示してくれた。「旅費はあるのか」と問われたが、ソ連の財政事情が窮迫していたのはよく知っていたから、「それは大丈夫だ。ウラジオまでの船賃とシベリア鉄道の運賃だけならなんとかなる」と答えた。

もうすぐソビエトの商船が入ってくるが、ウラジオストックへの直行便だからそれに乗船せよとの指示を受けた。

指定された日時に埠頭へ行くと、三、四千トン級の中型の貨客船が横付けしていた。乗船の際には税関の検査もなく、すぐに船室に入れた。

出港してしばらくすると事務長らしき年配の船員がやってきて「旅券を見せてもらいたい」と言う。そんなもの持っていないと答えると、首をすくめて困った連中だという風情で、笑いながら船室を出て行った。もちろん領事館から先に連絡があったのだろう。

ウラジオストックに着く

高橋と佐野が乗った船は、速力の遅い中型の古い貨客船だった。上海からウラジオストックまで五日かかった。このあたりでは結氷は三月末で解けるので、五月初旬の海は無事平穏だった。

ウラジオストックは、アムールスキー半島の南端、美しい金角湾沿岸に発展した港湾都市である。船から眺めると長崎によく似た地形で坂の町であった。もともと中国領だったが、一八六〇年の北京条約で帝政ロシア領となり、海軍基地が設けられた。この地名は「東方《ウオストーク》を・征服せよ《ウラジ》」というロシア語に由来する。

日本では「浦鹽」「浦潮」と表記されてきたが、明治初年から日本人の在住が知られ、日露戦争直前の二十世紀初頭には、約三千人の日本人が住んでいた。最初は毛皮や海産物の取引が主な仕事だったが、帝政ロシアのシベリア開発が進むと、長崎との間に定期航路がひらかれ、水産加工や木材切り出し、道路や鉄道建設の工事夫として働くようになった。つまり明治中期にアメリカへの出稼ぎ移民によって、ロサンゼルスやサンフランシスコに日本人町ができたように、この北方の浦鹽にも小さな日本人町ができていたのであった。

隣接している中国や朝鮮からやってきた居留民も多く、またツングース語族系やモンゴル語族系の少数民族もいたので、まさに国際色豊かな町であった。そういう歴史もあって、貧しい労働者の多いウラジオストックは一九〇五年のロシア第一次革命以来、革命派のシベリアにおける拠点になっていた。一九一七年の十月革命後はソビエト政権が成立した。しかしそれを潰滅させようとした日・英・米などの外国干渉軍が上陸してきた。一八年から二〇年まで連合国と共同で、二二年までは日本単独で同市を占領し、「革命軍武装解除作戦」を続けていたのだ。

そのような物情騒然とした町であった。船まで迎えに来てくれたガイド役のロシア人も「あまり出歩かない方がいい」と言っていた。

ちょうどメーデーの日がやってきたので、それには参加した。たまたま徳田球一がここに来ていて、呼び出されたのだ。二月からモスクワで開催されたコミンテルン執行委員会第六回総会に日本代表として派遣され、総会後にひらかれた「日本問題委員会」に片山潜らと共に出席しての帰国途上だった。その夜は徳田から、コミンテルンの実状についていろいろ教示を受けた。

そして高谷覚蔵（一八九九〜一九七二）がたまたま当地に来ているから、ぜひ会って先輩の経験談を聞いていくように指示された。彼は大阪高等工業学校出のエンジニアであるが、一九二二年に渡米すると片山と知り合ってアメリカ共産党に入り、翌二三年には片山の推薦でモスクワに行った。そして東洋勤労者共産主義大学（クートベ）の第一期生となったが、卒業後このウラジオストックでカムチャッカを中心として、蟹工船に乗っている船員や水産加工業で働く日本人を対象とした独自の運動をやっていたのだ。その高谷にも会って、ロシアで何をどのように勉強するかいろいろ教えられた。

いよいよモスクワへ出発

ウラジオストックで一週間を過ごした二人に、いよいよシベリア鉄道に乗る日がやってきた。その頃の日本の若者にとって、シベリア鉄道に乗ってヨーロッパへ入る……そんなことは夢のような話だった。それが本当に実現する日がやってきたのだ。

やはり興奮していたのだろう。いつもより朝早く目覚めた。予定の出発時間より何時間も前に駅にやってきた。プラットフォームに停車している長距離列車を巨大な機関車からずっと見て回った。

東アジアからヨーロッパへの旅は、定期航空路のない当時では、シベリア経由が一番速かった。まず日本海をウラジオストックまで渡り、あとは鉄道でモスクワまで十日間ほどだった。そこで乗り換えてロンドンやパリへ行くのだが、約三週間で着いた。海路でならば、スエズ運河経由で七週間はかかった。外交官、ジャーナリスト、商社マンの多くは、シベリア鉄道の一等でヨーロッパに入ったのである。時間的に余裕のある文化人は、立派な客船に乗って各地に寄港しながら観光を楽しんだ。

革命後まだ十年も経っていないので、帝政ロシア時代の階級差のひどい社会システムがまだ色濃く残っていた。急行と各駅停車の鈍行では料金もかなり格差があり、それに応じて車内設備やサービスも大きく違っていた。座席も一等から四等まであった。

日露戦争時に兵員と軍需品輸送のために急造された区間が多く、線路もまだ単線だった。各駅停車の鈍行では、モスクワまで十五日間はかかる。チタやイルクーツクなど大きい駅では、後発の急行を先行させるために二、三時間も停車する。

鉄道は広軌だったが、車体は日本の狭軌よりいくらか大きい程度だった。四等の座席はスプリングもなく、公園のベンチのような板張りだった。速力が出ると車体が大きく揺れ動いて、そのたびにズシンズシンと響くので尻の皮が剝けそうだった。たくさん荷を背負って乗り込んでくるロシアの庶民は、みな綿入れの布団を敷いたりしていろいろ工夫していた。

シベリア鉄道に乗る

帝政ロシアはシベリア極東地方を内国植民地として開発しようとしていた。木材・毛皮・塩・銀・銅などの豊かな資源を何とかして西へ運び、ロシアの近代化の基本材として利用しようとした。そして一八六一年の農奴解放によって、ヨーロッパ・ロシアの農村人口が増えて土地が不足するようになると、シベリアへの大量の農民の移住のための鉄道の建設が計画された。

シベリア鉄道の建設は一八九一年から始まった。人跡未踏の地域も多く、建設資材を運ぶ道路などの交通輸送手段がなく、労働力も不足していたので、工事はなかなか進まなかった。日露戦争が勃発し、大量の兵器・人員を輸送するために、難工事で未完成だったバイカル湖を迂回する路線の完成を急いだ。

アムール川と並行して走る現行路線が開通したのは一九一六年だった。一九一七年の革命後の国内戦では、広大なシベリアは反革命軍の軍事的拠点となった。翌一八年から二二年にかけて先にみたように、ロシア革命への干渉が目的で日本軍を主力に「シベリア出兵」がなされた。その際にシベリア鉄道の橋梁や線路があちこちで破壊された。日本は最大時には七万余名の軍隊を派遣し反革命軍にてこ入れした。一九二二年十月に最後の日本軍がシベリアから引き揚げたが、鉄路が回復したのは二五年に入ってからだった。

それからまもない一九二六年五月に、高橋と佐野はシベリア鉄道に乗ることになった。日本軍のシベリア撤兵からまだ三年しか経っていなかったから、あちこちに戦闘の爪跡が残っていた。

かつては日本の国鉄も一等から三等まであって、庶民はみな三等だった。シベリア鉄道では四等まであって、多くの貧しい労働者・農民はみな四等に乗った。それも移住者が大半だったから、子ども連れも多く、一所帯分の家財道具を持ち込んで乗る。

一年の半分近くが氷に閉ざされているツンドラ地帯の近くは、開拓も困難だった。農耕がうまくいかず再移住を迫られた村里も少なくなかったようだ。子ども連れの移住は大変だ。親たちはみな疲労困憊《こんぱい》の様子だった。二人はこの四等の切符を買った。モスクワでは給費生なので日常生活はなんとかなると聞いていたが、いくらかのポケットマネーを残しておかないとやはり心配だ。高橋の懐具合も勘案して、「四等にしよう」と決めた。

しばらく絶句した佐野博

各駅停車の鈍行であるから、モスクワまで約九三〇〇キロの十五日間の旅はつらい。

「若者二人で、危険を冒して知らぬ国に渡って行く。母国へ再び帰ってこられないかも知れない。本当のところ、列車が動き出した時の気持ちはどうでしたか」と私は佐野に訊ねた。

「本音を言えば、やはり心細かったよ。二人ともまだ二十歳そこそこの若さだったからね。これからやるぞという高揚感と、未知の土地でどうなるか分からないという悲壮感が複雑に交錯していましたよ。

高橋君は社会の底辺とされた被差別部落に飛び込んで運動の最前線で揉まれていたから、それなりに度胸が据わっていて愚痴はこぼさない。車中でも落ち着いてよく勉強していましたよ。彼と違ってぼくなんかいわゆる小《プチ》ブル育ちで、いざという時は母親の胸に抱かれたい青臭さがまだ残っていたからね。荒涼たるシベリアの原野を突っ走っている夜中、なかなか寝付けなくて、流れるように過ぎ去る真っ暗な窓外を見ていると、なんとなく自信がなくなってきて……」

そう言ったきり、瞼に熱いものが溢れ、しばらく絶句された。おそらく過ぎし青春の想いがとめどもなく湧き出てきて、押さえきれなかったのであろう。

高橋と佐野は二人とも九州育ちだったが、よく上京したので、汽車の旅には慣れていた。しかしこのシベリア鉄道の鈍行列車にはいささか参った。それもあって、沿線でも有数の文化都市だったイルクーツクで降りて一泊した。

駅から出ると、バイカル湖から流れ出たアンガラ川である。ちょうど雪解けで満々たる水が勢いよく流れている。川の底の石ころや砂がよく見える清流だった。二人は記念のために水を汲んで飲んでみた。

バイカル湖畔の想い出

「今でもよく覚えているのは、イルクーツクの手前で、列車がバイカル湖にさしかかった時だ。切り立った断崖の上を数時間も走るので、三日月形の湖面が遠くまで見渡せる絶景の連続だった。だが急カーブにさしかかると、列車がすさまじい軋み音をたてながら傾くので、今にも崖から転落しそうな感覚に襲われた。

美しい岬の展望が目の前にひらけた時、車内の子どもたちの何人かが元気よく立ち上がると、黄色い声で口々に『バイカルよ、わがバイカルよ』と叫びはじめ、あちこちの席の子どもたちがすぐに唱和して、それから民謡を歌い出した。

なぜ子どもたちが、バイカル湖にかくも特別の思い入れがあるのか。その時はよく分からなかったが、後で聞くと、老酋長バイカルと長女のアンガラ姫の物語はロシアでは最もよく知られた民話で、小学校のテキストにも出てくるのだそうだ。

日本人は私たち二人だけだったが、その時ばかりは、私たち二人もしばらく童心に返って、可愛い子どもたちのコーラスにしばし聴き入っていた。そしてしばしの間、中学校の地理の時間で、シベリアについて学んだことを頭の中で反芻していた。バイカル湖は世界最深で、一番深いところは一六〇〇m以上、透明度は四〇mを超えると教わって、びっくりしたことを思い出して、ひとしきりお互いの記憶を探り合った。

やはり高橋貞樹の歴史と地理についての知識は抜群だった。私なんかはシベリアの三大河川であるレナ川・エニセイ川・オビ川の位置すら正確に言えなかったが、高橋はたちどころに白地図の上で指し示した」

シベリアの少数民族

「シベリア鉄道の各駅では、停車するたびに物売りがやってきた。ちょっと大きい駅では、近在のオバちゃんたちが小さな台の上で露店を開いて食物を売っている。

四等車の貧しい庶民たちは、食堂車へは行かないから、そこで安い弁当を買うのだ。黒パンに何かを挟んだ質素なものだ。今でも忘れられない味は、駅名は忘れたが、バイカル湖畔のとある駅で売っていたバイカル湖特産の焼き魚である。二人とも魚のうまい九州大分の育ちだから、魚には飢えていた。

どこでも駅に着くと、私たちはすぐに下車して、駅舎の周辺を歩いてまわりの景観を見て回った。

高橋は駅舎の近辺で働いている線路工夫や雑役人夫をいつも注視していた。彼は『少数民族《マイノリティ》』問題に深い関心を抱いていたから、その人たちの労働の現場が気になっていたのだ。いわゆる土方人夫には白人系はほとんどいなかった。

シベリアには数十の先住民族がいる。タタール族、ブリヤート族、ヤクート族など、中には千名以下の少数集団もいる。彼らが革命後にどういう社会的処遇を受けているのか、高橋はその現実を自分の目で確かめたかったのだろう。だが、言葉も知らないので話しかけられないのが残念だと言っていた。

イルクーツクを過ぎると、中央シベリア高原の南端にさしかかる。列車は針葉樹の深い森林帯を走る。あの有名な『タイガ』なのかと思いながら窓外を眺めていたが、単調な風景が何時間も続く。

やがて白樺やポプラ類の多い森林ステップ地帯に入る。湿地帯もあちこちにある。このあたりは、『西シベリア低地』と呼ばれ、北極海に注ぐオビ川の排水盆地で世界最大の平野なのだと高橋が教えてくれた。

西シベリア有数の都市であるオムスクに着いた。私たちが知っているのは、ここがドストエフスキーの流刑地だったことだけだが、途中下車する時間はなかった。その翌日、いよいよウラル山脈を越えてヨーロッパ・ロシアに入る」

第五章　モスクワ留学時代

モスクワの第一印象

高橋貞樹は一九二六年五月から二八年九月までモスクワに留学したが、その間の回想記は何も残していない。予審訊問調書で簡単に述べているだけである。それで同行した佐野博からの聞き取りと、後送されてきた滞ソ中の思い出話（テープ六本）、そして富恵夫人の私あての書簡を中心に、私なりにこの章を書くことにした。

さて、二週間にわたるシベリア鉄道の長旅を終えて、列車はようやくモスクワに到着した。駅前広場に出ると、五月下旬なのにまだ寒気が残り、風が冷たかった。

路面電車も走っていると聞いていたが、重い荷物を抱えて地理もよく分からぬ大都会をウロウロすることはできない。荷物といっても、大半は日本から持ってきた研究用の書物と資料だ。自動車も見かけなかったので、駅舎の前で客待ちしている辻馬車に乗った。当時のモスクワはまだ舗装されていなくて、丸石をずっと敷き詰めた道路だ。高橋貞樹と佐野博が乗った馬車は、カチカチと蹄を響かせながら、ゆっくりと走る。

レーニンを首班とする社会主義新政府は、一九一八年に旧都ペトログラード（旧サンクトペテルブルク）

からモスクワに首都を移した。それからまだ八年しか経っていなかった。一七年の革命時には二百万を超えていた人口も、内戦の混乱と食糧事情の悪化のため、一時は半減した。それほど荒廃したモスクワの都市事情も、二一年からの「新経済政策《ネップ》」によって急速に回復しつつあった。

表通りには、十八世紀の姿そのままと思える石造りのどっしりした建築物が並んでいた。大小さまざまで、ネギ坊主のような特有のドームをもった教会が見えてくる。金色や赤や青などで見事に彩色されている。だが、一歩裏通りに入ると、かつて農村から流民・難民としてやってきた下層階級が住んでいたスラム街がある。それを撤去して新しいアパートに建て替える工事が進み、あちこちから槌音が響いていた。

辻馬車は、やがて目的地のマホーバヤ通りにさしかかった。クレムリンのすぐ西側を走る大通りだ。その一郭にコミンテルンの本部があるのだ。

クレムリンでも一番高いイワン雷帝の鐘楼が見えてきた。クレムリンの原意は「城」であるが、一一五六年にユーリー・ドルゴルキー公によって建てられた木造の城塞だった。十五、十六世紀にかけて今日の姿に発展し、宮殿と聖堂が次々に設けられた。

にわか勉強のロシア史

辻馬車は城壁に沿って走る。城壁の周囲は約二二〇〇メートルで、二十の望楼がある。クレムリンの中心に、ロシア帝国の国教となったギリシャ正教のウスペンスキー大聖堂がある。仏教流に言えば「本山」なのだ。皇帝の戴冠式もこの大聖堂で行われた。

都市としてのモスクワの原型が形成されたのは、十六世紀の前半だった。クレムリンを基軸に町が形成され、そこから放射状に道路が延びている。そのように設計されたのは、モスクワを中心に「全ロシアの統一」をなしとげたイワン三世（在位一四六二〜一五〇五）の時代だった。王や貴族はクレムリン内に住み、商人や職人たちは職種ごとにクレムリンの周囲に区画をつくって住んでいた。

高橋も佐野も、ロシアの歴史についてはまともに勉強したことはなかった。それでモスクワ留学が決まると、大慌てでにわか勉強をした。シベリア鉄道の車中でも、歴史好きな高橋は日本から持ってきたロシア史を繰り返し読んでいた。高橋は、「ロシア史はとても複雑で、一筋縄ではとても理解できないよ」とよくこぼしていたが、「日本の天皇制」と「ロシアの絶対君主制《ツァーリズム》」の歴史的な比較研究を留学中にやりたいと言っていた。現代の労働問題を専攻していた佐野は、とても歴史までは手が回らず、その分野はもっぱら高橋から話を聞くことにしていた。

一七一二年にロシアの近代化を推進したピョートル大帝によって、首都はモスクワから、新興都市サンクトペテルブルクに移され、そこが「西欧に開かれた窓」になった。沼地の上に新しく建設された城塞都市で、ドイツ風に「聖ペトロの町」と名付けられた。

シベリア鉄道の車中で高橋がよく話したのは、ロシア史における「スラブ主義」と「西欧主義」の対立だった。彼の解説によれば、「モスクワはスラブ主義の権化のような伝統的な町で、サンクトペテルブルクは西欧主義の開明的な都市」、日本で言えばモスクワが京都で、サンクトペテルブルクが東京だった。夏の休暇にロシアの国内旅行ができるそうだが、「ぜひペトログラードにも行きたいね」と言っていた。そのサンクトペテルブルクもロマノフ王朝が終焉すると一九一四年にペトログラードと改称され、革命後の二四年にはレニングラードとなっていた（現在では再びサンクトペテルブルクの旧名になっている）。

高橋は辻馬車の中でも、ガイドブックを手に目を凝らして観察していたが、「要するに日本の城下町のシステムと同じだな。藩主とその一族が城《クレムリン》の中に住み、商人と職人は城外に職種ごとに集落をつくる。

違うのは、こちらでは教会が城内にあるが、日本では寺が城内にないことだ」。簡単明瞭な説明だったが、的は射ている。二人で旅をすると万事こんな調子だった、と佐野は述懐している。

コミンテルン本部で片山潜と会う

クレムリンの周辺には、ロマノフ王朝時代の政府機関、貴族やブルジョアたち専用の会館が並んでいたが、それはみな革命後に接収されて新政権の施設に転用されていた。馬車はようやく目的地に着いたが、四階建ての古いコミンテルンの本部もその一つだった。

武装した政治警察《ゲ・ペ・ウ》が入口を警備していたが、「日本からやってきた留学生だ」と告げると、地下にある受付に行くように指示された。「セン・カタヤマに会いたい」と申し込むと、すぐ電話で連絡してくれて執務室に案内された。

二人は、片山と会うのは初めてだった。一八九八年に安部磯雄や幸徳秋水らと日本で初めての「社会主義研究会」を立ち上げた大先輩としっかり抱き合って、初対面の挨拶をした。「よくやってきたな。君たち若い青年に期待して、ここまで頑張ってきたんだよ。よろしく頼むよ」。がっしりした体格だが、その声は元気がなかった。一八五九（安政六）年生まれの片山は、このときすでに六十六歳だったが、長年の持病もあって、立ち上がるとよろめいた。大逆事件で刑死した幸徳よりも十二歳も年上なのだ。

片山は第二インターの合法的議会主義の立場から、幸徳らの直接行動主義と対立していたが、大逆事件の際には国際的な抗議活動の先頭に立った。その翌年には東京市電ストを指導し、治安警察法によって五カ月間、獄中にいた。出獄後新しい運動の天地を求めて、四回目の渡米の途についた。一九一四年九月だったが、それから再び母国の土を踏むことはなかった。アメリカとメキシコ、そして二二年にはヨーロッパに渡り、モスクワを中心に活躍した。この頃は日本の社会主義運動の最古参者として、コミンテルンの執行委員会幹部会員だった。

それからしばらく当面の任務について打ち合わせた。現在コミンテルンの執行委員会では日本問題についての新しいテーゼを準備中であるが、高橋にはその分野で協力してもらいたい、佐野には「共産主義青年インタナショナル」の事務局で、日本代表として働いてもらいたい、との話だった。

すぐ隣の部屋にインド出身のローイ・マナベーンランドがいる。コミンテルンの極東ビューローの指導者として、今回の日本問題に関する委員会のメンバーになっている。早速紹介しておこうというので、ローイの部屋を訪れた。

まだ四十歳くらいの精力的な活動家に見えたが、イギリス支配に反対する独立運動の先頭に立ってインドを追われた。アメリカとメキシコで革命組織に参加したが、その波瀾万丈の運動歴がレーニンに認められ、コミンテルンの民族・植民地問題の委員会に加えられ、片山と同じく常任幹部会員になっていた。

入学テストを受ける

一週間ほど経って、入学試問の日がやってきた。口頭試問の担当者は、副校長で教務主任のルダッシュ・ラースローだった。四十歳とのことだったが、ハンガリー生まれでマジャール人とユダヤ人の混血であると言われていた。切れ味の鋭いシャープな頭脳で、人柄もさわやかだった。一九一八年に創設されたハンガリー共産党の創設者のひとりで、一九年にハンガリー革命政権が挫折してから、モスクワに亡命してコミンテルンで働いていた。哲学が専門だったので研究機関で仕事をしていたが、その講義は評判がよかった。

高橋と佐野は二人並んで試問を受けた。すでに入校予定者は勉学と運動の両方面についての履歴書を提出していたので、ルダッシュはそれを読みながらいろいろ質問した。

佐野は印刷工組合を中心に労働運動をやっていたと履歴書に書いていたから、主に労働運動の実状と見通しについて質問された。高橋は水平社の出身と書いていたから、その運動の由来と実勢について問われた。

そしていよいよ学力テストとなった。机の上に何冊かの書物があったが、その中にマルクスの『資本論』があった。「君たちは、これを読んだか」と訊ねられた。

佐野は正直に「よく読んだのは第一巻だけで、あとはちょっと目を通した程度です」と答えた。それで質問は、「労働力の商品化」の問題、「特に資本主義的生産において労働力の商品化はどういう役割を果たしているか」だった。ここの部分は繰り返し労働組合の講座でよく講義していたので、なんとか答えることができた。

次に高橋だったが、これはなかなかの難問で、「絶対的地代と相対的地代の区別を論ぜよ」という問題だった。高橋は、水平社運動は主に農村で展開されていると先ほど答えたので、「地代」論が問われたのだ。高橋は「学生時代に読んだ程度なので十分に理解していません」と前置きして、頭をひねりながら何とか答えていた。

ルダッシュはにこやかに微笑しながら「君たちが『資本論』にともかく眼を通していることは認めるよ。私が面接した留学生でも全く読んでいない者が少なくない。実は君たち二人が、今回の留学生では一番若いんだが、よく勉強しているよ」とほめてくれた。

レーニン学校の構想

自分たちが入学するのは「レーニン研究所」という研究機関であると聞いていたが、モスクワでは

「レーニン学校」（レーニンスキースクール）と呼ばれていた。コミンテルン本部の直轄として各国共産党の幹部養成のために緊急に設けられた。

ソビエト新政府は、各国と次々に平和条約を結んでいたのでモスクワに大使館が置かれていた。各国の革命を指導する分子を養成する機関を公然化すると、「革命の輸出だ」と外交上すぐに問題になる。それでマルクス・エンゲルス研究所付属の「レーニン研究所」という表看板を掲げていたのだが、コミンテルンでの通称は「レーニン学校」だった。

二人が勉強する学校は、寄宿舎も兼ねていたが、ピョートル大帝のあとで、さらにロシアの近代化を押し進めたエカテリーナ二世の元別荘だった。夫のピョートル三世を倒して皇帝となって国勢を拡げ、十人の男がいたと伝えられる破天荒の女帝である。フランス革命の時代にドイツの公家に生まれ、当時の新しい思想と文化で教育を受けたので、啓蒙派の君主としても多くの業績を残した。ボリショイ劇場を建て、エルミタージュ美術館の基礎をつくったのはこの女帝だった。日本からの漂流民・大黒屋光太夫を宮廷で引見したのも彼女だった。

ところで「レーニン学校」は、最初は期間一年程度とされていた。各国から若手の幹部を集めてレーニン主義の思想で再訓練する短期集中型の教育機関として設置されたのであった。

その当時はまだ、かつてマルクスが説いたように、西欧の先進国をさきがけとして次々に各国で社会主義政権が形成される世界革命論が構想されていた。資本主義の強力な包囲網を一国だけで突き破って、社会主義体制が成立するとは考えられていなかった。ロシア革命はあくまでその突破口に過ぎないとみられていた。これがいわゆる「永続革命論」であって、当時では普遍的な見解だった。ところが、ロシア革命に続くと思われていたドイツ革命が二二年から二三年にかけて失敗し、革命ロシアは孤立を余儀なくされた。

この時点で諸国の共産党をもう一度立て直して、ロシア革命に続く革命を惹起して、「永続革命論」を補完する新しい国際情勢を生み出そうとして、前記の「レーニン学校」が構想された。

したがって、各国から選抜された精鋭分子を長期間モスクワにとどめておくことはできなかった。それで最初は一年間と定められていたのだが、経済学や政治学の原論から始めて組織論・運動論、さらには各国の実状を踏まえた革命の戦術論まで含めると、長期間の教育が必要であることが分かってきたので、結局は期間三年に変更された。

それにはもう一つの理由があった。後で述べるが、一九二四年からスターリンの「一国社会主義論」が前面に出てきて、トロツキーらの主張していた「永続革命論」が劣勢になっていた。そういう党内情勢の緊迫した最中に、高橋と佐野の二人はモスクワに着いたのである。

「レーニン学校」での講義プログラム

さてモスクワの「レーニン学校」であるが、世界各地から留学生が次々に到着して、一九二六年六月から講義が開始された。

第一期生は八十名で、大半は欧米諸国の出身だった。ロシア語、英語、ドイツ語、フランス語の四組に分けられたが、英語組が最も多かった。日本からの二名を含めて、中国、朝鮮、東南アジアなど東洋人は英語組に編入された。平均年齢は三十二、三歳で、半数は妻帯者、二十一歳になったばかりの高橋と佐野が一番若かった。

講義はゼミ形式で、政治や経済の原論はかなり高度なレベルだ。佐野博の回想によれば、今日の大学院の博士コース程度だった。高等教育を受ける機会がなかった植民地出身者には、脱落しかかる者もいたが、さすがに選別された将来のリーダー候補生、深夜まで勉強会をやるなどして、みなで助け合って懸命に頑張った。

講義の合間にクラス討論会がしばしば催され、学校当局に要求書を提出した。その多くは受け入れられて、カリキュラムは随時修正された。教務主任をやっていたハンガリー人のルダッシュは、実にダイナミックな頭脳の持ち主だった。要求書が提出されると、学生の学習状況を見ながら臨機応変に対応した。

興味深かったのは、カリキュラムには載っていない特別講義だった。「いかにして革命を成功させるか」というシリーズで、ロシア革命、ドイツ革命、ハンガリー革命などが、事例研究として素材になった。実際に革命に参加した当事者を講師に呼んで、生々しい体験談を語らせるのだ。講義のあとで学生の質問を受けて、全員で集中討議をやる。それから各自でレポートを書いて出す、そういう手順だった。

留学生が特に関心を持ったのは、革命派内部の意見対立や組織分裂によって、途中で挫折してしまったドイツ革命やハンガリー革命の研究だった。佐野の記憶によれば、スターリンによる独裁体制がまだ成立していない段階だったので、少数意見の立場でもかなり自由に発言できた。運動の問題点もあからさまに指摘され、極めてリアルにその敗因が分析された。

ドイツ革命がテーマの際には、たまたまモスクワに来ていたドイツ共産党の幹部が何人か講師をやった。ハンガリー革命の時には、コミンテルンの幹部会の議長だったブハーリンも参加して特別講義を行った。

現地での実践活動に参加

革命運動史上の国際的な記念日には、大規模なデモと集会が行われたが、留学生全員が赤旗を手にして参加した。日本のデモは参加者もごく少数で、まわりは警官でびっしり囲まれていたので、なんとなく悲壮感があった。だが、モスクワのデモは動員力も桁違いで、「ウラー」の叫びは高揚感に溢れていた。

その頃からモスクワでは、中国革命の進展が特に注目されるようになっていた。佐野は今でもよく覚えていたが、二六年十二月に国共合作で武漢政府樹立が決定されたときには、モスクワでも最大級の支援のデモが行われた。翌二七年十二月の広東ソビエト政府の失敗の際には、直ちに特別講義が行われてその敗因が論じられた。

第一年度の夏の休暇は、まずボルガ河とオカ河の合流地点にあるニジニー・ノヴゴロド（のちの旧ソ連時代はゴーリキー市）に出かけて、二週間ほど紡績工場で生産活動を手伝った。機械を動かす技能はないので、油差しなどの補助労働だった。それで僅かな賃金をもらったが、ちょうどその頃イギリス労働党が指導する炭鉱ゼネストが発生し、それを支援するためにみなでカンパした。

それから一カ月は自由行動となったので、佐野と高橋はクリミヤ半島のヤルタまで行って、黒海を望む立派な保養所で過ごした。モスクワに到着してから、ずっと用務が重なって休みがとれなかったので、二人とも疲労がたまっていた。昼は海岸で泳ぎ、夜はぐっすり眠った。うまい魚が毎日食べられたので食欲も旺盛になり、やっと回復した。

ここでモスクワ到着後に高橋が担うことになった仕事を整理してみると、次の三つになる。第一は、「レーニン学校」の留学生として定められたカリキュラムに則して勉学することである。第二は、後で述べるが、「クートベ」の日本人学生に同校の準講師として日本史を講義することである。第三はこれも後で詳しく述べるが、片山潜の補佐役として、新しく作成される「日本問題に関する決議」の準備会議に参加することである。この三つの用務を同時にこなさなければならないから、体の弱い高橋は大変だった。ヤルタでの休養は健康回復にとてもよかった。

秋になると、みな学校生活にも慣れてきたが、頃合いを見計らってソビエト共産党への入党勧告がなされた。高橋は訊問調書で次のように述べている。「私の運動経歴が入党に値するや否やを顧みるいとまもなく、直ちに履歴書と種々の質問事項よりなる問答書を細胞ビューローに提出し」たが、学生の大半が入党を承認された。

党員になると、学生生活に新たに党活動の実習が加わった。モスクワ市内の党地区委員会の研修会にも出席して合同討議をやったり、近くの工場での演説会やビラまきに参加して、職場での組織活動の方法を学んだ。

東洋労働者共産主義大学（クートベ）で日本史を講義する

「レーニン学校」の近くに、一九二一年に設立された「クートベ」があった。そこへ二五年に十五名、二六年に十六名の日本人新入生が入ってきた。高橋はしばしばそこを訪れて交流を深めていた。

彼らの多くはまだ二十代の無名の労働組合員で、十分に鍛えられた活動家ではなかった。初めて体系的に社会主義について学ぶ者もいた。しかも慣れない外国での生活なので、いろいろ心細く戸惑っていた。根が親切な高橋は、暇があるとやってきて彼らに激励の声をかけてやり、学習の仕方を教えてやっていた。

このように高橋は「クートベ」によく出入りしていたが、学生たちへの「日本史研究」の講義を受け持つことになった。第一部として古代・中世・近世の日本史、第二部として明治維新以降の資本主義発展史、労働運動史を講義することを頼まれたのだ。資格は準講師だったが、月三十ルーブル以上が支給されるという話だ。

私は、どういういきさつで高橋が講師に推薦されたのか、佐野博に訊ねた。「おそらくクートベの留学生たちが要求したのではないか」と佐野は推測して、次のように答えた。

「クートべ」は現役の工場労働者《プロレタリア》であることが入学資格だったから、大学卒のインテリは在籍していなかった。つまり日本史を体系的に学んだ者はいなかった。だが自分たちの民族の歴史や国家成立の過程を知らないで、革命の方向を探り、未来を語ることはできない。したがって日本史研究は必須科目でなければならないが、実際問題として担当できる者がモスクワに常駐していなかった。

そこへ高橋が現れたのである。彼の『特殊部落一千年史』は学術書としてはベストセラーといえるほどよく読まれ、青年労働者向けのパンフも何冊か出していたから、留学生の中には彼の名を知っている者が少なくなかった。それで「渡りに船」と、高橋の講義を教務主任に頼んだのではないか。そのように佐野は話していた。

ともかく高橋は毎週一回の講義に喜んで出かけていた。こまめにノートを作成して、丹念に教えたから評判もよかった。この講義の概要は、二年半後に高橋が帰国して逮捕されてから、刑務所で陳述した「聴取書」（検事局、一九三〇年）によって知ることができる。聴取書は、取り調べに際して被疑者が供述した調書である。現物はプリントされて日本大学図書館の宮城文庫にある。なお同文庫は、「三・一五、四・一六合同裁判」の裁判長だった宮城実の所蔵資料である。

ただし豊多摩刑務所で検事の前で行われたこの講義は、かなり平板な内容で高橋らしい特徴はあまりみられない。モスクワで論じたに違いない天皇制批判など核心部分はカットされている。高橋の講義をモスクワで聴いた者も、そのとき何人か逮捕されて合同裁判にかけられていた。「クートべ」留学中にこういう天皇制批判の講義を聴いたとなると、それだけで治安維持法に触れて刑が重くなるから、彼らに累が及ばないように毒のある部分は高橋が意識的に言及しなかったのだろう。聴取書の最後で高橋は次のように述べている。

「以上に於いて日本の社会組織の変化の歴史、及び資本主義発達史について極めて概略ながら私見を述べ終わりました。参考にし得た資料が極めて制限された少数のものであったりした為、陳述の内容も不十分ではありますが、主要な問題に付いて私の考えは述べ尽くしたと思います。「モスクワ」東洋共産労働大学で同大学在学中の日本学生に講義した内容も骨子に於いてこれと大体同様であります」

陳述人　　高橋貞樹

右録取し閲読せしめたる相違無き旨署名拇印したり

昭和五年六月六日　於　豊多摩刑務所

東京地方裁判所検事局

検事　戸来重雄

裁判所書記　関　良平

激烈な党内論争――スターリン派とトロツキー派

ここでどうしてもふれておかねばならないのは、二四年一月のレーニンの死の直後から始まったソビエト共産党内の激烈な党内闘争と、それがコミンテルンへ及ぼした影響である。

二四年の第十三回党大会において、党の幹部派であるトロイカ三人組、すなわちジノヴィエフ、カーメネフ、スターリンと、少数意見として異端視されていたトロツキー派との対立が激化した。論争は、「少数意見をめぐる党内民主主義」の問題、「プロレタリアと農民との同盟」の問題、「工業化における労働組合の自主管理路線」など多岐に及んだ。だがその中心は、周知のようにトロツキーの《永続革命》論とスターリンの《一国社会主義》路線との対立であった。

この党大会ではトロツキー派の敗北で論争が終ったかにみえた。だが、翌二五年の十四回大会では、ジノヴィエフ、カーメネフらは、スターリンに対する人間的不信もあって、しだいにトロツキー派と同調するようになった。

党大会ではジノヴィエフ派を中心とする〈新反対派〉がスターリン、ブハーリン、ルイコフらの幹部派が唱える一国社会主義路線を公然と批判したが、大会では、〈五五九対六五〉の大差で敗北した。

窮地に追い込まれた反対派は、二六年四月の中央委員会総会で五カ年計画をめぐる工業化の問題を契機に、ジノヴィエフ派、カーメネフ派、トロツキー派、旧労働者反対派が「合同反対派」に結集して共同戦線を展開したが、総会でまたもや敗北した。反対派は、反党的組織行動として処分され、ジノヴィエフは政治局追放、カーメネフは「レーニン研究所」所長に左遷された。

同年九月には、反対派は最後の手段として下部機関の大衆に訴えるという直接的行動をとった。党幹部派も全国の細胞組織で、一斉に反キャンペーンを開始した。各地の討議では、圧倒的に一国社会主義を主張する幹部派が優勢だった。十月には、反対派の首脳部は党規に反した罪を認めて自己批判書に署名した。この事態は「合同反対派」の崩壊に拍車をかけ、スターリンは徹底的殲滅を開始した。ジノヴィエフにつづいてトロツキーも政治局を追放され、さらにこの決議は十一月のコミンテルン第七回プレナムに持ちこまれて合同反対派は明確な偏向であると規定された。

スターリンによる反対派の殲滅

二七年は党内闘争の最終段階であった。反対派は英露労働組合統一委員会や中国の「国共合作」戦術の失敗を、日和見主義的な統一戦線方式の破綻として攻撃したが、もはや劣勢はあきらかだった、二七年末の第十五回大会で第一次五カ年計画と農業集団化の政策が定められたが、この大会で合同反対派の主力七十五名は党から除名された。ついでに言っておけば、トロツキーは二九年に国外追放となり、ジノヴィエフはその後も復党と除名をくりかえしたが、三六年にはカーメネフと共にキーロフ暗殺という罪名で銃殺された。除名された七十五名の大半が「モスクワ裁判」で死刑になり、戦後まで生きのびた者はごく少数であった。

高橋がモスクワに到着したのは二六年五月だったから、「合同反対派」が結成されてスターリン・ブハーリン派に対する最後の総攻撃に入った直後であった。高橋は調書で、「滞在中、細胞総会で最も議せられたのは新反対派の問題」であったと述べ、この反対派は、「レーニン的方針に疑問を持ち始め、工業化政策、対農民政策等の重要問題に関して、或は右に偏し或は左に偏する矛盾した政策を提唱するに至ったものである」と簡単に言及しているだけである。そして、「党指導部が党内のみならず労働者農民の圧倒的支持」を受けていて「私も自己の信ずる通りにあらゆる討論において中央委員会支持の表決」をしたと述べている。

国外からやって来てまだよく事情の分からない若い外国人留学生は、レーニンの死後に突如として噴出した党内闘争に戸惑ったに違いない。長年にわたる思想上の対立の根を持った《一国社会主義》に関わる大論争について、若い留学生が正確な洞察と判断を下すことは困難だった。当時の党内の大勢にそのままついてゆくより方法がなかった。

異能の研究者・福本和夫

全く無名の若い新人が矢継ぎ早に作品を発表し、二、三年にして一躍ジャーナリズムの脚光を浴びる――こんな事例は文壇ではよくあることだ。しかし人生経験に乏しく世間の隅々まで見知っているわけではないから、描くべきナマの素材に事欠くようになり、きらめくように見えた想像力もしだいに枯渇して、惰性で書かれた文体もやがて鼻につき出す。当然やってくるこのような限界を乗り越えた異能だけが、後の文学史に名を残す作家となる。

だが論壇というか学界では、三十歳そこそこの青年が十数本の論文を二年間で矢継ぎ早に発表してたちまち論壇の寵児になる――こんなことはまずない。あったとしてもまさに希有の事例である。なぜなら関連するテーマにかかわる原典の読破、先行的研究の渉猟にも時間がかかり、一本の論文を書くだけでも未知の領域を切り拓く構想力と論理構成力が必要である。しかも一般読者が読むことのない専門論文であるから、それがジャーナリズムで注目されるようになるには、生来の天分とよほどの幸運に恵まれねばならない。

ところが、そういう幸運にめぐりあわせた異能の人物が現れた。大正末期に突然論壇に登場して「福本イズム」旋風を巻き起こした福本和夫（一八九四～一九八三）その人である。

福本イズムについてはすでに本書でもあちこちで言及してきたが、その思想史的評価についてはまだ述べていない。それで、ここでまとめて論述しておこう。実を言えば、本書の主人公である高橋貞樹も、論壇で一大旋風を巻き起こしたこの「福本イズム」を批判した先駆者のひとりとして、日本の社会思想史の一コマにその名を残しているのだ。

後で詳しく述べるが、高橋がモスクワ滞在中に、日本問題に関わる委員会が開催された。日本で一大旋風を巻き起こしていた「福本イズム」について理論的な決着をつけるために、コミンテルンが緊急に催した会議で、ブハーリンらの執行委員も出席した。日本からも当時の運動のリーダー全員が呼ばれた。出席しなかった山川均と荒畑寒村を除いて、当時の首脳部の大半がモスクワにやってきた。前年の二六年に日本共産党に入党し、活動経験もないのに常務委員政治部長に抜擢された福本も参加した。その委員会で決定されたのが、「二七年テーゼ」と呼ばれる日本共産党の新綱領だった。コミンテルンで作成された「日本問題に関するテーゼ」は、「二二年テーゼ」(「日本共産党綱領草案」)「二七年テーゼ」「三一年テーゼ(草案)」「三二年テーゼ」である。その中でも、コミンテルンでも重視されて、外国の共産党出身の執行委員も参加した討議のもとで決定されたのがこの「二七年テーゼ」である。これによって日本の革命運動の行方を左右する最も重要な運動方針が定められたのだ。

モスクワの「レーニン学校」に留学中であった高橋貞樹は、理論問題の基本に通じていて外国語もできるというので、この会議の通訳を命じられた。そこで初めて福本和夫と出会った。ところが反福本派だった高橋は、この国際会議で丁々発止と福本と激論をやった。つまり通訳の任務を越えた役割を果したのである。

詳細は後で触れるが、二人が最初に出会ったのはこのモスクワの会議である。高橋は二八年末に帰国したが、半年後に逮捕され、それから獄中にいて三五年に亡くなった。福本は二七年十月に帰国したが、「二七年テーゼ」が制定されると指導部から外され、中央アジプロ部の一員として活動していた。翌二八年六月に大阪で逮捕され、それから未決通算十四年の獄中生活を釧路刑務所で過ごしたので、モスクワで別れてから、両者が再び出会うことはなかった。

連続投稿によって論壇に登場する

さて福本和夫であるが、彼は鳥取県久米郡下北条村(現東伯郡北栄町)の地主の次男として生まれた。倉吉中学から第一高等学校へ進み、一九二〇(大正九)年に東大法学部政治学科を卒業し、二一年に故郷に近い松江高等学校の教授となった。幼い頃から地元では抜群の秀才とみられ、エリート・コースを順調に歩んだ。

教師になったころ、河上肇の『唯物史観研究』を読んでマルクス主義を初めて知った。翌年文部省在外研究員として二年半独仏に留学、「専門の法律学はちっともやらないで、もっぱら研究したのはマルクス主義」という生活を送った。そして「滔々たる翻訳万能の潮流と公式主義か、そうでなければ、卑俗な経験主義かの洪水のごとき思想状況」のさなかにあった日本に帰ってきた。帰朝すると、その直後から当時の「コミュニスト・グループ」の機関誌『マルクス主義』に連続投稿したのであった（『革命運動裸像』三一書房、一九六二年）。

ヨーロッパで二年半の研究生活を終えて帰国した福本和夫が、雑誌『マルクス主義』への連続投稿によって論壇に登場したのは、一九二四（大正十三）年末から二五年にかけてである。「『資本論』を中心とした経済学方法論」「弁証法に基づく唯物史観の体系」「階級政党組織論」の三つの領域にわたって、十五篇の論文を立て続けに発表したが、投稿論文の多くは滞欧中に執筆されたものだった。

「経済学批判のうちに於けるマルクスの『資本論』の範囲を論ず」と題する第一論文が郵送されてきたとき、未知の書物や新しい術語を駆使したきわめて難解な論文だったので、編集部の西雅雄が没にしようかと迷っていた。それをたまたま手伝いに来ていた林房雄が拾い上げて活字になった。その話は先に述べた。

二五年一月に山口高商教授に転じたが、二六年三月に休職となると直ちに上京し、五月からは個人雑誌『マルクス主義の旗の下に』を発行、六月からは共産党再建のための過渡的組織として結成されていた「コミュニスト・グループ」（ビューロー）に参加し、『改造』『社会科学』などジャーナリズムにも積極的に進出した。二六年にはこれまで発表した論文を中心に三冊の著書を出し、たちまちにしてマルクス主義陣営の新しい旗手となった。

同年十二月に山形県の五色温泉で開かれた党再建大会では大会宣言を起草し、党常務委員政治部長になった。つまり実践運動の経験を全くもたない三十二歳の「教授あがり」(荒畑寒村)にすぎぬ福本和夫を理論的指導者として、日本共産党は再建された。

バラバラに分裂した左翼戦線

「福本イズム」が吹き荒れる直前の社会政治運動はどんな状態であったか。一九二四(大正十三)年の護憲三派内閣の成立による政党政治時代の開幕に対応して、総同盟の「方向転換声明」がなされ、「大衆の中へ!」「政治闘争へ!」を主張する「山川イズム」の主導下に、これまでの〈アナ・ボル〉対立にほぼ終止符が打たれた。

来るべき普選にそなえて、労働組合の政治闘争への転進が単一無産政党論を軸としてさまざまな角度から論じられるようになった。しかも日本共産党が解党(二四年)してしまっていたので、新しい政治局面を迎えるに当たって、最先頭に立って闘うべき前衛分子の結集体がないという複雑な状況を現出していたのである。

大震災における政府の弾圧、それに引き続く資本家の攻勢の下において、政府の「飴と鞭の政策」を宥和政策としてうけとって、労働運動の右派は小ブルジョア的改良主義の方向へ進んだ。そして二四年の総同盟宣言に述べられた現実化方針を、議会利用をめぐっての右翼的方向転換の根拠にして、左派に対する攻勢をさらに強めてきた。それで、アナ・ボル対立に代わって、〈社会民主主義と共産主義の対立〉が激化してきた。かくて二五年には、日本の革命運動史上に一転機を画する「総同盟の分裂」が起こる。

このような分裂と混乱の状況を理論的に整理し、統一戦線を基盤とした単一無産政党を結成する第一歩は、新しい組織論の提起によるほかはなかった。つまり政治運動を指導する「政党」と、大衆の経済的要求を中心として組織する「組合」との関係を明確にし、その上で長期の戦略的な展望に基づいた組織論が待望された。

当時の主導的な立場にあった山川の「共同戦線党論」は、コミンテルンの第四回大会（一九二二年）で提起された、社会民主主義をはじめ異なる政治的立場にある運動体との統一戦線戦術を学んで、日本の現実にみあうように考案されていた。

だが問題点も多かった。第一に前衛政党の結成を時期尚早として否定していた。第二に結成されるべき単一合法無産政党と組合との関係が曖昧だった。第三に共同戦線党の内部での前衛分子のフラクションを認めるとの趣旨であったから、政治グループ間の対立がそのまま「政党」に持ち込まれることが懸念された。

だれが、どのようなプログラムをもって指導するかという最も重要な点を不明確にしたまま、広汎な統一戦線組織と無産政党を混同した組織論に基づいていたから、結成途上にあった「労農党」も、単一無産政党としての結集に成功しなかった。幾度かの曲折を経て、右派、中間派、左派の三派に分裂してしまった。そうなってくると、山川イズムの指導性について、先進的分子が疑問を抱きだしたのは当然であったと言えよう。

このように労働運動を中心とした大衆組織がバラバラになった状況の中でわが国最初の普選が行われるという危機的状況にあった。まさに混迷と分裂の真っ只中にあって、突如登場したのが「福本イズム」であった。

ナデ切りにされた先行世代

しばらくたってくると、福本の尖鋭な批判は、明治期社会主義と大正デモクラシー運動を基盤としていた先行世代の運動理論をナデ切りにして、社会主義陣営に一大旋風を巻き起こそうと意図していることが明らかになってきた。

第一に、河上肇、福田徳三らのマルクス経済学派を、方法としての弁証法、体系としての唯物史観を理解しない俗流経済学とキメつけたのである。

第二に、総同盟に大きい影響力のあった河野密、赤松克麿、高橋亀吉らの無産政党論を徹底的に叩いて、時代遅れの経済主義、組合主義と断じた。

第三は、当時の左派の主導理論だった山川イズムの「方向転換論」と「共同戦線党論」に対する全面的批判だった。後で詳しく触れるが、それを糸口に福本独自の革命戦略を展開しようと目論んでいたのであった。

第四は、レーニンの階級政党論を新しい視点から紹介したことである。ドイツで実地に見聞してきたローザ・ルクセンブルクの組織論の挫折に言及しながら、『何をなすべきか』に代表されるレーニンの理論を、社会主義の党組織論の新地平として紹介した。レーニンのそれは、特殊ロシア的なものではなく、普遍的適応性があるとして日本への適用を主張したのであった。

イエナ大学で人間の主体的意識を重視するコルシュに学び、ルカーチの『歴史と階級意識』（一九二三）に傾倒して帰って来た福本の思想的志向性が、これらの初期論文にはっきり出ている。そしてこれらの論点の帰結として、福本イズムのカナメとなった「分離・結合論」が提唱されたのであった。

この「洋行帰り」「教授あがり」の新進評論家の斬新な学説は、まず知識階級に大きい衝撃を与えた。上京してきた福本の姿を一目見ようと、宿泊していたホテルのまわりは女子大学生の追っかけグループがたむろしていたという。

山川均も、周囲からしきりに反批判をすすめられたが、かたくなに沈黙を守った。ヨーロッパ最新と称する哲学や階級政党論に裏付けられた福本理論を、論破することは容易ではなかった。〈冬の時代〉以来の辛酸をなめてきた古い世代を一刀両断にすることによって、福本は新世代の「新しい波《ヌーベル・バーグ》」として、一躍論壇の寵児となった。ひたひたと迫り来る新たな帝国主義戦争の跫音を背景に、「大正デモクラシー運動」も退潮し、若い人たちに愛読された「白樺派」などの理想主義的ヒューマニズムも色あせてきていた。

かくして「福本イズム」は、時代の最先端をいく「ニュー・レフト」となった。最初は学生と知識人の間で読まれたが、しだいに労働運動にも影響を及ぼし始めた。にわかに表面化した「福本イズム」の台頭という状況の中で、高橋は今後の運動の方向をどのように構想していたのだろうか。

大学の急増と新しい大衆文化状況

一九一二年から二六年にいたる大正年間は、日本が「農業国」から「工業国」に変身する大過渡期だった。その変身ぶりは、今日でも世界の新興諸国がモデルとするほどのすさまじい勢いだった。その十五年間で重化学工業を中心に製造工業の生産額は、農・林・漁業などの第一次産業の二倍以上に急成長した。

工場地帯は交通の便利な都市部周辺に設置されたので、農村から都市へ人が流れ、大正年間に都市人口は二倍近くに増大した。鉄道網や通信網も飛躍的に拡大し、家庭や工場における主たるエネルギー源も、蒸気力から電力に代わった。

当然のことであるが、このような工業化・都市化を基軸に産業構造の大転換を推進するためには、それを担う「人材の育成」、すなわち「高等教育システムの充実」が先行せねばならない。ところが明治初期では、大学は東京帝大だけだった。二番目の京都帝大が成立したのがやっと一八九七（明治三十）年になってからである。

大正元年でも、大学の数は帝国大学の四校だけで、学生総数はわずか八九四六人だった。だが、大正十五年には国・公・私立あわせて三十七校、学生総数五万二一八六人と六倍に急増していた。「高等教育機関のこのような爆発的急増」は、世界の近代教育史上でもきわめて異例であった。明治期四十五年間を通じて培養されてきた近代日本の知識文化のあり方が、大きく変わる最大の原動力となった。

もう一つ忘れてならないのは、大学における学生数の増大に伴って、大学教員の数が約五千人まで増大したことである。大学の教員といってもピンからキリまでさまざまだが、同世代の中でよく勉強し時代の先を読むのにすぐれている部分が多く含まれていたことは確かである。彼らは外国留学から帰ると、西洋で仕込んだ新知見を相次いで発表して言論界のリーダーとなり、若い世代に学問的刺激を与えた。

その代表的な一例がここでふれている福本和夫である。「教授あがり」「洋行帰り」の若い学者が、日本の社会運動史の一コマとして記憶される「福本イズム」という大旋風を巻き起こしたのであった。

高等教育機関の拡充は、それだけで成り立つのではなく、「基礎教育課程の底上げ」を伴わねばならなかった。すなわち高等小学校教育・中等教育の普及、さらには女子の進学率の上昇などを前提条件としていた。産業構造の変化はさまざまの新しい職業を生み出し、青少年が社会的に進出する選択肢が増えたこともあって、知識欲も一段と旺盛になり、活字文化の読者が急増した。

急伸長したジャーナリズム

大正中期から新聞・雑誌・書籍の発行部数は急激に伸びた。社会主義運動の創成期である明治中期では、活字文化の普及は一部のインテリ層に限られていて、商品市場としてはこれらジャーナリズムはまだ微弱だった。

日刊新聞も明治初期は発行部数も少なく、読者は学歴のあるエリート層に限られていた。大正デモクラシー運動の推力として言論界をリードしたこともあって、大正中期には『朝日』『毎日』などは数十万部まで発行部数を伸ばし、各府県で地方紙が続々と創刊された。それまでは、新聞を毎朝読んでから出勤する工場労働者はほとんどいなかったのだが、彼らブルー・カラー層も日刊新聞をとるようになった。

農山村での読書人口は富裕な地主層に限られていたが、農民運動の急速な展開に伴って、中貧農層も社会問題に深い関心を抱くようになり、研修会やサークルが相次いで組織され、これらの地域でも活字文化が普及していった。

総合雑誌も明治期に創刊されていた『太陽』『中央公論』に続いて、大正期に入ると『改造』『解放』『文藝春秋』と出そろい、女性雑誌も『婦人公論』『主婦之友』が刊行された。子ども向けの児童雑誌も鈴木三重吉による『赤い鳥』をはじめ『童話』『コドモノクニ』などが相次いで刊行された。『少年倶楽部』が少年少女向けに大正三年に創刊されたが、大正十三年には発行部数は三十万部に達した。大衆雑誌『キング』も大正十四年から刊行されたが、七十万部を超える部数を売った。今日の週刊誌の先駆けである『週刊朝日』『サンデー毎日』も大正十一年に創刊された。

「労」「農」「水」「学」の社会運動、そして女性解放運動も大正中期からめざましい発展を遂げた。そしてそれぞれの領域で、発行部数は少ないが、たくさんのミニコミ紙誌が出版され、そのリストだけでも膨大なものになる。

人口指標を基軸に歴史人口学の視点から大正時代を分析した速水融・小嶋美代子『大正デモグラフィ』（文春新書、二〇〇四年）にも興味深いデータが出てくる。出生・死亡・移動の推移を通じて、都市化現象を中心にこの時代の動きをとらえている。

「階級」間の巨大な壁

同じ都市に住んでいても、月給で生活する「ホワイト・カラー層」と、日銭稼ぎで生きる「ブルー・カラー層」とでは、居住区も服装も生活様式も一目で分かるほど違っていた。

両者を隔てる壁は大きかった。生活文化の格差は、日常感覚やモラルにまで及んだ。文化教養の差異は、交友関係を限定し、情報の流通量も規制した。つまり、階級間の格差は、人格形成の過程だけではなく、世間的な体裁《ていさい》や社会的な付き合いにまで深く影響していたのであった。

江戸時代までは「貴・良・賤」という身分観念によって〈士・農・工・商〉などに分類され、それによって居住区・家屋・服装・髪形など生活様式全般にわたって規制されていた。結婚・交友など人間関係の基本も同一身分間に限定されていた。

NHK大河ドラマの坂本龍馬伝が評判になったが、近世末期から明治維新への社会的変動の過程を、「下士」と呼ばれた下層の武士階級の視点から平俗的に描くことによって、ややこしい時代の推移をわかりやすくデッサンしてみせたのでヒットしたのである。

明治維新によって、タテマエの上ではそれまでの身分的規制は解かれて、職業、居住と移動、結婚の自由が認められた。すべての人間が「労働力商品」としては平等とされ、努力すれば何にでもなれる資本主義の新時代が到来したのであった。

しかし、ここではこれ以上は立ち入らないが、旧来の社会規範であった「身分」観念に代わって、新たに「階級」観念が現出したのである。立身出世も、万事カネ次第の世の中になってきた。「有産・中間層《プチ・ブル》・無産」という区分が、人間の社会集団を大きく分類する基準となった。

さらに、活字文化の普及は、生活文化の平準化、価値意識の共有化の方向に作用したが、もう一つ見落としてならないのはラジオ放送の開始だった。

ラジオ放送は、欧米諸国より二、三年遅れたが、一九二五（大正十四）年に始まった。電波による大衆へのリアルタイムでの情報伝達は、新しいマス・メディア社会の誕生を告げるものだった。機械設備も多額の投資が要らず、どこでも発信受信できる簡便性があるので、瞬く間に全国的に拡大した。

おもに都市住民が享受していた講談・落語・浪花節・万才などの四大庶民芸能も電波に乗って農山漁村の隅々まで届けられ、活字文化に縁のなかった下層階級も、ニュースや時事解説を聞いて、時代の動きをすぐさま感知できるようになった。

もちろんすべてが順風満帆で、大正末期にバラ色の未来へ向かって進み出したわけではない。自身と妻の実体験に基づく細井和喜蔵の『女工哀史』（改造社、一九二五年）が発刊され、高橋貞樹の『特殊部落一千年史』（更生閣、一九二四年）が版を重ねたのもこの時代だった

ドイツ仕込みの日本の学問

第一次世界大戦（一九一四〜一八）は四年余に及ぶ長期戦となり、主戦場となった西洋諸国を疲弊させ、戦場にかり出された多くの民衆は窮乏のどん底に突き落とされた。ドイツの歴史哲学者O・シュペングラーの『西洋の没落』（一九一八〜二二）がベストセラーになり、その予言通り、大航海時代から西洋文明の支配下におかれてきた世界情勢の地殻変動が始まった。

政治・経済の領域ではアメリカが世界をリードする新時代に入り、アジアでは日本が帝国主義の牙をむき出しにしだした。ヨーロッパの辺境とみなされていたロシアで革命が勃発し、中国をはじめ各国で君主制が崩壊する新段階に入った。欧米列強の植民地支配もその地図が大きく塗り替えられた。

最も惨めな結末を味わったのは敗戦国ドイツだった。ヴェルサイユ条約による賠償要求によって経済は崩壊し、食糧不足とインフレで民衆の不満が爆発し、まさに内乱前夜の様相を呈した。「ドイツ革命近し」と世界の社会主義者は固唾をのんで見守ったが、ドイツ共産党（「スパルタクス団」）は新しい政権の樹立に成功せず、リーダーのローザ・ルクセンブルクとK・リープクネヒトは暗殺された。連邦制共和国「ワイマール共和国」（一九一九～三三）が成立した。

大戦後の一時期。好景気に沸いた日本の学者・学生の西欧への留学は格段に増えたが、その多くはドイツを目指した。戦後のハイパー・インフレによりマルクに対して円が強く、留学費用が特に安くついたからである。

領主制連邦だったドイツが統一国家として成立したのは十九世紀後半であって、イギリス・フランスよりも近代化は遅れていた。ドイツの近代統一国家としての形成過程が、日本の明治維新と類似しているところが多かったので、維新の大変革の際には、近代ドイツ成立の基軸となった「プロイセン改革」が一つのモデルとされた。伊藤博文が一八八二年に渡欧してプロイセンの政治制度を調査し、それに基づいて憲法をはじめ一連の立憲体制を制定したことはよく知られている。

このように官僚制度、軍制度、教育制度など、多くの分野でプロイセン・モデルが一つの規範となったのであるが、その影響は学問研究にまで及んでいた。

大正元年には大学の教員数は七九二人にすぎなかったが、大正十五年には約六倍に急増している。高商・高工・高農などの高等専門学校の教員を含めれば、研究者の数はさらに上回るだろう。向学心の強い若手は外国留学によって一段と研究・教育力を高める道を選んだ。どこに留学するかは本人の希望によるが、一番多かったのがドイツであった。医学や精密科学はもちろん、哲学・歴史学・経済学・政治学などでもドイツを選択する研究者が多かった。

そのような研究者の志向性が、一九二〇年代から三〇年代にかけての日本における社会主義運動を活性化させる大きなきっかけとなった。高橋貞樹が師匠として選んだ福田徳三は、近代経済学の開拓者であり、社会政策の主唱者となったのだが、やはりドイツで四年間学んでいた。帰国後は多くの後輩の育成に努めた。

ジャーナリズムをみても、社会主義関係の書籍、雑誌の出版点数はドイツが第一位だった。マルクスとエンゲルスの祖国であり、社会民主主義のK・カウツキー、民主社会主義のE・ベルンシュタインの活動の本拠地であるからそれも当然だった。

安いマルクのおかげで、大量のドイツ語書籍が日本に輸入され、大学の図書館や丸善に並んだ。そして次々に日本語訳されて、ジャーナリズム市場を賑わすようになった。

福本イズムに批判的だった高橋貞樹

ざっと概要だけを簡単に要約したが、このような大正期における「産業構造の変動」と「高等教育機関の拡充」「大衆文化状況の成立」が、新しい価値意識と人間平等思想をもった世代を産み出した。そしてその世代の最新の思想潮流として社会主義が広がり、その中から福本イズムが台頭してきたのである。

福本イズムの影響は一九二六年に入ると急速に拡がっていったのだが、高橋は当初から福本論文には批判的だった。水平社をはじめ無産政党活動や青年運動などの経験が豊かで、大衆運動について実践的感覚を身につけていた高橋にとっては、福本の諸論文はインテリ偏重の理論主義としてとらえられたのであろう。そして運動にもちこまれたならば意識分子を観念的に急進化するだけであって、現実の大衆運動はセクト的な分裂によってガタガタになるだろうと予感していたにちがいない。以下は富恵夫人の証言である。

「はっきりとは記憶しませんが、福本さんの大上段に振りかぶって難解な論理でこれまでの運動家をなで切りにする手口に、大阪の労働者もインテリ群も、みな当時はあっけにとられて、なんでもかんでもこの大論文を読んで理解しなければ脱落するというような風潮が巻き起り、組合事務所では夜を徹してみな真剣な眼付きであの難解な論文にひたすらに噛《かじ》りついて勉強したものでした」

もちろん人一倍理論好きで、西洋から入ってくる新思潮には丹念に目を通していた高橋は、「マルクス主義の新地平」として次々に発表される福本の論文に深い関心を寄せていた。組合の会議や婦人部の集会でも「福本を読まずんば運動にあらず」といった雰囲気になってきたので、富恵夫人も家にある雑誌から福本論文を探して読み始めたが、どの論文にも赤線が入り書き込みがあった。

「どうも自分のようなカケダシの運動家の水準ではとても理解できないな」と富恵夫人は判断して、高橋にどの論文から読めばいいのか訊ねてみた。

「そうすると意外に強い語気で、福本さんの論文を否定したんですね。それを聞いてわたしは内心『困ったな』と心配したのでした。なにしろ一本気な性格だから、この調子で福本批判をやり出すと周りから浮いてしまうのではないか。だけどそれから間もなく日本を離れてモスクワに行きましたのでホッとしました」

「福本のどの部分を、高橋は強く否定していたんですか、やはり〈分離・結合〉論ですか」と私は訊ねてみた。

「そうですね。私にはむつかしいことは分かりませんが、それと〈日本資本主義の急速没落〉論ですね。この二つが結び付くとすぐに極左セクト主義になると語気強く言っていました」

この問題については後で再論するが、何事についても慎重だった高橋は、「ヤレ行け！　ソレ行け！」流の安易な行動主義に批判的で、特に血気にはやる〈革命前夜〉説を厳しく戒めていた。巨大な軍事警察機構で守られている国家の変革は、短時日でとてもできるものではなく、きわめて難事業なのだとよく言っていた。

もう一つ、高橋の福本イズムの評価に関する証言がある。大阪外語の社研の学生として高橋家によく出入りしていた小嶋克己の回想記である（「高橋貞樹と私」『大阪労働運動史研究』第四号、一九八一年十二月）。

一九二五年秋に京都の学生の間で、福本がもてはやされるようになった。福本が京大で河上肇批判の講演を行ったとき、壇上の福本のさっそうたる燕尾服と、黙然とそれに聴き入る河上の和服姿がいかにも対照的であったというのは有名な話で、まもなく京大の社会科学研究会は、これまでの指導者河上に対する決別を宣言した。この噂は学生運動仲間にもすぐ流れてきた。

この話を聞いた小嶋は、たまたま研究会に高橋が出てきたので、福本の評価について質問した。そうすると次のような答えが返ってきた。

『ヘボ医者はヘボであるほどもったいをつけて、もっともらしく病人をとらえて病理学を説くもので、そんなヘボ医者にかかった患者こそお気の毒な人たちである』と、高橋はごく手近かな例をあげて説明してくれました。

コミンテルンと福本イズム

地に足のついた大衆運動を日常闘争のなかで追求していた山川派育ちの高橋は、その鋭い理論センスと結びついて、当初から福本イズムに疑問を抱いていたのであろう。

高橋は入露して半年後には、「クートベ」の日本人留学生に福本イズム批判の演説をやり、それを三十枚くらいの原稿にまとめていたことを訊問調書で認めている。裁判で判事は、その原稿を日本に送ったかどうかを執拗に追及している。

『無産者新聞』の主筆でもあった北浦千太郎が、当時の指導部でただひとり反福本イズムを標榜していたが、「福本イズムの清算」（『社会科学』一九二七年八月）と題する論文を書いて評判になった。これが論壇における最初の真正面からの福本イズム批判だったが、この論文は高橋がモスクワから送ってきたメモを下敷きにしているという噂があった。高橋は日本へ原稿を送ったことを訊問調書では否定しているが、詳しい事実は不明である。ただ北浦とコミンテルン極東部のヤンソンが密接な関係にあり、大使館でしばしば会って、北浦の反福本イズム行動を終始側面から援助した。

ヤンソンは、二六年末に五色温泉で開かれた第二次共産党の大会宣言をみて、「まるで抽象的で恰も古書を読んでいるような感じがして其の内容はまるっきり判らぬ、あれでは評議会が分裂し……折角今日まで築き上げた左翼の勢力は無茶苦茶にされる」と述べたそうである。しかし党指導部は規律違反の名目で逆に北浦を除名したのである。ヤンソンは、その当時の「赤色労働組合インタナショナル」（プロフィンテルン）のリーダーだったロゾフスキーからきた「福本の〈分離・結合〉論は誤謬だ」という趣旨の手紙をみせて、「落胆するな」と激励したそうである。

二六年夏に福本を再建ビューローに入れて、その理論的指導下に第二次共産党の結成大会を準備していた日本の党首脳部は、「コミンテルンなにするものぞ」という猛烈な意気込みだった。ところが「モスクワにいる高橋が反福本イズムで動いている」というニュースは、日本にも伝わっていたらしく、高橋の言動は分派行動であるとして「なんらかの処分に付する必要があるという様な問題が、実は代表団で議せられた」ということを、モスクワにやってきた徳田球一から聞いたと、高橋は訊問調書で述べている。

日本代表団がこのように高姿勢であったのは、西欧帰りの福本の理論は、レーニンやローザ・ルクセンブルクはいうまでもなくルカーチやコルシュなどの最新のマルクス主義思想を福本独自の方法で体系化したもので、福本理論は当時のコミンテルンの思想的水準を抜いていると思い込んでいたのである。

「新旧対立」の風潮

大正年間の日本経済の構造的変動は、明治社会の物的基盤をしだいに解体させていった。それだけではなく、伝統的な文化風俗と国民統合の要となっていた偏狭なナショナリズムの瓦解を促進した。特に高等教育機関の急増とジャーナリズムの発展を画期として、若い世代には、新しい《時代精神》の台頭を待望する気運がみなぎってきた。

そこへ出現したのが「福本イズム」であった。それは社会思想の新しい波《ヌーベル・バーグ》としてとらえられ、若い世代の尖鋭な部分を直撃した。大逆事件以来の暗い谷間で培われてきた〈オールド社会主義〉の冷めた現実主義と漸進主義をもどかしく感じていた学生層やプロレタリアの先進層を、それは一挙に吸引したのである。

大正デモクラシー運動によって西洋市民社会の先進性に刮目し、大正モダニズムの風潮で日常のファッションまでモデルチェンジしつつあった若い世代は、西洋から入ってくる新思潮に敏感に反応した。福本が用いた「歴史的必然性」「資本主義没落の総過程」「批判的自己意識」などの新しい言葉に接すると、まるでそこで描かれた未来像をすぐに現実化できるような幻想に浸った。大変革の時代に生きる若者は、言葉のイメージ喚起力にしびれた。

かくして日本の社会主義運動は、世代的には新旧対立、運動路線としては前衛党結成か共同戦線党か、組織コースとしてはコミンテルン系列に入るか、それとも日本独自の路線を選択するか――というように次第に分岐してきたのであった。

荒っぽい二分法であるが、前者の系列は、主として福本イズムを軸に第二次共産党へ結集したより若い世代によって担われた。後者の系列は、堺利彦・山川均・荒畑寒村らの、大逆事件から「冬の時代」を体験した世代であった。

少し脱線するが、この新旧対立は「文体《スタイル》」にもはっきり現れていた。堺・山川・荒畑はいずれも名文家として定評があるが、その文体はきわめて平明で、事実をそのまま叙述するリアリズムである。比喩や暗喩はほとんど用いられず難解な学術語も用いられていない。つまり大衆に読みやすい平俗な文体であって、その点では明治後期に文壇の主流となった田山花袋や徳田秋声らの自然主義文学の「現実描写」と同じ水脈に発する文体であった。

ところが福本の文体は、西洋直輸入の新しい学術用語を多用し、明治期にまだ見られた漢文体のリズムを残した観念性の強いもので、インテリ以外には通じない難解なものであった。

福本の「分離・結合」論の本質

それでは福本の名を一挙に有名にした「分離・結合」論とは、どのようなものであったのか。

その第一弾として、〈無産者結合に関するマルクス的原理〉の副題をもつ「方向転換はいかなる諸過程をとるか、我々はいまそれのいかなる過程を過程しつつあるのか」(『マルクス主義』一九二五年十月)を書いて「分離・結合論」を提唱した。まず最初に日本における「分離・結合の道行きのミニィトゥール(密図)」を次のように提示する。

経済過程としては「総同盟分裂と評議会の結成」、政治過程としては「第一次共産党の結成」、意識過程としては「雑誌『マルクス主義』の創刊」——それぞれを画期として、「マルクス主義の異常にして急激な発達」がみられたとする。そして「方向転換が無産階級の全使命を最もいかしえんためには、——いかなる原則を立すべきか」と問いつつ、レーニンの『何をなすべきか』を援用して次のように言う。

マルクス主義の理論と経験とは答えていう——一旦自らを強く結晶するために『結合する前に、まずきれいに分離しなければならない』。そして、『単なる意見の相違』——同一傾向内の——と見えたところのものを組織問題に迄、従って単に『精神的に闘争する』に止まりしものを『政治的、戦術的闘争』にまで開展しなければならない。

そのためには第一にマルクス的要素を『分離』し、結晶作業を行い、第二にこの原則を戦いとるための闘争は、当面理論的闘争の範囲に制限せられざるをえぬであろう。

翌年二月に発表された「山川氏の方向転換論の転換より始めざるべからず」(『マルクス主義』二六年二月)と題する長い論文では、福本の批判はついに山川均そのものに向けられた。

「氏が今日共産主義的見地に立たることはもとより疑いない」と前置きし、だが、「今日までの我が陣営の理論である山川氏の俗学主義・折衷主義を批判し転換し、揚棄せねば、真実の無産階級の方向転換——分離結合にかんするマルクス的原理の現実化はありえない」と論断したのであった。

簡単に言えば、左—中—右に分かれている無産者運動において、左派の中に潜む疑似マルクス主義的要素の剔抉《けってき》なくして中間派・右派の打倒はあり得ず、真のマルクス的原理にもとづく主体確立のためにまず自派に内在する根本欠陥をえぐり出さねばならぬとして、次のように問題点を指示したのである。

まず第一に、「山川氏の認識論上、方法論上における根本欠陥は、氏が対象を全体性的に考察せずまた過程的に把握せられざる点に存する」、すなわち経済闘争によって育成された階級意識が、「いかにして真実の社会主義的政治意識にまで発展せしめられるか」という「中間関節」の問題が欠落している。したがって一度徹底し純化した階級意識を「ソット、ソノママ労働大衆のうちにさしこめばよい」ことになり、理論闘争の必要性は認められない。

第二に、かかる非弁証法的方法が労働運動論に反映すれば、「社会主義と組合主義との折衷的方向転換論」となり、政治闘争は経済闘争の「ズルズルベッタリな延長であり総合である」という俗学的見地に堕する。

第三に「氏自身、なお組合主義の本質を内包している」のであるから、階級政党論を抜きにした組織論とならざるを得ず、これは目的意識的な指導を放棄した自然発生性に依拠する日和見主義であって、客観的には右派中間派と同質のものであり、「ここに折衷的な方向転換論は其の越ゆることのできない限界にぶつかる」と結論した。

コミンテルンの統一戦線論

このような「分離・結合」論は、運動の最前線で活動している人びとにどのように受け取られたのか。まず言えることは、運動の第一線で活動している若い人たちが、山川の方向転換論に主導される共同戦線（統一戦線）党の内実について、その当時はしだいに疑問を抱き始めていた。その人たちが福本の尖鋭な問題提起にとびついたのであった。

合法的単一無産政党と共同戦線党を二本の柱とする山川路線は、大衆運動組織論の大枠としては、レーニンの指導下に形成されていったコミンテルンの第三回から第四回にかけてのダイナミックな統一戦線戦術に合致していた。もっとはっきり言えば、山川はそこから学んでこの路線を日本型に修正して提案したのであった。

一九二一年末に作成されたコミンテルンの「統一戦線テーゼ」では、新たなる帝国主義戦争の危機を目前にして、社会民主主義者やサンディカリストを含めて全労働者階級の組織統一を主張していた。レーニンは「（コミンテルンの）戦術は次のことを基礎にしなければならぬ。すなわち労働者階級の多数をなによりも古い労働組合の内部で、うまずたゆまず系統的に獲得しなければならない」としていた。そして大衆運動における多数派結成のためには、政策と行動の統一を重視し、イデオロギーにおける意見の相違は二の次であると考えていた。

当時のドイツ共産党内の理論闘争についても、左からの《攻撃理論》を主張する主流派を主観的冒険主義であり、二一年の三月革命の失敗もこれらの左翼セクト主義の帰結であると、レーニンは厳しく論難し、次の決議が採択されていた。「プロレタリアートの当面の緊急要求のため共同闘争を敢行する熱意をもっている限り、これらの諸党間の相違点は度外視して、諸党のすべてが統一戦線を結成することが、現下の情勢から要求されている」。

当時のコミンテルンは、このような柔軟な路線の延長線上にあったから、「上海会議のテーゼ」をみてもその路線は継承されている。二五年五月の総同盟分裂＝評議会創立の際には、ぎりぎりまで分裂を回避すべく努力されたが、結局は右派の分裂主義に対抗して山川の主導下に決断されたのであった。コミンテルンはもちろんこれに反対であったが、上海から代表団が説得されて帰国してみると、すでに組織分裂は進行していたのであった。

したがって当時の山川路線は、イデオロギー的には右派と決別せねばならず、組織的には共同戦線（統一戦線）党を志向せねばならないという矛盾に直面していたのであった。

山川のために一言弁じておくならば、前衛党の必要性は原理的には決して否定してはいなかった。だが、上から少数精鋭メンバーを寄せ集めて性急に結成してみても、結局は第一次共産党の二の舞になる危険性が多分にあり、しかも国外組織のヒモツキになると大衆運動からすぐ浮き上がって孤立した集団になってしまうことを危惧していたのである。

柔軟な山川の組織論

そこで山川は次のような現実的な構想を対置したのであった。大衆運動が下から発展し、労働者階級の意識が高揚し、前衛党結成の条件がその過程で成熟するまでは、各派・各グループがフラクションとして参加することを認める。そして各グループの発言と宣伝の自由を認める。このような「開かれた共同戦線」党をもって、当面の局面を乗り切っていこうと考えたのであった。共産主義者はそのなかに入って一つの核として行動し、その影響範囲をあせらず拡大してゆけばよいと考えていたのであった。

このような柔軟構造をもった組織論は、強力な軍事・警察機構に支えられた国家権力をみるとき、そのほうがむしろ深い大衆的な根をもった持続力のある反体制組織になりえたのではないか――そういう仮説も成り立つ。

「天皇ハ神聖ニシテ侵スヘカラス」と憲法で規定され、天皇制を国家のイデオロギー的統合の頂点においた日本の国家権力構造を、百人や千人の少数前衛でもって突き崩し倒壊させることは、とうてい机上の論理としても成り立たないものであった。その点では山川の判断はそれなりのアクチュアリティをもっていた。実際問題として、たとえかなり広汎なシンパ層をもっていたとはいえ、日本革命の前衛を自負した共産党は、昭和前期の最盛期においても、ついに千名をこえることはなかったのである（しかも最大の党員数をもっていた三〇年代前半の段階において、組織のほとんど全貌がスパイの手を通じて権力に握られていた）。

だが血気にはやる若い青年たちには、山川路線のような忍耐と根気のいる方法論は、まさにジレッタイものであった。したがってこの山川路線を、日和見主義的な待機主義だと批判する「福本イズム」が最新の思想として喧伝されていくと、ワッとそちらのほうへ走って行ったのである。

前衛党結成の論理的道筋を、アイマイにさせたままの山川のコースより、明らかにこの福本の「分離・結合」論のコースのほうが単純明快であり、戦闘的な意気に燃える若者たちにふさわしく見えた。

福本から激しく批判されても山川は黙っていた。山川批判を転機として運動の主導権は福本に移り、福本自身が『マルクス主義』の副編集長に就任し、実質上の編集権をにぎった。そして相次いでなされた組合運動や大衆組織・文化団体の分裂が〈分離・結合〉の名分で合理化され、そして福本はこの過程を、「全無産階級的な政治行動主義の意識の成熟」と判断した。階級政党組織論であった「分離・結合」論が無原則的に大衆運動にまで影響を及ぼした。

これによって社会主義内の思想の左右対立は、非合法の共産党と合法的無産政党の対立となり、さらに合法面でも左・中・右の三派鼎立という局面になった。共同戦線党である全国的な「単一無産政党」の樹立という理念は崩れ去り、前衛分子からすれば共産党の外郭団体化した「労農党」だけが輝ける指導精神を持ったプロレタリアの党であり、労農党から分裂した「社会民衆党」「日本労農党」「日本農民党」のような無産政党は、いずれもブルジョアの手先であるとされ、攻撃の対象となった。

福本の政党組織は、このような分裂に分裂を重ねた政治過程を「分離・結合」の名の下に「マルクス主義的意識の純化」過程として合理化した。

日本政府はドイツでとられたビスマルクの「飴と鞭」の政策に学んで、「普通選挙の実施」と「治安維持法の制定」を同時に行うことにして網を拡げて待ち構えている。そういう局面に、組合運動も無産政党もバラバラに分裂したままの状態で突入して選挙を行えばどうなるか。

折角のチャンスを生かして議会でいくらかの橋頭堡を獲得するためには、各地方で小異を捨てて大同につく「共同戦線党」を結成して統一戦線候補を立てて闘うほかに手がなかった。そしてその運動を基盤にして組合レベルでも政党レベルでも、「戦争か平和か」のスローガンを掲げ、「貧困・失業・差別」に反対する統一政策のもとに、大衆的な運動の基盤拡大に総力を挙げるべきであった。

福本イズムのもたらしたもの

福本がこのような激しい批判を加えたので、山川の反批判がどうなされるか。みな固唾をのんで見守っていた。そうなれば「福本イズム」と「山川イズム」との全面対決という新しい局面に入って、激しい論戦が展開されると予想された。それをきっかけに新しい方向がみえてきたならば、日本の革命運動も新次元へ発展する可能性が見られたであろうが、そうはならなかった。

コミンテルンが両派の激突は大きく育ちかけていた日本の革命運動をバラバラに瓦解させてしまうのではないかと考えて、両派の代表を緊急にモスクワに呼んで「日本問題に関する委員会」が開催された。結論から先に言えば、そこで決定された「二七年テーゼ」によって、「福本イズム」と「山川イズム」は左右両翼の偏向であると規定されたので、両派の華々しい論争は実現されなかった。

正確に言えば、福本が二年にわたってそれまでの運動を主導した山川イズムを激しく批判したが、山川はそれに応えず沈黙したままだった。

病気という理由もあって腰の重い山川が、福本への反撃を開始したのは、改造社の季刊雑誌『社会科学』の福本イズム特集号（二七年八月号）の「私は斯う考える」という長文の論文だった。ところがその直後に「二七年テーゼ」が発表され、福本がその批判を全面的に認めたので、両者の論争はそれで打ち切りとなった。

前衛的要素の意識を「純化」し、それを獲得し得た者で「結晶」作用を行う——それがマルクス主義政党組織論の核になると福本は提唱した。しかもそれは「当面は理論闘争の範囲内」において行うのである。

この部分をみただけでも多くの問題点がある。純化された意識とは、マルクス主義の理論に通達した者を指している。「結晶」とは前衛党に結集することだ。しかもそれは「当面は理論闘争の範囲内で行う」というが、あくまで「当面」だけであって、いずれ純化されない部分は排除されて組織分裂を招くことは目に見えている。そして純化された少数精鋭だけが、丸裸になって浮き上がって権力から狙い撃ちされる。

このような純化された意識の結集を目指す「一〇〇パーセント主義」は机上の空論であって、実際には極めて危険な極左冒険主義を産み出して自滅の道を辿る。ドイツやハンガリーなどで革命が挫折したのも、このような内部分裂による自壊が主な原因の一つであった。そのことを肝に銘じていたがゆえに、レーニンは統一戦線戦術の必要を強く押し出したのであった。

大衆運動の経験がなかった福本は、理論的成長においてもう一つ大事な契機について言及していない。それは「現実」の闘争と関わりあうことによって「理論」そのものが試されて自己革新していくという契機である。まさに弁証法のイロハが欠けていたのであった。「教授あがり」「洋行帰り」の若い研究者が新しい共産党の理論的リーダーになることは、そのこと自体が無理な話であった。

第六章　一九二七年の「日本問題に関する決議」

反「福本イズム」の動き

大正年代末期の一九二五年から二六年にかけて、「福本イズム」が左翼論壇を席巻したことは先に述べた。そしてその鋭鋒は、ついに長年にわたって日本社会主義運動のリーダーとして活躍してきた山川均を正面から攻め立てた。組合主義・折衷主義・経験主義と厳しく批判されても、山川は黙して反論しなかった。したがって論争とはならず、福本からの一方的な批判攻撃に終始した。

「水曜会」以来、多くの仲間と共に歩んできた山川であるが、「山川派」と俗称されるような政治グループを形成していたわけではない。震災で東京を離れ兵庫県に住んでいた山川は、第一次共産党解散後のコミュニスト・ビューローには正式には参加していない。いわばつかず離れずの関係にあった。

山川の『自伝』（前掲）によれば、二五年二月に第一次共産党事件の公判に出るために一度だけ上京した。その際に堺利彦と荒畑寒村がやってきて、共産党再建の動きが具体化していると、当時作成された「上海テーゼ」を手渡された。「私はしばらく考えた末に、僕は協力できない」と答えた。「わが国の現在の条件のもとで、ああいう形態の運動をやれば、何度やり直しても必然的にああいうものとならざるをえない。（中略）それに私の方向転換論の考え方と、どうしても一致しない」という理由だった。堺も山川と同意見だった。

この話は「福本イズム」が吹きすさぶ前の話である。山川の腹の中は、共産党再建反対ではっきり固まっていたのだ。非合法の少数前衛集団を核とする革命が、この日本で成功する見通しはないという結論だ。

やはり山川均の『自伝』によると、雑誌『労農』を出す少し前のこととあるから二六年の秋の頃か、出獄してきた佐野学が、コミュニスト・ビューローが福本イズムに支配されている実情を見て大いに憤慨した。そして堺利彦のところにやってきて、「共同で福本イズム征伐の雑誌を出そうと提案してきた」。それでその話が堺から山川に持ち込まれたが、山川は断った。運動に関する一般理論誌ならば賛成だが、党内にいる者とわれわれ党外の者が協力して福本イズム批判をやると「党内の抗争に介入することになるから反対だ」という理由である。

この山川の証言は重要である。第一次共産党結成以後の理論的リーダーだった佐野学が福本イズムに反対していたのだ。そのことは佐野の書いた当時の論文を読めばよく分かる。

党内に福本イズム反対派がもう一人いたことが、この『自伝』で紹介されている。荒畑寒村の回想記「共産党をめぐる人々」にある、二七年テーゼ作成のためにモスクワに呼ばれた一行の中のひとりが、モスクワに行ってから公然と福本イズムを批判したために党規違反だと徳田球一から譴責を受けたという話である。これは誰かと言えば、紛れもなく高橋貞樹である。

もう一つ重要な証言がある。この『自伝』を編集した山川均夫人菊栄の回想である。二七年の二、三月ごろコミンテルンの駐日代表だったヤンソンから福本イズムについて山川均の見解を知りたいという申し入れがあった。しかし山川は「共産党に無関係な自分が党内の問題に介入することは好まぬ」と断った。だがヤンソンが、非公式に自分個人の参考にするだけだからと再三問うてきたので、ついに山川は「党外にあるものの個人的な見解」にすぎぬという念入りな前書きを添えてヤンソンの問いに答えた。

この文書がどう扱われたか、ヤンソンその人がその後どうなったか、山川は全く知らない、と註記されている。私の推測では、この書簡はモスクワに送られて、二七年テーゼ作成委員会になんらかの形で紹介されたのではないか。

このような動きには荒畑寒村も関わっていたが、実際にウラで工作したのは北浦千太郎であった、と私は思う。先にふれたが、北浦は大阪の朝日・毎日をはじめ各地の新聞社を転々とした優秀な文選工だったので、文章もうまく弁も立った。

一九二二年に最初の「クートベ」学生としてモスクワに留学し、二年間学んだからロシア語もうまかった。帰国後は共産党再建のためのコミュニスト・ビューローに入り、共産青年同盟（ユース）の結成を指導し、その間に高橋貞樹と知り合った。『無産者新聞』が創刊されると佐野学のもとで記者として働き、かたわら駐日代表ヤンソンとの連絡係を務めた。

その当時モスクワに行く場合は、北浦の指示通りのコースで入ソしたが、高橋もそうだった。高橋が反福本イズムの立場からクートベの学生に講義し、そのメモを北浦に送り、それに基づいて北浦が「アンチ福本イズム」（『改造』二七年三月号）を発表したという話が伝わっているが、その真相は今もよく分からない。しかし高橋―北浦という太い線があったことは確実だろう。

モスクワにやってきた代表団

さて、「山川イズム」と「福本イズム」の対立で混迷している日本問題に決着をつけるべく、コミンテルンは日本から両派の代表を呼んだ。その招集をうけて、日本から代表団が次々にやってきた。

しかしモスクワの呼びかけに応じてやってきたのは、二六年十二月に五色温泉で開催された共産党再建大会に出席したメンバーが大半で、ほぼ全員が福本派であった。

この五色温泉の大会には、徳田球一、佐野学、市川正一、野坂参三らは、第一次共産党の関連でなお獄中にあったか、あるいは外国にいたので参加していない。そのため、議案作成の特別委員会には佐野文夫、渡辺政之輔、北浦千太郎、福本和夫の四名が指名された。

ところが北浦は反福本イズムの立場だったので、特別委員会から外され、結局福本が「宣言」、佐野文夫が「規約」、渡辺が「政治運動と組合運動の方針」を執筆し、福本イズム一色で固まった再建大会となった。

かくして再建された共産党は、その目指す方向として、「理論闘争によって革命的インテリゲンチャを結集し、労働運動と結合して、なお残存せる折衷主義的性格を克服し、真のマルクス主義党に止揚する」という方針が定められた。

そして日本農民党、社会民衆党、日本労農党などはブルジョアの利益の代理人であり、幹部はみな組合主義であるから彼らを排撃して、その下部の大衆を唯一の階級的共同戦線党である労農党に獲得せよと訴えた。

ソ連通商部代表の肩書で東京に駐在しているコミンテルン東洋部のヤンソンが、この大会の決定を読んで驚いたことは先に述べた。当時ではもはや過去のものであったロシア十月革命当時のレーニンの党組織論がそのまま踏襲され、きわめて抽象的かつ図式的に日本の状勢に適用されていたのだ。世界の帝国主義国家や日本資本主義の現状分析も、きわめて貧弱である。

時代は急速に進み、レーニン自身がコミンテルンの初期における各国共産党の運動方針が「あまりにもロシア的である」と批判して、一九二二年のコミンテルン第四回大会でかなり根本的な方向転換を示唆していたのである。

すなわち「大衆の中へ！」「統一戦線」「労働者政府」などの新しいスローガンが提起され、ソビエトによる権力の奪取というロシア革命モデルとは異なる新しい社会主義への道を模索する方向性が示唆されていた。サンディカリズムや社会民主主義でも、イデオロギーの相違にこだわらず、政策が一致すれば共同闘争を行って統一戦線を結成する。場合によっては、ソビエト方式ではなく、議会を通じての「多数派の獲得」も視野に入れるという柔軟な路線である。

前にみた山川均の「方向転換論」と「共同戦線党」論という画期的な問題提起も、実はこのコミンテルン第四回大会の決定に刺激されて、その骨子を日本状勢に適応するように修正して提案されたものであった。

準備に大忙しだった高橋貞樹

次々にモスクワにやってくる日本からの代表団の応対に当たったのは高橋貞樹だった。同じ宿舎にいた佐野博の回想によれば、レーニン研究所での勉強は中断して、コミンテルンの仕事で大忙しであった。というのは、病弱で十分に活動できない片山潜の補佐役に任命され、さらに日本問題に関する国際会議の通訳という難しい役目も引き受けていたからである。

高橋貞樹は日常生活については、万事おおまかで細かいことにこだわらず、コセコセしたところはなかった。愚痴や小言を言うこともなかった。しかし学問に関してはきわめて綿密で、その時に取り組んでいるテーマや資料についてノートを必ず作成していた。

このときは特に念入りに多くの資料を英訳し、関連する各種の論文概要もまとめて配付資料として用意していた。「なにしろブハーリンの横にいて仕事をするんだから大変だよ」といいながら準備をしていた。

当時ブハーリン（一八八八〜一九三八）は四十歳前だったが、年よりも老けて見えた。モスクワ大学在学中から運動に参加してシベリア流刑となり、脱走して西欧へ入り、そこで本格的に経済学を勉強した。世界資本主義分析の第一人者といわれ、当時の日本では、レーニンに次いで有名だった。その本人のそばで仕事をするのだ。通訳という裏方の仕事だったが、高橋にとっては一世一代のハレ舞台だった。

最初に到着したのは鍋山貞親であった。プロフィンテルンに派遣された鍋山は、二六年十二月にモスクワに到着する。高橋は早速訪ねていっていろいろ討議するが、彼らは大阪での労働運動を通じて熟知の間柄だった。「高橋と私とは福本主義が盛んであった頃、福本君の分離・結合論に対し、組合の統一性を無視する点等について共に釈然たらざるものがあり、其事に関して話合ったことがある」と鍋山は調書で述べている。そして、「哲学的方面における（福本の）理論的誤謬について高橋から教えられる処が多かった」とあるように、すぐに福本イズム批判では高橋に同調した。

翌二七年二月には、河合悦三、中尾勝男が到着する。イギリス共産党のマーフィと片山潜がコミンテルン側を代表し、それに鍋山と高橋が参加して予備的会合が開かれた。高橋の訊問調書によれば、「その間に両者共に段々考えを変えて来たらしく福本君の理論政策の絶対確実性については疑問をもつようになった」。そして三月に渡辺政之輔が到着する。福本に心酔していた渡辺は、福本イズムの立場から日本の革命運動に関する報告書を書いて片山に渡した。だが何回かの予備会議で渡辺もしだいに説得され、結局、さきに到着した鍋山、中尾、河合、渡辺らの全員が反福本イズムで一致した。

こういう情勢のなかへ、徳田、福本、佐野文夫が二七年四月に到着する。徳田は日本を発つ直前に福本イズムの立場からする論文を発表して意気揚々と乗りこんだのだが、たちまち徹底的に批判され、情勢利あらずと見るや一夜にして急変してしまった。

引続いて予備会議が何回か開かれ、徳田、福本、佐野が発言し、最後に渡辺が立って在来の日本共産主義運動の欠陥について語り、「これからはコミンテルンの正しき指導の下に日本の党を真実の大衆的労働者党として発達せしむべく努力したい」と述べて終った。

二七年テーゼの骨子

五月のコミンテルン執行委員会で日本問題が議題として上程され、直ちに「日本問題に関するテーゼ小委員会」が設置された。

ブハーリンを長として、マーフィ、片山らが起草委員に任命された。徳田、福本、渡辺が意見書を提出し、ブハーリンを中心に会議が三、四回開かれた。

会議は英語とロシア語で行われたが、日本の代表団には外国語をしゃべれない者が多かったので、高橋貞樹が通訳をやった。マーフィが旅行に出たため、その覚書を下敷きにして、ブハーリンが原案を起草した。それを高橋が訳して、さらに討議し加筆してテーゼ原案が決定された。それが「二七年テーゼ」と俗称される綱領である。

日本革命の基本的な戦略について、「二二年の綱領草案」「二五年の上海テーゼ」「二六年のモスクワ・テーゼ」と何回かコミンテルンではその骨子を提示してきた。しかし日本資本主義の分析から始まり、その階級的戦略配置と来るべき社会主義革命の見通しまで体系的に展開した文書は、この二七年テーゼが初めてである。

さて、この「日本問題に関する決議」では、まず日本が「第一級の帝国主義権力」となり、その資本主義的発展は、今日なお「上向線」にあると規定している。産業の急激な成長と資本主義的生産関係の成長は、「日本ブルジョアジーの政治的重要性とその力の増大とをもたらし、その結果は、貴族とブルジョアジーとの間の種々なる内部的軋轢妥協を通じて政府の変質をよび起こした。今日の日本の政府は資本家と地主とのブロックの手中にある」。しかもこれは、「ブルジョアジーの覇権のもとにあるブロック」である。

それゆえに、「日本国家のブルジョア化、立憲君主制の解体、封建的分子の政府よりの駆逐は、かくの如き高度のトラスト化の水準に達した国においては、不可避的に封建的残存物に対する闘争より、資本主義それ自体に対する闘争に転化する」。

このような論証にもとづいて、《ブルジョア民主主義革命を達成してからの社会主義革命への急速な転化》という日本革命の展望をあきらかにしたのである。

次いで運動組織論において当時の争点になっている「山川イズム」と「福本イズム」の対立の問題を取り上げ、両者を厳しく批判する。まず山川イズムであるが、山川のいう共同戦線党は前衛党である共産党の独自の役割を大衆的な労農団体に代置させる清算主義的日和見主義である。他方、福本の《分離・結合論》を中心とする運動組織論は、インテリの過大評価を招くセクト主義であり大衆組織を分裂させる機械論的観念論であって、「レーニン主義の漫画」に外ならぬと批判する。すなわち福本説も山川説も、左右両翼の偏向であると厳しく批判したのである。

そして大衆的な共産党の建設を指示するのであるが、一読してあきらかなように、福本の絶対主義権力論、日本資本主義急速没落論が明確にしりぞけられている。そして、山川が従来主張してきた、ブルジョアジーのヘゲモニーのもとでの残存している封建的諸要素との抱合説に近い見解を打ちだしたのであった。

また、「福本イズム」と「山川イズム」の両者を批判しているが、福本批判には、行数からしても山川批判よりも数倍もウエイトがおかれている。いうなればできるだけ山川派に道をあけておくという形をとってある。

こういう配慮が、日本代表団の意向によるのか、ブハーリンらのコミンテルン首脳部の意向によるものかどうか明確ではないが、少なくとも当時のヤンソンらのコミンテルン東洋部の意向が反映していたことは疑いえない。

当時はコミンテルンにおいても、ヨーロッパにおける世界革命の波が退潮していることは、はっきり認識され、特にドイツ革命とハンガリー革命の失敗は深刻に受けとめられていた。そして極左セクト主義による内部分裂と、大衆運動からの浮き上がりが、敗北の主要因であるとみられていた。したがって日本において、もしも「福本イズム」が革命運動の主流になるならば、ドイツやハンガリーの二の舞になると危惧されたのであろう。

その点では、少数の急進的なインテリの理論集団にすぎない「福本派」を排除して、現実の労働運動に根を持ち経験も豊かな「山川派」を、どうしても党再建の中に組み入れるべきだという配慮もあったに違いない。

「共産党」の公然化を指示する

モスクワで制定された「二七年テーゼ」の概略はすでに述べたが、もう一つまだ言及していなかった問題がある。それは天皇制国家権力の前で共産党を公然化することであった。

コミンテルンからすれば、「福本イズム」と「山川イズム」の対立においては、両者ともに根本的な問題点があった。それは前衛党としての「共産党」の独自の意義と役割が、山川にしても福本にしても明らかにされていないことだ。社会的にオモテに出ているのは「労農党」であって、共産党はその陰に隠れている。福本の場合は「マルクス主義の確立」を目指して理論闘争をやるインテリ集団であって、大衆闘争を基盤にして国家権力と闘う政治政党ではない。

山川にしても共産主義グループの有志組織（フラクション）が、大衆団体で活動することは認めるが、共産主義者による独自政党の結成までは全く踏み込んで論じていない。山川にすれば、量的にも質的にも「共産党」を形成する主体的条件が整わず、客観的諸条件にしても、まだその機が熟していないとみていたのであった。そこのところを「二七年テーゼ」では次のように批判する。

共産党が多少なりとも左翼労働組合フラクション並びに大衆的労働者農民の政党によって代置され得るという考えは徹底的に誤謬であり日和見主義である。独立なる思想的に健全なる規律ある集中的な大衆的共産党なくんば革命運動の勝利は決してあり得ない。清算主義的傾向のあらゆる形態就中《なかんずく》同志山川の政策に表れているそれに対する闘争は、それ故に日本共産主義者の第一の任務である。

このくだりでは、党の運動がフラクション活動にとどまっているのは日和見主義であり、労農党に共産党の役割を代行させるだけではダメだと断言している。そして大衆的共産党として民衆の前に公然化し、正面から国家権力と対決せよと指示しているのだ。

日本政府は一九二五年の四月に「治安維持法」、そして五月に「普通選挙法」を公布している。すでに述べたように「国体の変革」または「私有財産制の否認」を目的とする結社に加入した者は懲役十年以下の刑、実行協議煽動は七年以下、財産上の利益供与または申込は五年以下の刑に処せられる。

そして二八年六月には強引に緊急勅令によって死刑を含む量刑を設定し、目的遂行罪を新設して、多少とも結社に関わった者をすべて取り締まれるように改正する。このように思想犯も重刑に処する国家権力に対して、正面から対決する道を「二七年テーゼ」は選択したのだ。

国外に本部のあるヒモツキ組織

山川のために一言弁じておくならば、ロシア十月革命について最も熱心に研究し、革命の過程で指導的役割を果たしたレーニン主義を日本のジャーナリズムに紹介したのは山川均であった。当然のことながら革命後に成立したコミンテルンの運動方針についても、かなり丹念に目を通していた。

したがって緊迫してきた日本の階級闘争において、労農運動をはじめとする大衆運動に正しい方向性を指示し、組織運動の核となるべき前衛党の必要性は、山川も十分に承知していた。

だが、大衆運動も思想的にばらばらで統一戦線が形成できず、社会変革への民衆の意識もなかなか高揚しない当時の日本で、果たして共産党が成立しうるのか。少数精鋭メンバーを寄せ集めて上から性急に「党」を結成してみても、結局はほとんど何もできないまま壊滅してしまった第一次共産党の二の舞になる危険性が多分にあった。

しかもその「党」は、モスクワに本部をおく「単一世界党」(コミンテルン)の日本支部として結成される。運動方針や組織のあり方など重要な課題は、すべてモスクワにある本部からの指令に基づくとされていたのである。

このような国外組織のヒモツキの党が成立しても、急速に推移する国内の情況が正確に把握できず、指導部と下部組織との間にすぐ溝ができてしまう。一方的な上意下達の組織になると、大衆運動からたちまち浮き上がって、孤立した集団になり権力に丸裸にされてしまう。そうなることを山川は危惧していたのである。

非合法の「党」の形成について

さらに活動家にとってもうひとつの大きな問題点は、「党」を結成するとしても、規約・方針・組織などを発表して公然化するか、それとも非公然のまま地下運動にとどめておくかという問題があった。

山川は公然化に反対であった。よほどの規律性と思想性をもった集団でないと、公然化した場合はたちまち弾圧を受けてすぐに解体してしまうであろう。それに耐えられるためには、強力な大衆的基盤がなければならないが、全国的にみても最も頼りになる労働者の工場細胞にしてからが三、四十カ所にすぎなかった。広大な農村部ではいざという時に大衆動員できるような強い組織はほとんど見あたらず、都市部の細胞も文化人・学生を寄せ集めた街頭細胞が大半だった。

非公然の地下活動にしても、ロシアをはじめとする西欧諸国の先例をみても成功することは容易ではない。多くの刑死者が出ることは覚悟せねばならぬ。秘密組織の連絡網にしても厳格なルールを守れないとすぐに当局に察知される。スパイの潜入をたえず警戒せねばならない。訊問・逮捕などに対処する原則的態度も、日ごろから訓練しておかないと秘密結社的組織を保持することはできない。一人の自供からイモヅル式に組織の全貌がバレてしまうのだ。

ましてや公然化するとなると、さらに訓練と規律がきびしく求められる。「党」に加入しているだけで国事犯になり、懲役何年という実刑が科せられる。どこに住むか、まず安全なアジトの確保が課題となり、極秘の連絡網や書類の配布網が成立していないと運動にならない。オモテに出た党員は尾行されるので変装しないと街頭へ出られないし、連絡員と出会う経路や場所にも万全の注意をはらわねばならない。

「党」を形成して国家権力と真正面から闘うとなれば、政治・経済の全領域のみならず、学芸や宗教を含む文化の前線でも活発な活動が要求される。全国的な影響力のある機関紙・誌がなければ、党の指針は下部大衆に伝わらないし、その政治的思想的影響力を拡大することもできない。

そのためにはまず有能で人格的にも信頼されている活動家の結集が課題となるが、運動の財政的基盤も重要である。党員の党費が基本になるが、数百人レベルではどうにもならない。シンパ層からのカンパも限りがある。合法的に出版されている機関紙・誌の売り上げにしても、たえず発売禁止をくらうことを考えると資金源にならない。

第一次共産党結成から解党後の暫定事務局であるビューロー時代には、コミンテルンからの支援金に大きく頼っていたが、いつまでもそんなヒモツキの状態では、日本独自の前衛党に成長することはおぼつかない。

そういう状況を冷静に察知していた山川は、次のような現実的な構想を対置していたのであった。大衆運動が下から発展し、労働者階級の政治的意識が高揚し、前衛党結成の条件がその過程で成熟するまでは、各派・各グループがフラクションとして参加することを認める。そして運動内部での各グループの行動と宣伝の自由を認める。このような「開かれた共同戦線党」をもって、当面の局面を乗り切っていこうと考えたのであった。

共産主義者はそのなかに入って一つの核として行動し、その影響範囲をあせらず拡大して、公然と政治の表舞台に登場できる時機を待てばよいと考えていたのであった。不用意に公然化すれば、たちまち一網打尽になってしまう。

だが血気にはやる若い青年たちには、山川路線のような忍耐と根気のいる方法論は、まさに日和見的な待機主義にみえたのであった。したがってこの山川路線を、前衛勢力の結集と決起を認めない右翼日和見主義と批判する「福本イズム」が、レーニン主義の新しい日本版として評判になると、ワッとそちらのほうへ走って行ったのである。

モスクワにいた若い留学生たち

「二七年テーゼ」が発表された一九二七（昭和二）年は、日本の革命運動にとって一大転機となった年である。その前年の十二月末に大正天皇が亡くなり、大正から昭和に年号が変わり、いろんな意味で近代史の地殻変動が始まる時期に入りつつあった。ついでに言っておくと、私はこの二七年の元旦に生まれた。

さて国際的な社会主義運動においても、後述するようにこの年は大転機を迎えつつあったが、その頃のモスクワには数十人の日本からやってきた若者たちがソ連共産党の指導下で学んでいた。各国共産党の最高幹部養成機関だった「レーニン研究所」には高橋貞樹と佐野博が留学し、中堅幹部の教育機関である「東洋勤労者共産主義大学」（クートベ）にはそのころ数十人の若い労働者が学んでいた。

この「クートベ」についてはこれまで何回か述べてきたが、そこに留学した日本人青年の実名やその経歴については全体像が明らかになっていない。密出国でモスクワに入った者が大半であったから、留学中はみな本名ではなくロシア名と日本語のペンネームを使用した。帰国後も非合法の地下活動に入った者が少なくなかったから、その生涯の最後の部分がよく分からない場合が多いのだ。

私のみた限りでは、一九二四年の第一期生十四名、翌年の第二期十四名、二六年入学の第三期十五名、第四期九名について、その実名を明らかにしてそれぞれに簡明な経歴と人間像を紹介しているのが、山本正美の『激動の時代に生きて』（マルジュ社、一九八五年）である。これがおそらく最も詳しい資料であろう。

一九二〇年代の当時では、貧しい労働者階級に生まれた者が、大学にまで進学することは考えられない話であった。それが寄宿舎・給食付き・学費無料で、仮にも「大学」と名の付いた外国の教育機関に留学できる。まさに夢のような話だった。

いかに才能があっても、高等教育を受ける機会がなかったプロレタリアートにとっては、まことに恵まれた外国留学であった。しかし、第二次大戦後のアメリカが制度化したフルブライト留学生などとはわけが違う。卒業後は革命運動の最前線に立って活動せねばならない。ほかの選択肢はない。自分の生涯の進路は、一つの目標に向かってはっきり定められているのだ。しかも大なり小なり国家の法に反する国事犯として生きていかねばならないのだ。

おそらく「クートベ」入学をすすめられた者の中には、自分の人生の行く末を考えて、大いに迷った者も少なくなかったのではないか。

そして一介の労働者として機械油にまみれて朝から晩までクタクタになって働いて、生涯陽のあたらぬ場所で生きていくよりも、プロレタリアートの「希望の星」となって、どうなるか行く末は分からぬが、清水の舞台から飛び降りるつもりでモスクワへの密出国を決意したのだろう。みな小学校卒業程度の学歴しかなかったから、日本の歴史や世界の政治情勢などに通じているわけではなかったが、ひとりの人間として精一杯生きてみたいという夢は持っていた。

「クートベ」における学習状況

「クートベ」は、ソ連の東洋諸民族共和国からやってきたソ連国籍の学生と、他のアジア諸国からきた学生を教育する外国人部の二つがあった。予科（一年）と本科（三年）があって、予科はロシア語・数学・自然科学の基礎を教えた。日本人留学生は予科は免除されて、すぐに本科に入れられた。

本科を修了すると、優秀な成績の者は研究科（一年）、または大学院（三年）に進むことになっていた。

なおヨーロッパ各国出身者の教育機関としては別に「西洋勤労者大学」があり、また中国革命の進展と共に中国人学生を専門に育成する「孫逸仙大学」が「クートベ」とは別に創設されていた。

本科では政治・経済・労働・歴史に関する基礎科目が多い。日本人は基礎科目には何とか付いてゆけたが、やはり困難を極めたのはロシア語の習得だった。日本に来たこともある盲目の詩人エロシェンコが通訳兼講師として教えてくれたが、その人柄には魅せられたものの授業方法はそんなに上手ではなかった。それでも人一倍努力家の山本正美はめきめき上達して、三年生になる頃には『プラウダ』などを読めるようになった。

講義は教師が一方的にしゃべって学生がそれをノートにとって丸暗記するといった日本の大学とは全く違った。最初に教師から本日の主題に関する問題提起があり、それをテーマに全員で自由討議をやり、教師が指示した参考文献を読んで翌日各自がレポートを提出するという方式で、一日八時間ほどはみっちり勉強せねばならなかった。日本人の脱落者は少なかったが、各国の留学生にはどうしても付いていけない者が何人か出て、途中帰国を命じられた。

外国人学生は各国の出身者別にグループが編成され、それぞれに選任された責任者がひとり定められていた。またソ連共産党からも古参の幹部のひとりが指導員として任じられていた。コミンテルンの各国代表からも自国の学生たちの面倒をみながら学生の指導に当たる者がいたが、この頃は片山潜の補佐役をしていた高橋貞樹がその任に就いていた。高橋は週に二回ほどやってきて、一回は「日本史」の講義を担当し、もう一回は各個人と面談していろいろ学習の相談を受けていた。

食事は贅沢ではなかったが、当時は飢餓状態にあったモスクワの下層民よりも質量共に良いものであった。その上一カ月に十ルーブルの小遣いを支給されたので、ボリショイ劇場・芸術座・メイエルホリド劇場・コンセルバトリアなどの劇場や音楽会に行ったりした。もちろん党活動の実務や工場見学、クラブ活動などもカリキュラムに組まれていたが、自学自習の時間も十分にとられていた。

山本の著作の後半には、彼がモスクワ留学中に観た演劇、音楽、映画についてかなり克明に記録されている。読破した文学作品についても質量共に豊かであり、彼の文化・芸能に関する教養の深さに感心した。

ざっと概略したが、このようにかなり詳しく山本正美は当時の「クートベ」の学生生活の状況を述べている。それは「クートベ」留学生の中でも、彼が一番長く足かけ七年もモスクワで学んだからである。彼は日本人留学生グループの責任者として、いわば級長さんの役目をずっと果たしてきたから、各個人についてもかなり詳しく知っていたのだ。成績も優秀だったようで大学院まで進み、院生の頃はクートベの「コミンテルン史」の講師として若い学生たちに教えている。

水平社の出身だった山本正美

もう一つぜひ紹介しておかねばならないことがある。この山本正美も被差別部落の出身で、水平社の若い活動家のひとりであった。彼は一九〇六（明治三九）年に高知県の四万十川のほとりにある中村町で生まれた。「大逆事件」で刑死した幸徳秋水の古里でもある。山本は高橋より一学年下になるが、土佐湾の西南端にある母の里の漁村部落で少年期の大半を過ごした。きっぷがよく少々荒っぽい母方の漁師の血を色濃く受け継いだと本人は述懐している。

高等小学校一年終了後郵便配達人となり、一九二二年に高知市に出て水平社運動に参加するようになった。十六歳になってまもなく大阪に出た。西日本で最大の部落である西浜地区で皮革工・パッキング工として働いたが、水平社青年同盟の活動にも参加した。その頃に高橋貞樹と出会っているが、その思い出を前掲書で次のように述べている。

高橋貞樹には、また夫人の小見山富恵女史にも、私はすでに大阪で時々会っていたが、特に彼から親しく薫陶を受けたというほどの間柄ではなかったし、モスクワでも会合の折などに顔を合わせる程度であったが、彼の広い学識と温かい人柄については、心中ひそかに敬愛の念を抱いていた。

一九二六年夏にウラジオストック経由でモスクワに渡り、二七年三月に「クートベ」に入学した。西成地区で薬局を経営していた岸野重春の推薦でモスクワ留学が実現したと思っていたが、戦後にいろいろ調べ直すと高橋貞樹が推薦人であったと同書で註記している。

別のところでは次のように回想している。

高橋とはむこうへ行く前から知っていたわけです。まじめな男ですよ。……アタマも切れるし温厚な性格でね。山川均門下では一番いいんじゃないですか。二七年テーゼの作成では、かれは積極的な役割を果していますね。あとの人たちとは、全然くらべものにならないくらいですね。

山本正美は二六年七月に入ソし当時はクートベに在学中であったが、クラスのリーダー役だったのでいろんな情報を耳にしていたのだろう。二七年当時に日本から多くの幹部クラスがやってきて、コミンテルンで日本問題に関する新しいテーゼを作成中であると聞いていた。山本は三二年までモスクワに残って「三二年テーゼ」作成にも参加した活動家である。帰国後、風間丈吉指導部のあとをついで党中央委員長となった。

大学院にいたときには、その才能を見込まれてプロフィンテルンとコミンテルンの東洋部で助手の仕事をしていた。その時の思い出の中に、これまでしばしば登場したカール・ヤンソンの話が出てくる。一九二五年に日ソ間の国交回復が実現した直後から、ヤンソンはソ連大使館書記官の肩書で来日していたが、実際にはコミンテルン東洋部の代表として一九二七年まで東京に駐在した。日本のコミュニスト・ビューローとの連絡にあたり、並々ならぬ助力をしたことも先述した。

山本は偶然にもプロフィンテルン東洋部で、東京から帰ってきたヤンソンと机を並べて仕事をすることになった。ヤンソンはラトビア共和国出身で、国際的にも豊富な活動経歴をもつ優れた指導者で、山本の印象では「背が高く筋肉質の体格で寡黙で沈着、多くの人から信頼される人柄であった」と回想している。ヤンソンについての今に残る貴重な証言である。

「テーゼ」作成に関わるエピソード

二七年テーゼ作成にまつわるエピソードというかウラ話は、日本からの出席者が多かったにもかかわらずあまり残されていない。日本からの代表団の予備会議、ならびにコミンテルン代表側の打ち合わせ会議で、会議の内容があらかじめほとんど決定されていたからだろう。だからブハーリンを委員長とする本会議では、さしたる論争もなく三回ほどの会議で決められた。

日本代表団は入ソするまでは「福本イズム」支持派が大半だったが、モスクワに着いてからみな福本批判派に与《くみ》するようになった。その理由はコミンテルン執行委員会が「福本イズム」を全面的に否定していることが分かったからである。東京にいるヤンソンから何回も詳しい報告と資料を受け取っていて、こういう方針では日本の運動はどうにもならないといち早く結論を出していたのである。

初めから反福本派だった高橋貞樹が、先にモスクワに到着していて、次々にやってくる代表たちと予備会議をやったが、その過程でほとんど全員が高橋に説得されてしまった。一番最後に徳田球一と福本和夫がモスクワに到着したときは、すでに問題はあらかた片付いていたのである。福本も素直に自己批判し、本会議では全く自説を主張しなかった。

日本代表団の個々の意見は「三・一五、四・一六の合同公判」の資料でみることができるが、だれもあまりしゃべっていない。やはり非合法共産党活動の公然化と天皇制廃止の問題に関わり、治安維持法に直接触れると重刑が予想されていたからである。

徳田はこのテーゼ作成前後の事情については、「鍋山と高橋が陳述した方が適当と思います」といって調書ではほとんど何ものべていない。高橋に対する予審判事の追及も、彼がこのテーゼ作成の舞台裏の演出者ではないかというところにポイントがおかれている。当局の判断を裏付ける資料として、三・一五、四・一六統一公判の裁判長宮城実の次のような経験談がある（「私の経験より見たる共産党事件の審理に就て」『現代史資料』16）。

この高橋という男は非常に頭の良い男だという話で……語学は能く出来る歴史の大家であります。向うで日本歴史を講義していた。之《これ》が山川の弟子で従来の日本共産主義運動の理論を研究しこれを物にした。それが山川イズムであります。其《その》山川イズムが福本のために叩き潰された。そこで高橋は福本がやってきたら大口泡を吹かせてやろうと手ぐすね引いて待っていた……

内容はそのまま信用できないが、ともかく裁判所当局の認識の一端をうかがうには興味ある資料である。

当の福本にしても、高橋にたいしては「ハッタリ屋」などと敵意をむきだしにして書いている（福本和夫『革命運動裸像』）。「その虹のような気焔にわれわれは圧倒された。日本問題委員会では通訳もつとめたが、その英語は実力以上に堂々たる調子のものであった」。当の福本にしても、高橋にしてやられたとの思いが深かったのであろう。

第七章　地下より浮上した革命運動

新体制による「党」の公然化

モスクワに派遣されていた代表団は、二七年十一月までに順次帰国してきた。十二月一日、残留していた幹部と合流して、日光で報告会議が開催された。それから毎週会議を開いて、新しい「二七年テーゼ」のもとでの組織体制と闘争戦術が協議された。

まず人事ではコミンテルンの指示した党再組織委員がそのまま承認され、以下の四名が中央常任委員となった。委員長に佐野学、組織部長は渡辺政之輔、組合部長は鍋山貞親、アジプロ部長に市川正一という顔ぶれである。

このように一九二七年末から新テーゼに基づく組織的再編成に着手した日本共産党は、専門部を強化すると共に大衆団体における中央フラクション・ビューローを整備し、公然活動の第一歩を踏み出した。その手始めは中央機関紙の創刊だった。その配布網確立と共に各地にバラバラに散在している工場細胞の再建と、関東・関西・信越・北海道・九州の地方委員会の立て直しであった。

運動の中心となる組織部は今日でいう書記局であって、渡辺を長とし、中尾勝男、三田村四郎、河合悦三が任命された。宣伝教育活動を担当するアジプロ部は、市川を長とし、是枝恭二、福本和夫、志賀義雄が部員となった。

モスクワで「福本イズム」の責任を問われた福本は、中央委員を解任されて一部員としてアジプロ部に入った。この時点では高橋貞樹はまだモスクワに残留していたので、その名はない。二八年の三・一五大検挙で指導部が壊滅してから、急ぎ帰国してアジプロ部再建を担うことになる。

公然化といっても、共産党の存在とその運動方針を国民大衆に伝えるために活動するが、党組織はあくまで秘匿し、党員であることを明らかにすることはしない。ビラ撒きにしても誰がやったか分からないように撒くのである。もちろん党関係の非合法紙誌に書く場合も、すべてペンネームである。

なぜなら二五年五月に施行された「治安維持法」では、「国体の変革」と「私有財産制の否認」を目的とした「結社を組織」し「情を知りてこれに加入した者」は十年以下の懲役に処す、と定められていた。党員でなくても組織活動に協力すれば、第二条の「実行に関し協議をなしたる者」、第三条の「実行を煽動したる者」として七年以下の懲役に処せられる。すなわち党員あるいはシンパであることが判明すれば、国事犯としてたちどころに検挙されるのだ。

党の名による宣伝・煽動を公然と行ったことは、一九二二年の第一次共産党結成以来一度もなかった。二八年二月の『赤旗《せっき》』創刊が公然化の最初だった。それ以来党の外部団体や支持組織の刊行物にも、「日本共産党」の名が公然と使われ、「党」の存在の大衆への浸透がはかられた。日本の階級運動は、地下から浮上した共産党の公然活動によって、一時期を画することになったのである。

そのことは、共産党からの正面攻撃をまともに受けた政府が、面子にかけても「共産不穏分子」を社会から一掃し、「大逆の陰謀」をはかる「凶悪な思想犯」として徹底的な殲滅に乗り出すきっかけを与えた。

政府への正面からの挑戦状

二八年二月一日、党の中央機関紙『赤旗』第一号が発行された。渡辺政之輔の執筆した「創刊の辞」は、まさに「党」としての国民大衆に対する第一声であり、国家権力に対する正面からの挑戦状であった。

日本プロレタリアートの最も優秀な最も戦闘的な前衛分子の革命的隊伍たる日本共産党は、――今日はじめて、この『赤旗』を通じて大衆の前に公然現れ、プロレタリアートの厳格なヘゲモニーの下に、全勤労民衆のあらゆる革命的闘争を指導し組織する任務を最も忠実、最も勇敢に遂行せんとするものである。

またその「編集後記」には、「今日の政治情勢の下においては、本誌は非合法的たらざるを得ない。機関紙はわれわれの武器だ。われわれはあらゆる注意を払って、この武器を敵に渡さぬようにしなければならぬ」と訴えた。

創刊号の部数は六百部といわれている。半紙に謄写印刷したものだから、ガリ版の原紙用具と謄写版さえあればどこででも仕事ができた。もちろん配布されるのは党員と党員候補のシンパだけである。最大の問題は、発行所と配布網の極秘性をどこまで守れるかであった。なにしろ「国体の変革」「私有財産制の否定」を唱える非合法紙を配布して逮捕されると、それだけで二、三年の懲役刑は覚悟しなければならなかった。

しかし近代化された警察力の前では、党の実態をあくまで秘匿して公然と宣伝活動を行うことは至難の業であった。スパイによる内偵捜査や執拗な尾行、ビラにしてもその撒布状況と宣伝文句の分析から、組織メンバーや連絡網が割り出されてしまう。ペンネームで書いても、すでにリストにあがっているリーダー格なら、その文体の分析から本人はすぐに特定される。

日本の警察は不穏分子の取り締まりと視察システムについては、明治時代の「要視察人・特別要視察人制度」以来、その方面におけるノウハウを蓄積していたのである。

あとでみるように、共産党は二八年二月の第一回普通選挙をきっかけに全国的に公然化活動を始めたが、その一カ月後に三・一五の大検挙によって、たちまち壊滅的な大打撃を受けたのである。ということは、わずか一カ月の短期間で全国に散在する細胞のかなりの部分が当局に探知されていたのである。

意表を突かれた政府

政府当局は二二年結党の第一次共産党解散後も、残存するコミュニスト・ビューローの動きを追って内偵を続けていたが、二六年十二月に五色温泉で再建大会が行われ、第二次共産党が結成されたことはすぐには探知していなかった。「福本イズム」と「山川イズム」の対立論争で組織内がもめているから、「党」の再建はまだないだろうと甘くみていたのだ。

ところが国際組織であるコミンテルンが、東京に駐在しているヤンソンからの詳しい情報を受けて、急遽日本代表団をモスクワに呼び、福本イズムの主導下に再建された新体制の根本的な立て直しを求めたのであった。

そしてすでにみたように、日本問題に関する執行委員会を開いて、対立していた「福本イズム」「山川イズム」の双方を厳しく論評し、新しい「二七年テーゼ」のもとでの大衆的共産党の再建を決定した。いわば第三次ともいうべき共産党の新体制がコミンテルンの直接的な指導の下にモスクワで結成され、これまでになかった党の公然化を運動方針に掲げたのであった。

二五年五月に治安維持法が施行される頃は、政府は反体制運動のうちアナルコ・サンディカリズムの動きに取り締まりの重点をおいていた。二三年の十二月に、摂政宮裕仁親王（のちの昭和天皇）が第四十八議会開院式に出席のため虎ノ門を通過中に難波大助（一八九九―一九二四）が狙撃した有名な「虎ノ門事件」が発生した。

彼は山口県周防村（現光市）の地主の四男に生まれたが、のちに代議士となった父と不和で、病弱のため学業も続かず、二二年にやっと早稲田高等学院に入った。佐野学の講義に影響され、大逆事件の公判記録を読んで幸徳秋水の思想に共鳴する。関東大震災の白色テロに憤激して決意を新たにした。大審院の公判では所信を堂々と述べて、死刑が判決されると「日本無産労働者、日本共産党、ソビエト・コミンテルン万歳」を三唱し、二日後に処刑された。

この事件の責任を問われて山本権兵衛内閣は総辞職した。当局は事件の続発を警戒しテロリズム対策に目を奪われていたが、その一方で共産主義系はこれまでの秘密結社式の地下運動から、無産政党を結成して大衆的な階級闘争へと大きく方針を変えつつあったのであった。

無産政党としては合法政党である「労農党」をオモテに出して共産系組織はあくまでその下に隠れて公然化しないという方針を山川派も福本派もとってきたから、この時点で日本の共産系組織が公然化して「日本共産党」を正面から名乗ることは、おそらく政府当局も予想していなかったと思われる。

主体的責任をもって公然化を決断したのか

ここからは私の勝手な推測だが、日本からの代表団だけで新テーゼについて協議したとすれば、おそらく党の公然化は決まらなかったのではないか。百数十人程度の組織実態では、その活動宣伝能力、財政的基盤や組織連絡網などすべての分野で、階級政党として自立できる人的物的基盤がまだ整っていなかった。しかも非合法下の政治活動に突入するのだから、弾圧にそなえた法務対策や救援弁護活動などの準備も重要である。古参の主義者は、大逆事件以後の「冬の時代」を堪えしのんできたし、諸外国の革命運動がどのような血なまぐさい弾圧を受けてきたかよく知っていた。

頼りになるのはインテリ層と熟練労働者階級のリーダーの中に、共産主義の思想的支持者がかなりいたことである。佐野学が編集長で実質的に共産党の合法紙である『無産者新聞』は、週二万部発行とされていたから共産党の支持者は数万人はいるだろうと推定されていた。しかし党の周辺にある同調者《シンパ》の動きに過大な期待はできなかった。いざという時に行動してくれるかどうか。

シンパに党活動への協力を頼むにしても限界がある。十円程度の資金カンパやビラ撒きでさえ、逮捕されれば刑務所に入らねばならない。したがって家族のある年配者に頼むわけにはいかない。もし逮捕されたら、よほど救援組織がしっかりしていないと、その子どもたちはたちまち路頭に迷うことになる。あれこれの事情を勘案すれば、出席していた日本代表団で、自信を持って党の公然化に賛成の手を挙げた者はいなかったのではないか。空元気で威勢のよい発言をしても、本音のところではどうだったのか。

山川均が主張していたように幅広い統一戦線による共同戦線党を形成して、富士の裾野から一歩一歩頂上を目指して攻めのぼるより手がなかったのではないか。短兵急に事を急いでも失敗することは目に見えている。かえって敵の思うつぼにはまるだけだ。勘のよい山川は、度重なるコミンテルンからの要請にも応じなかった。ヤンソンに手紙を託しただけでモスクワに行かなかったのは、やはりこういう事態になることを予想していたからだろう。

高橋貞樹にしても決して例外ではなかった。彼自身が予審訊問調書で次のように述べている。

第一次及び第二次共産党事件を目撃しても、日本に於ける共産党の必要、その地位その建設せらるべき方法等について、深く考えることは出来ませんでした。蓋し当時無党労働運動に慣らされており、私共の周囲に於いてもこの問題についての討論も何もなかったからであります。……大正十四年春総同盟分裂の頃から、左翼の運動が活発になると共に、また運動の実際が教える必要を痛感すると共に、私はかかる包括的な無産政党と共に其核心たるべき前衛の組織を必要であると考えるようになりました。

高橋が率直に認めているように、共産党の結成の必要性については「深く考えること」はなかったのである。ましてや全党をあげて非合法の公然化活動に入ることは想定外であったのではないか。山川の水曜会のメンバーであった高橋は、戦略構想においては山川の社会主義革命論の深い影響下にあったから、組織論、運動論の次元でも、最初は山川路線に賛成していたのである。

第一回普通選挙が行われる

一九二五年の第五十議会に、政府は「普選法」と「治安維持法」を抱き合わせのかたちで提出した。無産政党は選挙権の年齢引き下げと男女平等選挙権を要求したが、この問題を主とした大衆運動は起こらず、五月に施行された。

大正デモクラシー運動以来の懸案であった普選が実現したので、激しい階級運動はしだいに沈静化していくだろうとジャーナリズムは予想していた。政府当局も、合法的な無産政党運動は拡大しても、コミンテルン系の共産党が公然と非合法活動を開始することはないだろうとみていた。

その理由は、治安警察法に加えてさらに治安維持法が制定されたことである。百人程度の組織では、地下運動は続くだろうが、「治安維持法」という強力な抑圧法の制定によって、非合法政党として公然化することはないだろうとみていた。もしオモテに出てくれば、飛んで火に入る夏の虫で一網打尽である。

一九二八年一月二十一日に第五十四議会が解散し、二月二十日に新しい普選法による第一回選挙が行われることが発表された。直接国税額三円以上という制限を受けていた選挙権が、二十五歳以上の一般男子に拡大され、有権者は一挙に四倍に増えて一二四〇万人となった。

女子にはまだ選挙権は与えられなかったが、底辺の労働者や小作農たちが初めて選挙に参加できることになったのだ。これは共産党としても党の運動方針を宣伝する絶好の機会である。共産党は労農党から何人か候補者を立て、全党をあげて選挙に取り組むことを決定した。党の署名入りビラが二月一日から全国で撒かれ始めた。

一九二八年二月、普通選挙法による最初の総選挙が行われた。議席四六六のうち無産諸政党は八議席、投票総数のうち四・七％の四六万票という成績であった。

当時の労働組合員数約三一万、農民組合員約四六万人という数字からみると、最も頼りにしていた労農運動の組織からも半数の組合員が無産政党に投票したに過ぎない。労農党は一八万七〇〇〇票、そのうち共産党候補の得票は四万一〇〇〇票であった。

先にみたように大正期のデモクラシー運動の全盛期に社会主義派はアナ・ボル論争に明け暮れて普選運動への本格的取り組みに立ち遅れ、議会ボイコット派が多数だった。

なにしろ議会を通じての社会変革を唱える者は第二インター系の社会民主主義者とみなされ、議会は無産階級を合法的に支配し搾取するための装置とされていたのであった。共産党新委員長に就任した佐野学も議会進出反対派の論客であったし、山川均にしても二四年に総同盟が議会進出へ方針転換するまではボイコット派であった。

このような立ち遅れ状況の中で、共産党は労農党から十一名の党員を立候補させたが、奈良から出た清原一隆（西光万吉）が約九千票を得たのが最高だった。清原の基盤は農民組合と水平社であった。他の候補はほとんどは二、三千票前後だった。

無産諸党の選挙戦に対する干渉と弾圧はひどいもので、特に労農党の演説会では、「弁士中止！」が連発され、まともな選挙戦ができなかった。そして総選挙の一カ月半後の三月十五日に、三・一五の大検挙が全国一斉に行われたのである。

一九二八・三・一五の全国一斉捜査

一九二八年二月に行われた第一回普通選挙を契機に、党名入りのビラを撒くなど、日本共産党は公然化活動に踏み切った。そのきっかけとなったのは、前に述べたようにモスクワで討議された「二七年テーゼ」であった。

普選に際して共産党も当然動くであろうが、合法政党である労農党をオモテに出して共産党自体が公然化することはないとみていた当局は、事の急展開に驚いた。検察と特高警察の上層部では、その動きに関する情報を全国から集めて詳しく分析し、その運動拠点であるアジトと連絡網の割り出しに努めた。そして一斉捜査にいつ踏み切るか、極秘裡に案を練っていた。

二八年三月十五日の夜明けを期して、一道三府二十七県にわたって党のアジトと党と関係の深い諸団体の事務所など百数十カ所の家宅捜査を行った。文書・日記・手帳・刊行物など「治安維持法」違反となる証拠を押収するためである。

このとき検挙された者は約千六百名といわれるが、この数字はあくまで概数で、その多くは検束であった。刑事訴訟法に基づく正式の強制処分を請求したのは、幹部としてその名が特定されている十五名にすぎなかった。捜索場所も令状が出ていたのは九十三カ所であった。

多くの者は、勾引状など正式の手続きをとらずに身柄を拘束されたのである。そのうち約千人は翌日釈放されているが、そのことはこの一斉捜査が見込み捜査であり、国民全体に対する「アカの恐怖」を知らしめる国家的一大パフォーマンスであったことを意味している。

検察と特高が一体となって全国一斉に思想犯取り締まりにあたったのは、この三・一五事件が最初であったが、左翼運動の内実に通じたベテランは少なく、当局の内偵や聞き込みによる情報はきわめて不正確であった。オモテに出ていた幹部のほかは共産党の実体をはっきりつかんでいなかったのである。党とは全く関係なくても労農党の演説会に出ていただけで拘束された者もいたのである。

「公安ヲ害スルノ虞《おそれ》アル者」は、いつでも「公安ヲ害スル」のを予防するために検束できるという「行政執行法」が一九〇〇（明治三十三）年から法制化されていた。裁判所の認可を必要とせず警察の判断だけで身体を拘束できたから、この予防検束はいわゆる「アカ狩り」ではきわめて重宝な制度であった。

警察が三月二十七日に逮捕した中央常任委員の中尾勝男から押収した党員名簿と思われる暗号文書は、陸軍参謀本部に送られてすぐに解読された。党の中央指導部が命じて、水野成夫が事務局長の時に作成させた本物であることが分かった。もちろん非合法運動でこういう名簿を作ることはきわめて危険であり、全く運動の原則に反した行為だった。当局を甘くみていたのだ。

この暗号名簿の写しはすぐに全国の検事局に送られ、芋づる式の逮捕が始まった。一九二八年度内だけで約三千四百名が検挙された。

その暗号名簿では党員は四百九名となっていたが、特高が予想していた人数をかなり上回っていた。人数もさることながら、当局が最も問題にしたのは、検束者の多数が若い世代だったことだ。

中でも目立ったのは、未来の日本社会の中枢を担うべきエリートとされていた大学生が多数含まれていたことだった。労働者にしても若い優秀な工場の働き手が中心だった。党の幹部にしても委員長の佐野学は三十六歳だったが、書記長の渡辺は二十七歳、鍋山は二十六歳で、中央委員の平均年齢は三十歳そこそこだった。党員の大多数は二十歳代だったのだ。

「国体護持」の大キャンペーン

三・一五事件は、このようにかつてない大規模な捜査と検挙を行ったが、日本の法制史に残る大事件であった。なぜそう言えるのか。

第一に、何か事を起こしたゆえに罪に問われたのでなくて、事を起こそうと意図することが国事犯とされたのである。日本国家の内部から、特定の思想及びその思想を実現しようとする集団を排除するために、新たに立法して全国一斉検挙に踏み切ったのであった。

第二に、思想的事件としては意外に早く約四週間後の四月十日には、記事解禁となった。その中には「忍び寄るアカの魔の手」のように、際物として幹部の捕物帖を報じる記事も少なくなかった。

政府は記事解禁と同時に、日本共産党と関係の深い労働農民党、全日本無産青年同盟、日本労働組合評議会の三団体を治安警察法八条二項により解散処分にしたと発表した。共産党の影響を受けたいかなる組織も日本では存続を認めないと断固たる決意を示したのである。

政府は各紙に首相談話をはじめ、政府首脳部や各界の代表の意見を毎日のように掲載した。さまざまなウラ情報を流し、「共産党の大陰謀事件が発覚」といったセンセーショナルなキャンペーンを張らせた。

これは第一回普選後の最初の特別議会が四月二十日に召集されるので、それに間に合わせるためであった。田中義一首相が総裁である政友会は、先の第一回普選で辛うじて第一党となったが、過半数を得られず、さまざまの問題を抱えて議会運営は大きな困難に直面するとみられていた。その国会には初めて無産政党の代表が出席するのだが、どのように政府批判の発言をするか注目されていた。

第一回普選をやってみて、無産派勢力が当局の徹底的な干渉と抑圧にもかかわらず、かなりの票数を得たことに不安を感じていた政府は、「治安維持法」を死刑を含む重刑にして徹底的に共産主義を殲滅しようと意図していた。そこで無産派の機先を制するために先手を打って記事解禁とし、無産派の活動が国際的に「アカの脅威」につながることを国民に周知させたのであった。

第三に、政府のキャンペーンの主要な狙いは二点あった。一つは、この事件を契機に「国体の精華」「国民精神の真髄」といった天皇制イデオロギーのより一層の浄化拡大をはかることだった。この三・一五の大キャンペーンの際の田中義一首相の国民全体に対する談話は、のちに「大東亜戦争」遂行の国家的理念として揚げられた〈八紘一宇〉の思想、すなわち神聖天皇の威光でもってアジア全域を征圧するという思想潮流を国民意識の中に強く植え込む大きなきっかけとなった。あとでみるように、文部省を通じて各大学における左翼教授の思想的影響力を断ち、小学校から「忠君愛国」イデオロギーを説くように教育全体に圧力をかけたのであった。

その二は反共イデオロギーを大衆的に宣伝して共産主義の「赤い恐怖」が身近に迫っていると感じさせることであった。

労働者・農民に自由と平等を説く共産主義の思想を、正面から叩いて撲滅することは到底不可能であり、それが時の流れであることは、政府もよく知っていた。資本主義の進化と共に貧富の格差はますます広がり、反資本主義の左翼思想は潜在勢力としては増大するとみていた。したがってその組織の広がりを芽のうちに摘み取ることも重要だが、「アカの脅威」を大々的に宣伝して共産主義はそんなに恐ろしいものかという恐怖感を広めることが、その根を断ち切る早道であると考えていた。

田中義一首相の「国民への訓示」

陸軍大将だった田中義一首相が「一般国民に訓示する」声明を出した。それは次の一文である。

共産党事件の発生に対し私は国体の精神と君臣の分義とに鑑み、実に恐懼措《お》く所を知らない。事件の内容は金甌《きんおう》無欠の国体を根本的に変革して、労農階級の独裁政治を樹立し、その方針として力を労農ロシアの擁護および各植民地の完全なる独立等を致しもつて共産主義社会の実現を期し、当面の政策として革命を遂行するにあつたのである。しかも国体に関し国民の口にするだに憚《はばか》るべき暴虐なる主張を印刷して各所に宣伝頒布したるに至つては、不逞狼藉言語道断の次第で、天人倶《とも》に許さざる悪虐の所業である。

由来、我が国体は、万邦に卓越し、義は君臣にして、情は父子の如き国柄において、偶々《たまたま》今回の大不祥事を出した事は痛恨骨に徹して、熱涙の滂沱《ぼうだ》たるを禁じ得ぬのである。

私は内閣の首班として、事件の顚末を奏上し奉るに臨み、宸襟《しんきん》を悩ませ給ふことの、畏れ多きに、身も心も打ち戦《おのの》きて、九腸寸断の思ひに堪へなかつた。

世態の複雑に伴い、諸種の思想が現れるのはやむを得ないが、私はその点に就いて、能ふだけ理解ある態度を以て臨みたいと思つてゐる。然し事　苟《いやしく》も皇室国体に関しては、断固として仮借するを許さない。

（一九二八年四月十二日付各紙）

この一文を読んですぐに内容を理解できるのは、おそらくあの戦時下に「教育勅語」をはじめ記紀神話の天孫降臨の伝説などで天皇制ナショナリズムの教育を骨の髄まで身に浴びてきた世代に限られるだろう。今では残り少ない大正・昭和初期生まれの八十歳以上の人たちである。現代の若者は字面《じづら》は読めても、文の真意はなかなか読み取れないだろう。

昭和暗黒時代の幕開け

重大な国事犯事件が発生すると、時の首相が国民に何らかの談話や声明を発表するのが通例である。だが、この三・一五事件の田中首相の談話はいろんな意味で際立っている。

第一に、労農ロシア（ソ連）を頭から敵視するなど、一国の首相の発言としては国際的にも物笑いになりそうな文章である。第二に、じかに天皇の胸中を引き合いに出して、本音丸出しで共産主義を「天人倶に許さざる悪虐の所業」と断じている。第三に、その論理付けに「万邦に卓越した国体の精神」を持ち出し、無産派があたかも国賊であるかのごとく決めつけている。

田中首相は長州藩士の家系で、陸軍士官学校を卒業してからプロの軍人として日清・日露両戦争に従軍し、軍政家として名を挙げ、一九〇六年には山県有朋の命で帝国国防方針の原案を作成した。一九一八年には原敬内閣の陸軍大臣としてシベリア出兵を遂行した。のちに陸軍大将・貴族院議員となり、政友会総裁に迎えられた。

軍人出身者で政治家になった者は少なくないが、田中義一はその中でも大物視された。その最大の理由は田中が若いときから山県有朋に重用され、山県の死後は政界の長州閥のまとめ役を担っていたからである。

薩長藩閥が「尊皇攘夷」の思想で明治維新の変革を主導したことは周知の事実であるが、山県から田中へと伝わる流れはその延長線上にあった。幸徳秋水や大石誠之助ら十二名が刑死した明治末期の「大逆事件」の時には山県有朋が動いたが、昭和初期の「三・一五事件」の際には田中義一が政界を仕切っていた。

「治安維持法」の大々的な発動によって共産主義勢力の殲滅にひた走ることになるのだが、それは黒い雲に閉ざされた「昭和の暗黒時代」の始まりであった。

「国体ノ変革」には死刑を含む極刑

一九二八年の三・一五大検挙直後の四月十一日、田中義一首相は「万邦に卓越した我が国体」を護持するため共産主義者の跳梁《ちょうりょう》を「断固として仮借するを許さない」と声明を発表した。それを機に「アカの大逆の陰謀」に関する大キャンペーンが始められたことは先に述べた。

そして二週間後の四月二十七日には、治安維持法の改正案が、開会中の第五十五特別議会に提出されたが、それはその後の国家の治安情勢に関わる重要な条項だった。

改正の要点は、いくつかあるが、まず第一は次のところにあった。それまで第一条では、「国体ヲ変革シ又ハ私有財産制度ヲ否認スルコトヲ目的トシテ結社ヲ組織シ又ハ情ヲ知リテ之ニ加入シタル者」を十年以下の懲役または禁錮刑と定めていた。

それを「国体ヲ変革スルコト」と「私有財産制度ヲ否認スルコト」の二つの項に分け、前者の目的をもって結社を組織した者は、「死刑又ハ無期若ハ五年以上ノ懲役若ハ禁錮」と改めたのである。後者は「十年以下」でそのままである。

すなわち旧法では「天皇制否認の罪」と「資本主義否定の罪」を同じ重さとして並列していたのだが、反天皇制運動には死刑を含む極刑を科すことに改めた。しかも議会ですんなり通過しないと分かると、

「緊急勅令」という異常な法制定によって強行したのだ。

もちろんその狙いは、日本共産党の新しい「二七年テーゼ」の中に君主制の廃止が入っていたからである。天皇制廃止を公言し、それを文書で配布した場合は、この新しい法によって死刑に処すると狙い撃ちしたのだ。あとで再論するが、翌二九年の四・一六検挙で逮捕された高橋貞樹は、一九三二年十月の判決では「懲役十五年」の刑であった。佐野学、市川正一、鍋山貞親、三田村四郎の四名は「無期懲役」だった。

天皇・天皇制に反逆する罪は、一九〇七年に制定された刑法七十三条に「天皇、太皇太后、皇太后、皇后、皇太子又ハ皇太孫ニ対シ危害ヲ加ヘ又ハ加ヘントシタル者ハ死刑ニ処ス」とあり、一般に大逆罪と呼ばれた。戦前では四回立件されたが、大逆罪は大審院一審だけで終審とされ、判決直後に死刑が執行された。大逆罪が廃止されたのは太平洋戦争後の一九四七年である。

天皇及び皇族に反逆する行為ならこの刑法七十三条で対処できたのだが、国家主権の転覆を意図するいわゆる革命運動、特にその初期は少数者の思想集団、結社として発生するのだが、その企てを国事犯として未然に罰する法はそれまでなかった。明治政府は一八九七年の労働組合期成会の結成、翌年の社会主義研究会の発足をみて、将来における新しい社会改革運動の発展、その際に秘密結社が結成されることは必至であるとみて、集会・結社・言論の自由の制限と社会・労働運動の取り締まりを目的として治安立法を公布した。一九〇〇（明治三十三）年の「治安警察法」である。

運動の国際化と新しい治安立法

一九〇〇年以降の日本資本主義の急速な発展につれて、労農運動、社会運動が大きく展開し、治安警察法がしばしば適応されて多くの検挙者が出たことは先に述べたが、治安立法としてこの法にはさまざまな不備があることがしだいにはっきりしてきた。

まず第一に、この法は刑期が軽いので、思想的確信犯にはあまり効果がなかった。罰金刑が主で、刑務所に入っても一年か二年程度で出獄するので、すぐさま活動が再開される。

もう一つの問題点は、労働運動・社会運動の国際化にともない、外国の革命勢力との連絡が活発になり、その取締りを視野に入れなければ十分に国内治安が確保できないという新しい段階に入ってきたのである。

その事例が一九二一年四月の「近藤栄蔵」事件であった。上海にあったコミンテルン極東ビューローから日本共産党支部をつくる運動資金六五〇〇円を受領して帰国したが、下関の芸者屋で豪遊したのを怪しまれて検束された。しかし、外国からの資金受領は違法ではなく身柄を拘束する法もないので釈放された。

政府は、コミンテルンを中心とした世界革命運動のアジアへの伸張と共に、今後このような事件が続発すると判断して、新しい治安立法の作成を決断した。

政府は司法省に命じて原案を作成させたが、一九二二年に貴族院に「過激社会運動取締法案」として提出した。しかしジャーナリズムをはじめ野党からの批判も根強く、第四十五議会にかけられたこの案は審議未了、廃案となった。それから三年後の二五年の第五十議会にいろいろ紆余曲折を経て新法案が「治安維持法」として提出され、普通選挙法と抱き合わせで可決された（大正十四年法律第四六号と第四七号）。

浅薄だった私たちの法認識

戦後すぐの時代から学生運動を始めた私たちの世代は治安維持法は現代法制史の中では余り類例のな

い悪法だと教えられ、またそう言い続けてきたのだが、「特高警察の駆使する弾圧法規」という程度の紋切り型で単純にとらえていた。

だが奥平康弘の『治安維持法小史』（筑摩書房、一九七七年）が発刊されてその第三章内の「京都学連事件の意義」を読んで、私たちの認識がきわめて浅薄だったことを思い知った。この悪法を研究し直さなければならないと、早速私たち第一次全学連ＯＢでやっていた日本学生運動史のささやかな研究会でテキストとして読み始めたが、いろんな意味で目を覚まされた。

この「京都学連事件」は、国内における治安維持法違反の第一号事件で三十八名の学生が起訴されたが、被告は「私有財産ノ否認」で起訴されたので、「国体ノ変革」には関わりがなかった。刑も軽く首謀者とみられた四名でも禁錮一年だった。

それでも無罪を主張する全員が控訴したが、その控訴中に三・一五の大検挙があり、多くの被告がここでも逮捕された。だが後でみるように改正された目的遂行罪を適用されて、京都学連事件と三・一五検挙は「連続事件」と判決され、刑も厳しいものに変更された。例えば宮崎菊次は禁固八カ月だったのが懲役七年に、石田英一郎は懲役六年とされた。三・一五と無関係だった者も、例えば林房雄は禁固八カ月が同二年に変えられた。

さてこの治安維持法は一九二五年から四五年まで二十年間存続したが、「日本近・現代史のはげしい波乱に満ちたもっとも困難な時代に」「あらゆる法制度のはたらきの中枢部にあたる部分を構成していたのである」と奥平氏は指摘しているが、法制史をまともに学んでいなかった私たちは、そこのところをよく理解しないままに「天皇制ファシズム」という言葉を安易に用いて、学内でよく撒いたビラにもそう書いていた。

敗戦時十八歳だった私たちの世代は、物心ついた時には労・農・学・水の四大運動をはじめ社会運動と呼ばれるものはもはや姿を消し、その残り火が燻っているだけであった。反戦平和運動もすべて社会の表面から一掃されて国粋主義・軍国主義一色で塗りつぶされ、ジャーナリズムからも抵抗の声はなかった。

そして小学生たちは週一回必修の国民道徳を学ぶ「修身」の時間に、次のような歌を声高に斉唱させられていたのだ（『ヨイコドモ』下、日本書籍、一九四一年）。

日本ヨイ国、キヨイ国
世界ニ一ツノ神ノ国
日本ヨイ国、強イ国
世界ニカガヤクエライ国

まさに「天皇制ファシズム」の権化のような文句で、いまも耳の底から響いてくるが、背筋が寒くなってくる。このような国粋主義イデオロギーというか、「世界に冠たる国体の精神」を日本政府はどのような過程を経て法制化してきたのか。そこのところが奥平氏の説く「法制度のはたらきの中枢部分」であって、その意味でも同書は昭和前史のオモテ・ウラを読み解く必読書である。

「目的遂行罪」と日本型ファシズム

ここで話を元に戻すが、治安維持法の緊急勅令による改正の第二の重要点は、「目的遂行」罪の新設である。改正案では第一条の後半で「情ヲ知リテ結社ニ加入シタル者又ハ結社ノ目的遂行ノ為ニスル行為ヲ為シタル者」に二年以上の刑を科すと定めた。

これまでの旧法では「協議」「煽動」「利益供与」と具体的に指示されていた行為がすべて合体されて「目的遂行ノ為ニスル行為ヲ為シタル者」と改められた。

この「目的遂行のための行為」とは、ビラの配布やカンパなども含めて無限大にまで広く解釈できるものであって、後の多くの判例に見られるように「究極において——」と定義すれば、どのような行動でも強引に特定の目的に結びつけられるので、どんな些細《ささい》な行動でも目的遂行罪を適用できたのである。

その行為が結社の目的遂行のためになっていると当局が判定すれば、客観的な証拠がなくても当局の主観だけで目的遂行罪が成立することになったのである。

共産党員でなくても、戦争反対を唱える左翼外郭団体の活動に参加しただけで「国体変革」の目的遂行罪が適用されるようになった。これこそまさに「ファシズム」そのものではないか。そのような拡張解釈の先例となったのが、三〇年十一月の大審院で、『無産者新聞』を配布しただけで有罪となった判決である。

目的遂行罪の刑は「二年以上」であったが、その多くは執行猶予になった。当局ではそれは予定のコースであって、犯罪とは言えないきわめて微罪の者まで刑務所に収容しなくてもよかった。「治安維持法」違反という烙印を押せばそれだけで十分だった。

治安維持法違反は「国体変革」を目指す思想犯罪者であり、本人のみならずその家族は社会的な打撃を受け、その人生に大きなトラウマが残る。「世界ニ一ツノ神ノ国」の君主に反逆した破廉恥漢として遇され、「この世でまともに生きていく道」が閉ざされる。「赤化防止」の威嚇手段としてはそれだけで十分効用があったのだ。

しかしそれでは未来ある若い者にとってはあまりにも苛酷だとの声が上がったので、当局は「転向」という抜け道を用意した。その問題については最終章で論じる。

「緊急勅令」とは何か

治安維持法の改正は、議会の審議を経ず「緊急勅令」によって強行された。緊急勅令は明治憲法八条「天皇ハ公共ノ安全ヲ保持シ又ハ其ノ災厄ヲ避クル為緊急ノ必要ニ由リ帝国議会閉会ノ場合ニ於テ法律ニ代ルヘキ勅令ヲ発ス」にもとづく特別立法である。緊急勅令は枢密院の審議を経て、天皇に上奏されて決定される。

枢密院は君主制のもとでは君主の最高諮問機関を指すが、日本では行政、司法、外交の長老をはじめ首相経験者が枢密顧問官に任命された。各大臣も顧問官として参列し、評決に加わった。院議は天皇に上奏され、天皇の意志で採決が決せられた。

まず本会議の前に九名から成る精査委員に付託されたが、五対三で政府案が可決され、本会議でも激論となり一日追加して六月二十八日にようやく原案が可決された。翌二十九日「緊急勅令一二九号」として即日施行された。

このように議会閉会中の突発事故に対応する緊急立法措置として定めていたが、やむを得ずとられる異常な立法で、議会制民主主義国家では原則的にありえないことであった。したがって次の議会で改めて承認を受けなければ失効するという条件が付されていた。使われ方によっては立憲主義に反する実に危険な制度だった。

この治安維持法改正のための「緊急勅令第一二九号」は翌年の第五十六議会に改めてかけられたが、ジャーナリズムでは衆院での反対があって不承認になる可能性もあると報じられていた。

しかし反対勢力は微々たるもので議会で正面から反対演説をした山本宣治（一八八九～一九二九）は、第一回普選で京都府から労農党公認で立候補して当選したのだが、この件が可決された二九年三月五日の夜、右翼の七生義団員によって刺殺された。

ついでに付言しておくと、緊急勅令は現行憲法ではもちろん廃止されている。最後の緊急勅令は太平洋戦争終結時の「ポツダム宣言」の受諾の件であった。

第八章　転向の時代

高橋、コミンテルン第六回大会に出席

さて「二七年テーゼ」作成も終わったので、二七年の夏、高橋貞樹は久しぶりに定例休暇でクリミア半島へ旅行に出て休養をとることができた。秋から翌年六月にかけては研究所の卒業論文の仕上げもあって、研究的生活に専念していた。

二八年三月、三・一五事件で日本共産党員とシンパが大量検挙されたという緊急電が入った。日本から送られてくる新聞でしだいに事件の概要が分かってきた。そしてクートベの学生の何人かが、運動再建の任務を帯びて、急いで帰国の途についた。

高橋は六月に研究所を卒業したのだが、七月から開催されるコミンテルン第六回大会に出席するためモスクワに残留した。まもなく日本からの代表団が到着し、片山潜と佐野学が〔国際情勢・綱領問題〕を担当し、山本懸蔵と市川正一が〔帝国主義と戦争問題〕、高橋が〔植民地問題〕とそれぞれの分担をきめた。

留学生である高橋は日本共産党の正式の役員でないため、代表権はなく発言権だけ認められた。高橋の植民地問題に関する大会での発言は、クーシネンの「植民地テーゼ草案」に基本的には同意しながら、

いくつかの補足意見を提出したものである。

この大会は、高橋が出席した国際大会ではたった一回の晴れ舞台だった。出席者の中では一番の若手だったが、活発に発言している。そこでの注目すべき発言を二、三あげておこう。

第一に、植民地搾取の新しい方法としての資本輸出の増強を強調すべきこと。金融資本の反工業化政策は植民政策の基本であるが、生産力の増大をもたらす資本輸出と近代工業の抑圧を両立させねばならぬところに、土着ブルジョアジーと国際金融資本とのあいだに新しい矛盾が発生する。第二に、植民地・半植民地諸国における封建的諸関係についての言及が弱い。とくにアジア的生産様式が支配している諸国での強制契約、拓殖、水利の独占の問題が、この報告では欠落している。第三に、植民地におけ る革命運動に対する支持は一般論に終始しているだけで、この草案では不十分である。植民地の独立を目指す運動と本国のプロレタリアとの連帯の問題など詳細に定式化さるべきである（高橋は七項にわたってそれを指摘する）。

世界大会という大舞台では、とくにトロツキーなどの〈合同反対派〉が追放されてからは、各国の討論参加者は賛成演説に終始するのが常であった。その点、高橋は問題点を指摘し、積極的に自分の意見を述べていることはやはり注目される。

なお大会の間に日本代表団はしばしば会議をもって三・一五以後の活動方針について協議している。主要な問題点を挙げると、（一）工場細胞を基礎とした大衆的共産党の建設に努力し、党員採用も思想や理論優先ではなく、「労働者としての革命性、規律等をまず標準とすること」。（二）従来の無産政党統一のスローガンは誤謬であり、これは「実質上社会民主主義者の統一を意味するにすぎない」。共産党唯一前衛政党論を正面から押し出すこと。（三）土地没収―国有の線にそった農業革命を推進し、小作人だけではなく、小中農をも含めた広汎な農民委員会を組織すること。（四）工場委員会を基礎として左翼労働組合の再建に努力し、政治的、経済的な日常闘争を強化して労働者の大衆的訓練をはかること。(五)「迫り来る帝国主義戦争」というテーマなどで教育宣伝活動をさらに発展させること、などである。

帰国してからの四カ月間

これらの諸問題は、「二七年テーゼ」以後の「情勢の変化、新しい諸経験に徴してコミンテルンの決議として作成してもらった方がよかろう」ということになった。常任委員会でも大体その方針を認めたが、世界大会が開かれていて多忙でもあり、迅速に処理することができぬとのことだったので残留する佐野学に一任して、高橋は市川正一、間庭末吉とともにウラジオストック経由で帰国の途につく。

ところが高橋はウラジオストックで肺炎にやられたので、ここで二カ月入院する。中国では共産党に対する弾圧がますますきびしくなり、ウラジオストックから上海経由のこれまでのルートは危険だとの情報が入った。それでシベリアから山越えで中国に入り、奉天、天津、釜山を経て、二八年十二月初旬にようやく帰着した。東京では林房雄の家に世話になっていたが、しばらくして間庭末吉を通して市川正一と連絡がとれた。

それから四・一六事件の直後に検挙されるまでの約四カ月間、市川、佐野博らと連絡をとりながら教育宣伝活動の第一線で働くことになる。調書では検事はこの間の高橋の活動と組織的なつながりを詳しく追及しているが、高橋は、党の組織活動の実態や各人の具体的な任務などについてアイマイにしか語っていない。むろん非合法組織の秘密保持のためである。したがってこのあたりの党内情況についての陳述はそのまま信用することはできない。

彼はその四カ月間に、警察の追尾を避けるために住所を転々と変えながら実に精力的に活動し二十本をこえる論文を書いている。三・一五以後、満足に編集できず三カ月間休刊していた『マルクス主義』を立て直し、二九年の二、三、四月号には永田幸之助、内田隆吉、小関敏、大畑徹と四つのペンネームを駆使して、全体の半分近くの原稿を書いたのであった。しかし四・一六の大検挙でついに伝統あるこの機関誌はこれ以上の続行は不可能となった。

一九二四年五月の創刊から二九年四月の終刊まで、月刊理論誌『マルクス主義』は五年間に全部で五十六号を発行した。このうち相次ぐ弾圧で発禁処分を十六回受けたが、合併号がわずか三号分、休刊が三・一五直後の三カ月だけであって、あとは人材不足と困難な財政状況の中で苦心惨憺しながら発行し続けたのであった。

その五年間は、(一) 山川イズムの時期、(二) 福本イズムの時期、(三)「二七年テーゼ」の時期と大まかに三区分することができるが、雑誌発行の基本である編集・経営・販売のいずれの視点からみても、当時の左翼運動の潜在能力というか底力をギリギリまで発揮した大仕事であった。そしてわが高橋貞樹は、その創刊号から編集に関わり、終刊号でも大車輪の活動をしたのであった。

当時の高橋の論文はほとんど『日本プロレタリアートの問題』(前掲)に収録されている。それらの論文の内容は、さきに述べた世界大会の合間に日本代表団によって協議された方針の具体化である。社会民主主義を主要打撃目標にするという点では、もちろん高橋も当時のコミンテルンの極左セクト主義の枠内にある。だが運動を質的に高めながらいかにして真の大衆化をなしとげるかという組織活動についての発言は、やはり天才的ともいうべき大衆運動感覚にささえられていて当代随一のさえをみせている。

書かれることがなかったモスクワの文化状況

一九二六年から二九年までほぼ三年半の留学生活を終えて、高橋は日本に帰ってきた。二十歳からの多情多感な青春時代だったから、異国ロシアでの体験はその世界観や人間観の形成に大きい影響を与えただろう。

もしも当時の日記や身辺雑記帳が残されていれば、興味深いドキュメント『若い一学徒のロシア探訪記』として読むことができるのだが、残念ながら何も残されていない。

国家権力の監視下に地下運動を主とする当時の職業革命家は、日記やメモ類の保持は原則的に禁じられていた。私たちがいま読むことができる戦前の革命家たちの回想記は、すべて逮捕後に獄中で書かれたか、戦後解放後に執筆されたものである。高橋貞樹はそういう運動のルールはきっちりと守るタイプだったから、日記類は全く書いていない。

モスクワ滞在中はレーニン研究所でのセミナーや研究だけでも大変忙しかったが、それ以外に「二七年テーゼ」の作成に関わる党関係の用務も多かった。それは彼が外国語もできるし、文章を書くのが得意で、いわゆる書記役として適材だったからである。

当時大評判になったエイゼンシュタインの映画やメイエルホルドの演劇なども休日には仲間たちと観に行ったであろう。そのようなモスクワ時代の文化状況が、高橋のエッセイや身辺雑記類のどこにも記録として残されていないのはまことに残念である。訊問調書で思想検事から詳しく質問されているが、モスクワ滞在時の歴史、文化研究や芸術鑑賞については何も問われていない。法学部出の文化的教養のない検事では、そもそも新興社会主義国家における文化運動などは視野に入っていなかったのだろう。

ただ高橋としては、大いに期待していながら裏切られたものもいくつかあった。その一つは高橋が少年時代から深い関心を抱いていたロシア・アヴァンギャルド、特に未来派の絵画であった。

すでに述べたように、一九二一年の「未来派展」に高橋の作品が入選し、ロシアからやって来た若い新進芸術家たちと交流していたのであった。モスクワへ留学したら、その分野でもいろいろ勉強したいと考えていただろうが、その希望はかなえられなかった。

十月革命当初は一七年に開校された美術学校では抽象派のカンディンスキーをはじめ、構成主義のタトリン、シュプレマティズムのマレーヴィッチやリシツキーなど、パリ、ウイーン、ベルリンなどから帰還したスタッフが顔を並べた。

深い森と農奴に象徴されていた古いロシアは、機械工業とプロレタリアに代表される新しいロシアに生まれ変わりつつあった。

シャガールは生まれ故郷のユダヤ人の町ビテプスクで、新しい運動の仲間と協力して美術学校を立ち上げ、モスクワのユダヤ劇場では彼の描いた巨大な壁画が新世紀の到来を告げていた。だが高橋がモスクワに着いた時には、もはやシャガールはロシアにはいなかった。

残念ながらこのような芸術運動の新しい波は、高橋がモスクワに着いた一九二六年の頃には、もはや見ることができなかった。人類の新しい世紀を告げる実験的な試みは、台頭するスターリン官僚制によってすべて抑圧され、公式主義と俗流リアリズムがソビエトの美術を支配していたのである。

第六回大会におけるコミンテルンの政治路線

「二七年テーゼ」採択後の日本共産党の闘争方針であるが、その政治的背景として、まず注目しておかなければならないのは、一九二八年夏のコミンテルン第六回大会における世界情勢認識の大転換であった。

一口で言えば、第四回大会で提起された「統一戦線戦術」を完全に否定して、社会民主主義を主要打撃目標とするセクト主義的な攻撃戦略に転じたのである。

党主流のスターリン派と対立した〈合同反対派〉が批判された直後のこの大会では、ブハーリン議長のもとに、大した異論もなく諸決議が採択されたかのように見える。しかし実際は、党主流のスターリン派にたいして、ブハーリン、ルイコフ、トムスキーらの少数派が最後の党内闘争に決起する直前であった。もはや党内権力は完全にスターリンによって掌握されており、いうなれば背後から監視されてのブハーリンの最後の晴姿であった。

さて、第六回大会における政治路線の特徴は、大雑把にいえば次の三点にしぼられる。これらの決定が、やがて各国の共産党に大きい影響を及ぼすのである。日本の共産党は、その新路線をもっとも忠実に実行したがゆえに、その路線の誤謬をもっとも典型的に表出することになる。

第一は、世界資本主義の〈相対的安定期〉としての第二期が終わり、〈資本主義の全般的危機の深化〉としての第三期への突入が確認されたことである。その指標として、世界経済の諸矛盾の激化と帝国主義戦争の新たなる可能性、資本主義諸国での新しい革命的情勢の展開、植民地における民族独立解放闘争の高揚、ソ同盟の社会主義的発展の新段階への突入などがあげられた。

第二は、「発展の異なった諸国におけるプロレタリア独裁への移行の型」として、三つの型に類型化されたことである。（一）高度資本主義国はプロレタリア独裁への直接的な移行、（二）半封建的諸関係が残存している中位資本主義国では、ブルジョア民主主義的変革を伴うプロレタリア革命へ。あるいはブルジョア民主主義革命からプロレタリア革命への急速な転化、（三）君主制などの封建制が支配体制として残存している社会、そして植民地及び半植民地では民族独立をめざすブルジョア民主主義革命。

このような機械的に図式化された革命路線へのあてはめが、それ以後各国のマルクス主義理論家にとっては、最も重要な課題となる。すなわち、コミンテルン綱領にそくした、自国の革命の型の類別とその実証作業が任務となる。しかもそれが何型であるかという判断は、コミンテルンによって決定されるのである。

かくして、上から指示された型から、いかに現実の情勢を分析するかという硬直した思考方法が、各国の党において支配的となる。その必然的な結果として、各国の特殊で独自的な諸条件の展開に応じて、いかに自主的かつダイナミックに対応してゆくかという、創造的な下からの対応が抑えられてしまうことになる。つまり上からの官僚主義と公式主義が組織運営のパターンとなる。

第三に、これまでの《統一戦線》戦術から転じて、《階級対階級》戦術の極左的なセクト主義への全面的転換がなされたことである。唯一前衛党のスローガンのもとに、社会民主主義に主要打撃目標をおいて、他の社会主義的諸潮流とのいかなる共同闘争も否定する極左セクト主義である。そしてそれは、「赤色労働組合主義」として実践化され、あらゆる大衆運動や文化運動に分裂主義をもちこみ、各国で少数派として闘っている共産主義的左翼をますます孤立させることになったのである。

一九二九年の第一〇回執行委員会総会からは、社会民主主義は帝国主義の「主要な支柱」になったときめつけ、《社会ファシズム》という積極的な規定が採用された。そして、非共産党系左翼はすべてブルジョアの手先であるとみなして、社会民主主義〈左翼〉との闘争の強化を各国共産党に義務づけた。統一戦線は、これら社民的指導者を批判してその影響から大衆を切り離すための一手段とされた。統一戦線戦術の最高の形態としての〈労働者政府〉という構想も、たんなる宣伝のスローガンであると手直しされた。

社会主義的移行への新しい媒介的な形態として、第四回大会で決定されたレーニンの「統一戦線」的構想は、このようにして第六回大会で完全に否定されてしまったのである。そしてそのウラでは、コミンテルンそのものが、ソビエト政府の外交政策の道具とされ、「世界の平和とすべてのプロレタリアのために」という本来の目標が見えなくなっていったのである。

これらはあらゆる意味で、レーニンの指導のもとに遂行されたかつてのダイナミックなコミンテルン路線の歪曲であった。二四年のレーニンの死から三〇年代初頭にかけてのスターリニズム路線はこのようにして形成されていった。

二九年七月には、コミンテルン議長は、ブハーリンからモロトフにかわり、ブハーリンは十一月には政治局から追放される。さらに三〇年にはトムスキー、ルイコフも罷免されて反対派は一掃され、名実ともにスターリン体制が確立される。

高橋の検挙

一九二八年の三・一五の大弾圧で、検挙者は約一六〇〇名に及んだ。同年四月には、日本労働組合評議会、労働農民党、全日本無産青年同盟——共産党の影響力が強い左翼三団体が解散させられた。ついで治安維持法の改悪が意図され、最高刑を懲役一〇年から死刑にする案が議会に上呈された。議会でも反対が強く審議未了となると、同年六月に「緊急勅令」によってこれを公布した。十月には委員長の渡辺政之輔が上海からの帰路の台湾で官憲に襲われ自殺した。しかし、内外情勢の政治的高揚もあって党再建は急ピッチで進められ、残存していた首脳部に、コミンテルンから帰国してきた市川正一、高橋貞樹らを加えて同年末までに党中央も再建された。

翌二九年には四・一六の第二次大検挙があり約七〇〇名が検挙され、この年だけで約四九〇〇名ともいわれる大量の検挙者が出た。市川正一、鍋山貞親、三田村四郎、そして高橋貞樹らの最高幹部はすべて検挙され、佐野学も六月に上海で検挙された。評議会にかわる日本労働組合全国協議会（全協）が、三田村の指導のもとに結集されていたが、これら左翼大衆団体も大きな打撃をうけた。そのあと田中清玄、佐野博を中心に党が再建され、武装メーデーをはじめ「武装共産党」と呼ばれる時期に入る。

二九年の五月ごろ、三・一五で逮捕されていた党の中堅幹部クラスの水野成夫、浅野晃、村尾薩男、是枝恭二、門屋博、河合悦三らが、党中央批判を上申書の形式で表明した。その主力約三〇名は、保釈出獄後に「日本共産党労働者派」と称して、いわゆる〈解党派〉を組織した。主唱者は水野、是枝、村尾の三名で、いずれも東大新人会出身の著名な活動家であった。

その主張は要約すると、第一に、三・一五事件は民衆からの孤立が招いたものであり、ロシア革命の機械的模倣とマルクス主義の教条化が大きい原因で、したがって大胆な自己批判に基づく戦略の抜本的改変を必要とする。第二に、党を一時解散してコミンテルンと断絶し、日本の情勢に適合した大衆合法政党を樹立すべきだが、その際は天皇の歴史的伝統性を中心に、日本社会の特殊性を考慮した革命運動にすべきである。第三に、党の組織上の欠陥、とくに指導部の腐敗堕落を鋭く批判せねばならぬ――以上の三点にしぼられよう。

〈解党派〉の悲惨な自己解体

この解党派は田中清玄らの再建中央委員会によって除名処分にされるが、機関紙『労働者新聞』を発刊し、独自のテーゼを発表して約二年間細々と運動を続けた。しかし三二年の五・一五事件の後、ほぼ全員が「自首」して解散した。

主要メンバーでは是枝恭二だけが自己批判して党に戻り、再び入獄して被告団に復帰したが、半年後に堺刑務所で病死している。二転三転する彼の思想的苦悩は、是枝の妻で「女子学連」出身の闘士であった福永操『あるおんな共産主義者の回想』（れんが書房新社、一九八二年）に詳しい。この書には当時活躍した闘士たちのオモテ・ウラの実像が活写されていて、正史に洩れた運動の内実を知る上で第一級の史料である。

このような全く予期せぬ〈解党派〉の結成に獄中の指導部は驚き、獄中にあった佐野学らは、長大な上申書を書いてこれを激しく批判した。だが、この三年後に発生する「佐野・鍋山の転向声明」は、この〈解党派〉の論点の、ほとんど直線的な延長線上のものであった。

　理論的指導力と運動経験をもった幹部を奪われ、あとには経験の浅い少数の青年・学生分子が残され、コミンテルンとの連絡も断たれた。これらの若い再建分子の中から東大新人会出の田中清玄とモスクワから急ぎ帰った佐野博が中心となって、六月には中央ビューローを結成し、七月には『赤旗』復刊にまでこぎつけた。

　二九年秋より深刻化した不況によって、労農運動は激化していたが、情勢に立ち遅れたという焦燥感もあって、この未経験の若い指導部は、この局面を革命前夜と誤認して、「武装メーデー事件」に象徴されるような一揆主義的冒険主義の戦術をとった。

　かくして、三〇年の二・二六の和歌浦事件などで、またもや大弾圧を受け、二〇〇〇名に及ぶ検挙者をだし、再建途上の多くの組織が破壊された。この極左的な街頭戦術に反対して、全協内部には「刷新同盟」が結成され、激しい分派闘争がくりひろげられた。

　さて、世界的な経済危機に直面して日本の運動は高揚局面を迎えるはずであったが、相次ぐ大弾圧と内紛でガタガタになっていた。内部では天皇制社会主義に基づいてコミンテルンからの分離を唱える〈解党派〉が発生し、他方では武装闘争に決起する左翼日和見主義が多発した。

　このように、将来の党を担うとされていた若手の幹部クラスが極左冒険主義と解党派とに両極分解し、本来の党活動はほとんど解体状況に陥るわけである。

風間丈吉と「三二年テーゼ」草案

共産党はまさに存続の危機に直面していたのだが、党再建の任務を担って、コミンテルンから帰って来たのが風間丈吉であった。彼は「二七年テーゼ」にとってかわる新しい「三二年テーゼ」草案の骨子を、頭のなかにたたき込んで帰って来た。このテーゼの骨格はモスクワで作成されたのだが、何故に「二七年テーゼ」を廃して、新テーゼ制定の必要がコミンテルンで唱えられたのか。

ブハーリンを追放したコミンテルン第一〇回執行委員会総会では、日本問題を再検討しなければならぬという動きがみられた。ブハーリンの主導下になされた「二七年テーゼ」を見直して、そこに必然的にあるはずの戦略的誤謬を是正するというのが第一の理由であった。

もう一つの理由は、三〇年代に入って日本軍部の大陸侵攻政策が急速に進んできたことである。日本経済の重化学工業化によって独占資本の力は強化され、新しい植民地市場を求めて帝国主義的侵略はますます活発化しつつあった。また広汎な農業危機をともなう大不況の襲来によって、労働者階級の生活防衛闘争もかつてないストライキ件数を示し、労働戦線は未曾有の高揚局面に入りつつあるかのような外観を呈していた。

そのような内的・外的条件が重なって、新テーゼ作成の機運が、コミンテルン内部に出てきたのである。その時点までモスクワにいた風間が帰国すると、党委員長になり、この新テーゼの推進者になった。彼は「クートベ」卒業後もモスクワに滞在し、三〇年のプロフィンテルン第五回大会に出席して、田中清玄の武装共産党時代にガタガタになっていた党再建の任務を担うのであるが、その間の事情は非転向時代の獄中手記である『非常時共産党』(三一書房、一九七六年)に詳しい。

風間によれば、「二七年テーゼ」を変更しなければならないという意見は、ブハーリン失脚後まもなくコミンテルン東洋部内で起こり始めた。

プロフィンテルンの第五回大会でロゾフスキーを長とする「日本問題に関する特別委員会」が設置され、ピヤトニツキー、ラデック、サファロフ、ウォルク、ヤンソン、片山潜、山本懸蔵らが出席した。

全員が「日本革命は社会主義をめざすプロレタリア革命だ」という点で一致し、その決議草案がサファロフによって起草されたが、労働組合の大会で共産党の戦略を決定するのはどうかというピヤトニツキーの提案があって、それ以降の措置はコミンテルンに委任することになった

三〇年末に五年ぶりで帰国した風間は、いわゆるスパイMとしてのちに問題になった松村（飯塚盈延）、岩田義道、紺野与次郎らと党の再建をはかりながら、三一年当初から、プロフィンテルンの決議の骨子を『第二無産者新聞』などで積極的に紹介していた。来たるべき日本革命は、「ブルジョア民主主義的任務を広い範囲で包括するプロレタリア革命」であるという新テーゼの社会主義革命路線が盛り込まれていた。岩田が担当した農業問題などの一部を除いて、風間が執筆したこの草案は、三一年四月の『赤旗』（第三九号）から分載が始められた。

その過程で問題になったのは、旧来の「二七年テーゼ」路線で獄中闘争を展開している党首脳部と連絡をとり、新テーゼ方針についての了解を得ることであった。帰国直前のモスクワで、山本懸蔵は風間に、「必ず獄中にある先輩諸君とよく相談し、その同意を得てやらねばならない」と忠告した。

獄中の同志に草案が伝えられると、早速、『佐野・鍋山・市川等の意見』が指導部に提出されている。その意見書では、「（草案にある）二七年テーゼの誤謬と云う事は絶対に許されない」とされ、その理由として二項目があげられている。①「コミンテルンはかつて一度も誤謬を犯した事はない。」コミンテルンの最高の決定を誤謬などというのは反コミンテルンも甚しい。ブハーリンが参加していたから云々というのは「国際的権威」を無視した意見であり、「同志スターリンもこの委員会に出席していたではないか。」②「二七年テーゼの誤謬」を口にすることは、このテーゼを否認していると宣伝している水野成夫らの〈解党派〉の主張を肯定することになる。彼らは、「二七年テーゼ」は間違っていると宣伝している。この時に「テーゼの誤謬を宣伝することは大衆の信頼をうすめる結果になる。」以上が意見書の概要である。

統一公判闘争

さて、三・一五、四・一六事件の統一公判は、三一年五月二十八日から開始され、佐野学〔総論〕、鍋山〔組織論〕、市川正一〔党史〕、杉浦啓一、国領五一郎〔労働運動〕、高橋貞樹〔農民問題〕、徳田球一〔青年運動〕、三田村四郎〔治安維持法〕の順序で代表陳述がなされた。陳述のための特別資料として、コミンテルンやプロフィンテルンの新しい決議の特別差し入れが確保され、それに基づいて被告団の意志統一がなされて活発な法廷闘争が展開された。

佐野学が全体の総論として冒頭陳述を受け持っているが、あきらかに「三一年テーゼ」草案の線でやっている。すなわち、「今日の時期」は、「ブルジョア独裁への大なる過渡期」で、「資本主義の危機の継続的深刻化」がはっきりとあらわれ、「プロレタリア独裁への闘争の条件が非常に成熟してきた」と述べている。

このような見解が「二七年テーゼ」の発展的修正であることを佐野は陳述のなかで認めている。被告団は最初は風間がモスクワから持ち帰った「三一年テーゼ」草案を否認していたが、この新路線がどうやらコミンテルンの認証を得ていると分かると、すぐに新テーゼに乗り換えたのだ。

高橋貞樹は農民問題を担当しているが、やはり「三一年テーゼ」草案の路線である。日本農業の特質を「法外に高い現物地代を伴った地主的土地所有と極端に小さい零細農経済との組合せ」と規定し、農村に於ける階級関係の枢軸は地主対小作人の闘争であるが、高い小作料、公課負担、肥料代などを通じて、「日本の農業は全体として独占資本主義の体系に従属している」と明言する。

結論として、農業革命の展望は、貧農を基礎にして「封建的な生産関係を破壊し」、「プロレタリア的土地国有」を実現することにあると説く。そして、階級闘争の激化によるプロレタリア勢力の成長によって、「来るべき革命の型は、広汎なブルジョア民主主義的任務、即ちその主要内容は農業革命、これを解決するところのプロレタリア革命、この可能性のみならず現実性、これを当面の二大問題にする」と結んでいる。

このように獄中の指導部を含めて、党は「三一年テーゼ」草案の社会主義革命論に大きく舵を切ったのだ。ところがその一年後にコミンテルンが新しい「三二年テーゼ」を突然発表して、この社会主義革命路線は誤謬だったと修正した。

「三二年テーゼ」に急転換する

「三一年テーゼ」草案から、なにゆえに「三二年テーゼ」路線に急転換したのであろうか。それについてみてみよう。

三一年五月に、風間は草案の承認をうけるべくコミンテルンとの連絡をとりに上海まで出向く。「極東ビューローのヌーランに会って新方針を説明したところ、彼も、『それはモスコーからの手紙で知っているから、その方針に従ってやり給え』といった」そうである。ところが、「クートベ」から同年八月帰国してきた飯島喜美が、草案は「慎重に再考する必要あり」とモスクワで問題にされているという情報を伝える。これが第一報である。

三一年九月には満州事変、すなわち日本帝国主義の本格的な大陸侵出が開始され、中国革命も重要な段階にさしかかる。これを契機にコミンテルンは東アジア・日本問題を最重要問題として討議するようになる。

さて、三二年三月のコミンテルン執行委員会の常任委員会でクーシネンが日本問題について報告し、「日本の情勢と日本共産党の任務」と題する論文が『コミュニスト・インタナショナル』の巻頭に発表された。新しい「三二年テーゼ」である。そして日本では七月十日付の『赤旗』特別号で新テーゼ全文が河上肇訳で公表される。

このテーゼは、日本における支配的勢力として、①「地主という寄生的封建的階級に立脚した天皇制」、②「農村におけるアジア的に遅れた半封建的支配を行っている地主的土地所有」、③「強奪的独占資本主義」、この三つを指摘する。そして「封建性の異常に強力な諸要素と独占資本主義の著しく進んだ発展との抱合」として日本の現状を分析する。

とくに天皇制は、「国内の政治的反動とすべての封建制の残滓の支柱」、「搾取諸階級の現存の独裁の強固な背骨」である。したがって天皇制を主体とした国家機構の打倒こそ当面する革命の最大の任務である。かくして日本革命の展望は、「社会主義革命への強行的転化の傾向をもつブルジョア民主主義革命」であると規定したのである。

先にみた風間が持ち帰った「三一年テーゼ」草案の社会主義革命路線は全面的に否定され、「二七年テーゼ」の国家権力規定よりもさらに天皇制権力にウエイトをおいた《軍事的・封建的帝国主義》という規定を採用したのである。

党の指導部は、この決議の前文に、「新テーゼ発表に際し同志諸君に告ぐ」という文章を発表し、自己批判点として、①プロレタリア革命説は時期尚早であった、②農業革命の過小評価、③天皇制の役割の過小評価、④天皇制官僚の中の「最も攻撃的な部分である」軍部の独自的役割についての過小評価——以上の四点をあげた。

ところで、「三二年テーゼ」は、日本にいる党員には何も知らされないままに作成されたのである。当時モスクワにいた山本正美の回想によれば、実習生の資格でコミンテルンにいた山本正美が東洋部の討論に参加したにとどまる（山本正美・小山弘健「三二年テーゼ制定の前後」『現状分析』一九六二年七月号）。

ロゾフスキーやヤンソンらのプロフィンテルン組は、最後までプロレタリア革命論に固執したが、トロツキー派的偏向として批判され、結局スターリン派が実権を握るコミンテルン執行委の軍事的・封建的帝国主義論の線で日本テーゼが作成された。

ともかくこの決定をみてからモスクワを出発した山本正美は、ヨーロッパ経由で日本に三二年末に帰着する。風間を中心とした党指導部は、同年十月の熱海事件の大弾圧によって検挙されており、山本は野呂や大泉兼蔵らと指導部再建にかかるが、三三年五月に山本らもまた検挙される。

そのあとの指導部は、「三二年テーゼ」でもって野呂を中心に、宮本顕治、秋笹政之輔、袴田里見らにうけつがれてゆくが、党の組織網はほぼ完全にスパイによって権力に握られており、例のリンチ事件もあって三四年春には袴田以外は全員検挙され実質的に壊滅状態に陥るのである。そして残存する党員のなかで、わずかながらでも大衆的基盤をもっていた部分は、このスパイ問題を契機として、党の伝統的なセクト主義、官僚主義という思想体質批判を掲げて、いわゆる〈多数派〉に結集し激烈な党内闘争が展開されるのである。

コミンテルン＝党の指導性への不信

このような「二七年テーゼ」から「三一年テーゼ」草案へ、さらに「三二年テーゼ」への再度の路線転換を、日本の党員はどう受けとめたのであろうか。特に獄中にあった人びとは主体的な関与もできぬままに理論的に右往左往させられたのである。

「三二年テーゼ」の新方針が発表された翌七月五日に検事求刑があり、死刑は三田村、無期は佐野学、市川正一、鍋山の三名、懲役一五年は国領と高橋貞樹の二名、以下一九七名に総計一〇〇〇年にわたる求刑であった。一〇八回にわたる公判における論告は僅かに一〇分間であった。

『赤旗』七月三十日号には「獄中同志からの手紙」が紹介され、高橋貞樹も短い一文を寄せているが、「いやしくも労働者の組織と銘打つものの政治的無反応無活動は何ということだろう！……求刑に触れた来信などあると、一五年位直ぐ経ちますから云々と……刑務所の坊主でも言いそうな言葉である。実に言語道断だ……これは無罪であるべき事について確信がないからである」と組織の無指導・無責任を痛烈に批判している。この段階では、もはや党の指導性に完全に不信の念を抱いていたと思われる。また大衆運動にほとんど影響力をもっていないことも痛切に意識していたのであろう。

コミンテルンへの忠誠がマルクス主義者の最高の規範とされ、その諸テーゼに忠実でありさえすれば、革命運動の目標はいつかは現実化する――そのような確信が完全にぐらつき始めたのである。

さて、佐野・鍋山が、「日本の国体、国民思想、仏教思想に関する書籍の看読を願い出る」という形で、《転向》の意向を最初に表明するのは第一審判決直前の三二年十月十二日であるが、このニュースはいちはやくジャーナリズムに流された。翌年一月三〇日号の『赤旗』は、「同志佐野、鍋山に対する詐欺的中傷を駁す」という記事で、「我党の革命的伝統の人格的表現である」両同志にたいするデマであると否定している。

ただ注目すべきことは、佐野・鍋山が《転向》の意向を最初に洩らした日の六日前に、例の「大森ギャング事件」が起っている。獄外の運動における党の指導性にたいする不信は、この時点で極点に達したのであろう。その十月には風間ら指導部は検挙され、十一月岩田義道は殺された。十二月には山本正美がモスクワから帰国して再建にかかるが五カ月で検挙され、三三年二月には小林多喜二が虐殺される。それとともに、党内に潜入していたスパイの『赤旗』紙上での除名発表もその数を増していくのである。獄中にある党の首脳部のメンバーは、このような全面的な後退局面を、それぞれどのような思いで見ていたのであろうか。

共産党首脳部の転向

共産党の首脳だった佐野学・鍋山貞親の転向声明が発表されたのは、三三年の六月十日である。両者は三二年十月の第一審判決で無期懲役となり、控訴中だった。その頃から思想的に動揺していると新聞でも報じられていたが、この六月までに「コミンターン及び日本共産党を自己批判する」と題する上申書（全八章三三八頁）と付録書「共同被告同志に告ぐる書」を完成していた。直ちに市ヶ谷刑務所の共同被告に配布され、その内容は全国の刑務所にいる共産党被告に伝えられた。

佐野・鍋山のこの前後の動きをみていると、国家権力による思想転向の強制というよりも、むしろ誘導といった側面が強かったように思われる。当局は、資料の差し入れや被告間の面談などでも便宜をはかり、「共産党首脳の転向」という大パフォーマンスを意図したのだが、その狙いはまんまと当たった。それも「プロレタリア独裁」から「天皇制賛美」への一八〇度の大転回であったから世間は仰天した。この上申書を改めて読み直してみても、権力によって強制されたのではなく、きわめて率直に本音で書かれている。

前半のコミンテルン批判の部分は、第二次大戦後に出てきた「スターリニズム」批判の先駆とも言えるもの、当時のソビエト中心に偏重した擬制国際主義についての痛烈な批判である。佐野学自身がその中枢部でいろいろ経験しているので実感がこもり説得力がある。

ところが後半の「天皇制一国社会主義」になると、矛盾だらけの論理展開となり、筆先もにぶくなる。四年前の二九年に起こった水野成夫たち「解党派」の主張を攻撃するために、党を代表して佐野が批判文を発表したが、おそらくその時に水野の説く天皇制社会主義に関する文献をいろいろ読んで、心の奥底で感じるものがあった。その結果ミイラ取りがミイラになってしまったのだ。

モスクワにいた時に、トロツキーら少数派が宗教的異端者のごとく断罪され追放されるのを見ていた。すべて上意下達で各国共産党は独自の動きができず、組織全体が硬直し官僚制がのさばっていた。そういう実態を目にしながら黙って見ていたが、いまやとらわれの身となり無期の判決を受けている。ここまできたならば黙っていても仕方がない、自己批判の名のもとに溜めていたモヤモヤを一気に吐き出そうとしたのである。

佐野らの次の時代を担うと期待されていた水野らの叛乱に、最も心を痛めたのは佐野たち先輩だった。最も信頼していた後輩たちの裏切りは大きなダメージだった。そして彼らの告発書を読んでみると、オモテ向きはともかくウラでは心が響き合う何かがあった。そこをあえて見ずに、彼らを批判し突き放してきたが、その何かの深部にあるものを探り出そうと考えているうちに、これまでの自分を清算してもう一度生き直したいという新しい意欲が出てきた。

したがって三〇年代から始まる共産党員の全層なだれ的な大量転向の引き金となったのは、佐野・鍋山の転向ではなくて、実は水野らの「解党派」の出現であった。彼らはまだ二十代の前半で大半が東大新人会の抜群の活動家として知られていたが、その鋭い若い感性が、後に「スターリニズムと称される黒い影」をいち早く感覚的に捉えていて、獄中からそれを内部告発するという形で転向手記を発表したのであった。

ところが、スターリニズムの歴史的な本質を見極められないままに叛旗をひるがえしたので、自らの存在基盤《アイデンティティ》そのものの解体を招くことになった。そしてそこから先は十分に思慮する余裕もなく、当局の用意した誘導路に沿って天皇制へ回帰する最も安易な道を選んだ。

実は佐野も鍋山も、この水野と同じ軌道を歩んだのであった。そして獄中にあってそれに磨きをかけて、自分なりの転向理論として体系化し提出したのであった。

日本の共産党は、小ブルインテリゲンチャを大量に抱え込んだゆえに、その小ブルに自らの体を食い破られることになった。しかしそれは理論と思想を伴う革命運動としては必然であって、労働の現場で働くプロレタリアから運動の火の手が上がっても、それがそのまま新しい政権に発展することはない。理論と思想を身に付けなければ燃え盛ることはないのである。

佐野・鍋山の上申書

さて、佐野の上申書の要旨をみておこう。
①日本の党は、いまやその構成、機構、行動の全面で「急進小ブルの政治機関化している」。ストライキや農民闘争などの大衆闘争は行われず、上滑りのアジに終始し、大衆的闘争のなかで党員は訓練されず、プロレタリア的自己批判は放棄された。
②コミンテルンの政治力の喪失と各国共産党の無力化はひどい。「セクト化官僚化」と「ソヴエト一国の機関化」、ドイツやスペインの危機的情勢に対して何をなしえたのか。このようなコミンテルンの決議に「無条件服従」することは、日本の労働者階級の創意の発展をさまたげるだけである。
③外観だけ革命的な君主制廃止のスローガンは誤謬である。君主を楯とするブルジョア、地主を喜ばせた代りに、大衆をどしどし党から引き離した。「皇室を民族的統一の中心」と観ずる勤労大衆の社会的感情にもとづいて、運動を展開せねばならない。わが日本民族は優れた伝統を持ち、世界の指導的民族の一つであるから、その自覚のもとに独自の一国社会主義路線を構想すべきである。
④戦争一般に反対する小ブルジョア的非戦論はとらない。ソヴエトや革命中国にたいする侵略戦争には反対するが、国民党軍閥に対する戦争は進歩的意義がある。

⑤「公式的な植民地民族の国家的分離政策」は妥当ではない。「日台鮮各民族の完全な同権のために」闘うが、同一経済体にある諸民族が「一個の大国家に結合して人民的階級的に融合し社会主義の建設に努力する」こと、それのみが「現実的な世界史的方向」である。社会主義国家となった日本がもしも太平洋世界戦争を起こせば、後進アジアの諸国を欧米資本から解放せしめる契機になる。

声明書の思想的核心はこの五点である。『赤旗』は両者の除名発表と同時に、獄中の被告たちへの激烈な批判の言葉をのせているが、「同志三田村及高橋は彼等に会って事情を究明した上で、意見を述べようと云っている」と付記している。

それから一カ月後に三田村、高橋、中尾三名の第二次転向が表明される。『赤旗』七月十一日号では、三田村、高橋らの転向は、「表面上には一見差があるように見えても」、佐野、鍋山の転向と根本は同じ裏切りだと解説をのせる。そして七月十六日号で、この三名の除名が発表される。高橋については「コミンテルン及び党をザンブ中傷し反コミンテルン、反党的立場より、日本プロレタリアート前衛の独自の結合なるものを主張せる、反革命的グループの提唱者である」と除名理由を述べている。

ジャーナリズムはひとしきり転向問題をとりあげるが、それも二カ月もたつと、もとの静けさに戻る。多くの人たちが論評を加えているが、一番多く意見を求められたのは山川均である。彼はコミンテルンと日本共産党の誤謬は、「何も今日に始まったことではない。（中略）彼等の主張の否定的な部分と積極的な部分とを明確に分析して、それぞれについての一そう精密な見解を定める必要がある」と冷静にうけとめる。「訂正の途は、いつでも唯一つきりあるものではない。例えば誤った国際主義の訂正は、ただ一つ、民族主義に行くことだという風に」。山川は、佐野、鍋山の天皇制ナショナリズムへの傾斜をいち早く警戒して発言している。そして、「共産党首領の転向そのものとしては、直接には無産階級運動の上に何らの影響をも与えぬにしても、この転向は一そう強められて一般的な傾向に形を変えて……

或る作用を及ぼして来る。……この問接的な影響に対してこそ、政党及び組合の指導者と大衆は用意しなければならぬ」と言う。押さえるべきところを押さえた発言であった。

荒畑寒村の批判は、山川以上に痛烈だった。両名の転向声明は、「種々雑多な思想をテンコ盛りにしているに過ぎず」、今度は社会民主主義をとるのか流行物のファシズムへ行くのか、「彼等自身決して正体を明示していない」「コミンターンに娼婦的な愛想づかしを並べた佐野、鍋山が落ち行く先は、此種の変節漢が必然的に辿り着く日本主義、民族主義である」。荒畑は、この声明書の一つの基調になっている「大アジア主義」的発想、「民族自決の原則の否定」を鋭く攻撃する。

高橋貞樹の転向「上申書」

ところで、高橋貞樹の見解は、佐野・鍋山と思想的に同質のものだったのだろうか。高橋は三四年二月の控訴公判にあたって、「新しい見解の陳述部分の要点」を述べた「上申書」を提出している。その冒頭で、「日本共産党と分離して新しい基準の上に日本プロレタリアートの前衛の結合を達成しようとする根本の諸契機」について、次の三項を指摘する。

①「日本共産党の変質、腐敗、政治的無能力、労働者大衆の間に於ける信頼の減退等を、最近の諸事実及び傾向から判断し、その根拠を探求したこと」

②「コミンテルンの日本共産党に対する最近年の放恣、無責任な指導、とくに三二年テーゼを検討してその国際主義が機械化、官僚化、死灰化し、その指導原則が一つの革命的公式主義になっていること」

③「内に未曾有の大改革をはらみ、外は戦争の脅威を告げる客観状勢の促進」

そして、コミンテルンと日本共産党との関連にふれながら、二七年テーゼ以後の事態を次のように総括する。「二七年テーゼ」は党の再組織を促進したが、三・一五以来の連続検挙もあって、党内に次のような傾向が発生した。

（イ）「君主制に於ける永続的動揺」（各人各様の解釈）

（ロ）「コミンテルンに対する無批判な、過大な信頼」

（ハ）「大衆的基礎の連続的喪失等の否定的な遺産」

コミンテルンの機関の指示に基づいた「三二年テーゼ」草案に、われわれの代表陳述も「之に準ずることを余儀なくされた」。ところが、コミンテルンは、「草案」の責任をすべて日本の同志に帰しながら、突然「三二年テーゼ」路線へ転換し、日本を〈アジア的に遅れた、半封建国、専制の国〉と見立てたテーゼをあたえた。「所謂プロ科学者（『日本資本主義発達史講座』一派など）の写し文句的曲説」をみると、「明治維新によって旧い封建的支配形態、領主の大土地所有が廃絶され、近代的国民統一が達成され、且つ資本家的生産方法の導入、展開と近代的階級闘争の発展のための途が開かれたこと」――これらの事実を正しく考察していない。したがって明治維新の意義と資本主義発達の程度を過小評価している。

ここから、（一）天皇制をいまなお絶対主義的なものと断じ、ツァーリズムと同一視し、（二）日本の隷農制になんら注意を払わず、地主的土地所有者を支配体制の第二の構成部分とみなし、（三）独占資本主義の国家権力との融合については語るが、ブルジョア政党の存在に言及しない、という誤謬が生まれる。つまり「反君主制闘争を現下階級闘争の主要任務の第一とする」三二年テーゼの思想は間違っている。かくして、「党がアナキストか何かの反君主団体の観あるに至り、大衆闘争はなく益々セクト的陰謀的になり」という結果をもたらした。

次に、コミンテルンの「変化の根本モメント」として、次の項目をあげる。
(イ)「政策に於ける、余りに甚しいソ同盟中心」
(ロ)「革命的公式主義、自らマルクス、レーニン主義を放棄する」
(ハ)「各国支部の小ブルジョア化とその反映」
このようなコミンテルンの「無条件的遂行の義務ある決議」に縛られて、欠くべからざるプロレタリア的自己批判が放棄され、かくて「日本労働者階級の創意の奔放が妨げられて」きたのである。「我々は深く日本の土に根ざした、プロレタリアートの党、労働者的指導を樹立しなければならぬ」。そのためには、
(イ)「日本の客観的諸条件の科学的分析、把握、この基礎の上に『綱領』を樹立すること」
(ロ)「新しい党形成のための思想的準備、就中《なかんずく》、公式的見解、戦術に対する闘争」
(ハ)「大衆団体に対するセクト主義指導に対する闘争。真実の、大衆的方向への決定的方向転換」
……以上が必要である。
「上申書」の概要は以上の通りである。ここでは省略したが、農業問題についてはさらに積極的に見解を述べているが、農業革命の問題を軽視していたと労農派から批判されていたから、その部門を担当した高橋としては、そうでないことをぜひとも論証したかったのであろう。

日本型「一国社会主義」

さて注目すべきは、ここでは共産党主流の「講座派」を名ざしで批判していることであろう。この「上申書」で展開されているブルジョア権力論は、若き日の高橋が、山川の影響下に主張した見解とほとんど同一である。ただ、この「上申書」では、戦略的次元での天皇制問題にはふれていない。故意に

避けているようにみえる。ということは、「世界でも類を見ない民族的団結の中心」として天皇制を賛美する佐野の民族観には賛成できなかったからである。

そして戦術的次元で、「天皇制打倒」を大衆運動に押しつける政策を批判しているが、マルクス主義にもとづく階級的視点は放棄されていない。かえってコミンテルンをそれぞれの国のマルクス主義の創造的発展を妨げる障害物として論難している。佐野、鍋山と異って、高橋は天皇制一国社会主義を主張してはいない。

三田村の意見は、その妻九津見房子の聞き書きという形式で『改造』に発表された。それによれば、「佐野、鍋山の出発点及び論旨と僕のそれとは異るが、かれらの『声明書』の党及びコミンテルンに対する批判は正しいと信ずる」。「声明書の民族問題についてはこの方面における自分の智識の不足なこと、及びこの問題は同志佐野、鍋山の出発点となり、且つ全体の基礎をなしているのだからより詳細な説明を聞いた上でないと決定的見解は述べられぬ」と、天皇制問題にふれることを避けている。

三田村がとくに力説しているのは、労働運動における極左セクト主義である。党と労働組合との完全な混同が平気で行われ、経済闘争などの日常闘争の上で大衆組織を建設するのではなく、「天皇制打倒」という党のスローガンを、組合大会も開かずに中央委で多数決で片づけるような事態を具体例をあげて批判している。

三四年四月に、《一国社会主義派》として、佐野、鍋山、三田村、高橋、中尾が分離して控訴公判に入った。高橋は前記の「上申書」に基づいて陳述した。この五名はコミンテルンの路線に従わない「一国社会主義」という大枠では一致していても、その内容理解は同質のものでないことは先にみた通りである。ところで一国社会主義派は、のちに出獄しえた中尾を中心に組織されたが、大きな運動となる条件も基盤もないままに、三六年の二・二六事件で弾圧され、そのまま先細りになって歴史の闇の中に消えていった。

総体的敗北に終わった運動——三つの問題点

一九二二年の第一次共産党創設にはじまる日本の革命運動は、ずっと苦闘を重ねてきたが、ついに大衆的運動基盤を構築することができず、全層なだれ的な転向もあって惨めな敗北に追い込まれた。強大な国家権力のまえには、しょせん、このような挫折と解体は必至だったのであろうか。

それとも、一定の可能性がありながらも、さまざまな偏向や誤謬が加えられた路線を突っ走ったがゆえに、惨憺たる潰滅状況に追い込まれたのであろうか。四〇年代の太平洋戦争下にあって、なお革命思想を持続していたのは、擬装転向によって合法面で微弱な活動をしていたごく少数を除いては、捕縛され獄中にあるか、あるいは地下の洞窟で息をひそめているか、そのどちらかであった。

とくに三〇年代に入ってからは、コミンテルンもスターリニズム一色に塗りつぶされ、そこから出される指導方針は、きわめてセクト主義的・官僚主義的な誤謬と偏向に充ちたものであった。こういう段階にあっては、自己のマルクス主義的立場を創造的に発展させようとすればするほど、これまでの〈コミンテルン—党〉のあり方に大きな疑問を抱き始めるはずである。三〇年代の新しい世界情勢の展開をまえにして、コミンテルン→各国支部という上意下達の組織形態そのものが、各国の運動の独自的発展を阻害する隘路《あいろ》となっていた。

実際問題として、佐野・鍋山の転向の二年後の一九三五年のコミンテルン第七回大会で、従来の組織・方針の全面的な見直しのもとに「人民戦線」方式が提唱され、広汎な反ファシズム勢力を統合した統一戦線の結成へと大転換した。そしてコミンテルンは、一九四三年に、なんらの政治的、思想的総括をなすことなく、スターリンの当面の国際情勢からする解散の必要性というコメントを残して姿を消したが、この第七回大会は、トリアッチもいっているように、実質的にはコミンテルン解散大会だった。

とするならば、先述の高橋貞樹の「上申書」にみられるような、旧来のコミンテルンの指導、それにもとづく党活動の実態への全面的な批判は、はたして《転向》とよばれるべき性質のものなのだろうか。その「上申書」の結語の部分で、「日本の客観的諸条件の科学的分析・把握」「真実の、大衆的方向への決定的方向転換」という二つの視点をおさえつつ、次のようにいっている。「コミンテルンの決議や論文の反覆復誦や、ソ連社会主義の成功の宣伝だけから、党の権威は生じない。プロレタリア前衛の党の権威は、内面から、党活動から、奔出し、形成さるべきである」と。これを書いたのは、すでに獄中生活四年有余を経過した時点である。その間に二度にわたるテーゼの転換、しだいに衰退する運動、スパイに攪乱されてガタガタになった組織――その情報を耳にする度に、自分のいままで展開してきた理論や方針についての痛切な自省の念にかられ、獄中で何もなし得ぬ無念さに、胸をしめつけられる想いを重ねていたのであろう。

さて、そこに至った諸要因を運動史の内部から摘出する場合、まず革命戦略体系全般に関する問題点を取り上げねばならない。ここでは次の三点の問題領域を提示しておこう。それは革命原論の基底をなす世界観や人間観レベルの問題であって、運動を構築する際の前提的な思想方法にかかわる。

①〔**理論信仰と組織信仰**〕コミンテルンの国際的権威に対する物神崇拝が、日本のマルクス主義思想の根幹にあった。戦略・戦術構想をすべてコミンテルンに依存する姿勢は、運動を自己点検し、軌道修正を重ねながらそれを発展させていく創造的契機を失わしめた。必然的に精神の自立性と思考のダイナミズムの欠落を招いたのである。

コミンテルンの権威にささえられ、その後光を通して見る〈党〉は、その実体より巨大な存在として観念上で意識される。しかも非合法でその活動実態は全体的に見えないから、かえってある種の組織信仰に近いものを生ぜしめる。

つまり、コミンテルンに一義的に依存した理論信仰とこの組織信仰がダブって見えてくると、一種の宗教的雰囲気に近い権威が実在するかのような幻想を抱くようになる。実像と虚像との見境がつかないままに、そのような雰囲気が、擬制的ラディカリズムとしての非合法主義的英雄主義を支えることになる。

実態を冷静に直視する機会がやってきたときは、そのような呪縛が解けて、一挙にアクチュアルな状況のなかにつきだされる。だが組織行動の自立性と思想のダイナミズムを欠いているため、その局面を打開できずに、急速に解体状況に追い込まれていった。

②〔スターリニズムの思想体系〕二〇年代後半の段階から、コミンテルンは、思想的にはロシア共産党の完全な主導下におかれていた。レーニン死後の哲学の中心グループであったデボーリン派は、三〇年代に入るや、ヘーゲル主義的修正主義として批判され、スターリン＝ミーチン路線にとって替わられた。機械論的唯物論の延長線上のものでしかない模写―反映論を軸とした弁証法的唯物論が、コミンテルンの正統派路線として確立された。

ここから歴史の法則を必然的な決定論としてスタティックにとらえる教条主義と、すべてを経済的土台の問題に還元してしまう俗流唯物論が生まれた。

芸術運動でも新興ロシアの出発期を活気づけた未来派や構成派などのアヴァン・ギャルド運動は小ブル的として批判されるようになった。そしてリアリズムでもっと党活動の前衛性を描くことがプロレタリア芸術の使命とされた。

社会革命にしても、なにか客体的なものを操作するような、物理的な構造の変革に類似して考えられた。資本主義の没落も、経済主義的な宿命論の視点から把握され、革命の課題は〈政治権力の奪取〉に矮小化された。

マルクス革命原論に内蔵されていた、〈人間変革〉〈文化革命〉を、革命における共時的課題としてトータルに把握する視座はなかった。たとえば、〈自由〉〈普遍性〉〈全体性〉といった概念、さらに〈社会的共同体〉〈コミューン〉といったマルクスの基本構想に含まれている重要な問題領域は、すべてヘーゲル＝初期マルクスの系譜をひく西欧派マルクス主義の修正主義的見解として否定された。〈自由な諸個人の自治的な連合〉にもとづく新しい社会的共同体の創出という、未来社会のイメージの原基をなすマルクスの構想はかえりみられることはなかった。そして〈国有化〉や〈財産共有制〉といった側面だけが前面に押しだされ、しかもそれはソビエト型の国権的、党管理的な社会主義を、唯一のモデルとする立場から強調されたのであった。

③〔階級闘争における人間変革の問題〕 天皇制の打倒や資本主義の没落の必然性は声高に叫ばれたが、現体制のあとで、どのような新しい社会を築いていくのかという問題意識は稀薄だった。体制側は、帝国主義的ナショナリズムの思想で海外侵略を実利主義的にアピールし、それでもって大衆の利害関心をひきつけていた。革命の側からはそれに積極的に対抗できる未来社会についての創造的な構想は、ほとんど大衆的にアピールされなかった。ソ同盟擁護というスローガンを掲げるだけでは、とても勝負にならなかったのである。

換言すれば、歴史という現実的基盤の上での「各個人の潜勢力の解放」という課題、「真の意味での人と人との結合原理の形成」という問題――そのような人類史における巨視的な構想を運動のなかで嚙みくだきながらねばり強く展開する必要があった。そういった大衆を納得させる未来構想で、ひろいイデオロギー的影響力をもちえずして、運動の大衆的基盤を形成することはとうてい不可能であった。

人間の主体変革の問題にしても、〈前衛〉的視点からする小ブル性の克服に重点がおかれ、政治主義的な立場からの倫理的要請として唱えられたにすぎなかった。「何をめざして人間を解放するのか」――そういった階級闘争のパトスがなければ、真の意味での運動の活性化はみられない。

《講座派》は、天皇制絶対主義を中心に日本における封建的諸要素を強調したが、天皇制の対極にある被差別民については、ほとんどその近代日本論の視野のなかに入っていなかった（その点では、むしろ初期の《労農派》が、山川、荒畑、櫛田らの論稿にみられるように部落問題に深い関心をよせていたといえよう）。しかし両派共に〈人間の解放〉という課題を、ブルジョア的市民社会の地平を超えて思想的に深化していこうとする視座は弱かった。被差別部落問題も、一般的な貧困と搾取という階級理論の枠内だけでとらえられ、差別問題を人間解放論の一つの原点として把握する立場に立ってはいなかった。

高橋貞樹の最期

高橋は懲役九年の判決をうけ、小菅刑務所に収容されていたが、一冬を越すごとに衰弱してきた。三五年六月、結核の末期的症状で、あと一週間しかもたぬと診断されて刑の執行停止となる。

佐野博に直接聞いたのだが、執行停止となる三カ月ほど前に、佐野は刑務所内で高橋と最後の対面をした。もうダメだろうと当局も判断して面談が許可され、高橋が一度会いたいと言っていた田中清玄も同席した。三人ともすでに転向を表明していたが、運動の今後の見通しについて話し合ったことはなかった。おそらくこれが最後の機会になるだろうが、ぜひ高橋の意見を聞いておきたいと思っていた。

しかし高橋が絶え間なく咳き込みほとんど話ができなかった。清玄は「これはもうダメだ」とガリガリに痩せた背中をさすってやった。なにしろ刑務所の病人食は薄い粥に梅干し一つだから、栄養的にも回復することは不可能である。結局何も話はできず、目に涙を浮かべながら三人はただ黙って手を握り合っていただけだった。

最後まで世話をした西村祭喜の回想によれば、両親たちは、「高橋が水平運動の闘士であり指導者であることを極端に秘匿していた」ようである。とにかく実家は冷たかったので、「死ぬまでの生活費、医療費などは全部カンパで賄った」。そのカンパの発起人には、山川均、西雅雄、泉野利喜蔵、三木清、浅沼稲次郎らの名があり、西光万吉、阪本清一郎らもそれに応じている。そして、同年十一月二日午前三時、静かに息を引きとった（西村祭喜「高橋貞樹君最後の思い出」『荊冠の友』第十六号、一九六七年十一月）。

林房雄によれば、「今死ぬのは残念だ。同志諸君によろしく！」これが最後の言葉であったという。わずか三十年の、短いが波瀾万丈の一生だった。小石川の小さな寺に葬られたが、かれ個人の墓はない。墓を持てなかった多くの貧しい庶民と共に、共同納骨堂のなかで静かにねむっている。

本書刊行にあたって

著者・沖浦和光氏は二〇一五年七月八日に逝去された。本書の校正刷に繰り返し目を通しながらも完成をみることはなかった。今回の刊行にあたっては残された校正刷をもととした。

本書の原稿は小社PR誌『ちくま』二〇〇七年六月号から二〇一二年三月号まで「青春の光芒　異才・高橋貞樹の生涯」のタイトルで連載された。ただし、回想録的な内容である連載第四回から第一八回までは割愛してある。本書とは別に自伝刊行が他の出版社において計画されており、そちらとの重複を避けるためであった。なお、現代書館より『沖浦和光著作集』全六巻の刊行が予定されている。

沖浦和光氏は一九二七年大阪府生まれ。東京大学卒業。専攻は比較文化・社会思想史。桃山学院大学名誉教授を務めた。

沖浦和光氏のご冥福を心より祈るものである。

筑摩書房編集部

部落史《ぶらくし》の先駆者《せんくしゃ》・高橋貞樹《たかはしさだき》　青春《せいしゅん》の光芒《こうぼう》
二〇一五年十二月十日　初版第一刷発行
著　者　沖浦和光（おきうら・かずてる）
発行者　山野浩一
発行所　株式会社筑摩書房
東京都台東区蔵前二―五―三　〒一一一―八七五五
振替〇〇一六〇―八―四一二三
印　刷　三松堂印刷株式会社
製　本　牧製本印刷株式会社

ISBN978-4-480-88531-9　C0036

乱丁・落丁本の場合は、左記あてにご送付ください。
送料小社負担でお取り替えいたします。
ご注文・お問い合わせも左記へお願いいたします。
筑摩書房サービスセンター　電話番号〇四八―六五一―〇〇五三
さいたま市北区櫛引町二―六〇四　〒三三一―八五〇七